企业战略类型及模式组合
与绩效的动态映射研究

雷 辉 著

国家自然科学基金(71790593)
教育部人文社会科学研究一般项目(17YJA630041)
湖南省协同创新平台项目(湘财教指〔2016〕141号)
湖南省智库专项课题(16ZWC29)

科 学 出 版 社
北 京

内 容 简 介

本书以企业战略和绩效为核心,引入组合与动态映射这两个新的研究视角,研究战略类型及模式组合与绩效的动态映射关系。首先识别企业的竞争战略和战略的实施模式,然后建立战略绩效指标体系并对企业绩效水平进行评价,最后在此基础上研究企业战略对绩效的影响,以及战略类型、模式组合、绩效三者之间的动态映射关系。本书主要从战略类型与实施模式的匹配关系;企业战略绩效的度量与优化;战略类型及模式组合与绩效的互动关系三个方面展开研究。

本书既能供从事企业经营战略和投资决策的工作人员参考;又可以作为经济与管理专业研究生的教学参考书籍。

图书在版编目(CIP)数据

企业战略类型及模式组合与绩效的动态映射研究 / 雷辉著 . —北京:科学出版社,2018.11

ISBN 978-7-03-059542-3

Ⅰ.①企… Ⅱ.①雷… Ⅲ.①企业管理-战略管理-研究 Ⅳ.①F272.1

中国版本图书馆 CIP 数据核字(2018)第 258279 号

责任编辑:孙伯元 / 责任校对:郭瑞芝
责任印制:张 伟 / 封面设计:陈 敬

科 学 出 版 社 出版
北京东黄城根北街 16 号
邮政编码:100717
http://www.sciencep.com

北京中石油彩色印刷有限责任公司 印刷
科学出版社发行 各地新华书店经销
＊
2018 年 11 月第 一 版 开本:720×1000 B5
2018 年 11 月第一次印刷 印张:17 3/4
字数:344 000

定价:118.00 元
(如有印装质量问题,我社负责调换)

前　　言

　　21 世纪初,美国次贷危机及欧洲主权债务危机先后爆发,金融风暴席卷全球,国际经济形式呈现出复杂多变、持续低迷的状态。2014 年,随着美国经济复苏,世界经济进入了温和增长期,全球经济过渡到了深度调整阶段。世界经济由危机前的非理性繁荣转向危机后的常态发展,金融危机的影响逐步减弱。但经济发展进程却不容乐观,动力不足、基础不稳、增速不均等问题仍然阻碍着经济复苏的进程。以我国为首的新兴经济体在经济转型和外部竞争加剧的共同影响下呈现出明显的增速放缓现象,经济发展进入瓶颈期。我国企业正承受着长期转型不易和短期经营困难的双重压力,外需不稳、内需下降,企业的生存环境进一步恶化,企业倒闭现象时有发生。

　　现代企业需要面对复杂多变的国际环境,克服经济下行的压力,在常态发展的经济环境中抓住机遇,在激烈的竞争中求得生存。因此,如何根据环境特征来制定最适合企业的竞争战略,最大限度地发挥企业竞争优势,取得最优绩效,对于企业经营至关重要。企业竞争战略与企业绩效的关系研究一直是企业界与学术界关注的焦点,一种普遍的观点是企业的绩效水平与其所采取的竞争战略密切相关,不同类型的竞争战略与企业绩效水平之间的关系也是分析的焦点。然而,现有研究并没有从竞争战略提升企业绩效水平的具体时点和持续时间、连锁董事网络对战略选择的影响以及战略群组与绩效之间的相互关系等角度进行考虑。

　　鉴于此,本书以企业战略类型及模式组合与绩效的动态映射研究为题,聚焦于企业战略和绩效,创造性地引入组合与动态映射这两个新的研究视角,探讨企业战略实施及绩效的动态映射关系。在将企业竞争战略类型识别为差异化战略、成本领先战略与混合战略三种类型的基础上,首先对企业战略类型与实施模式的匹配关系进行研究,然后建立战略绩效指标体系对企业绩效水平进行评价,最后利用绩效评价结果研究企业战略对绩效的影响,以及战略与绩效之间的互动关系。从章节内容安排上来看,本书主要研究内容分为以下四个板块:联盟组合配置战略对企业绩效的影响研究;战略群组对企业绩效的影响研究;竞争战略影响企业绩效的时滞效应研究;连锁董事对创新战略和纵向一体化战略的影响研究。本书的研究从理论上丰富竞争战略与绩效研究的相关内容,拓展竞争战略的研究范围,具有重要的理论研究价值。同时,本书研究不同竞争战略类型在不同行业、不同产业的绩效表现,分析竞争战略对企业绩效的影响,对于提升企业竞争能力、调整我国产业结构、提升国际竞争地位具有重要的现实价值。

　　本书内容源自作者近年来的工作成果积累,同时吸收了国内外关于企业战略与绩效相关的最新研究成果,参考了大量国内外有关的文献资料,在此致以诚挚的谢意。由于作者水平有限,本书可能存在一些不妥之处,敬请广大专家、读者批评指正。

目　　录

第1章 绪 论

1.1 研 究 背 景

2008 年,美国爆发次贷危机,金融风暴席卷全球;2009 年,欧洲主权债务危机爆发,国际经济形势恶化加剧。国际经济形势复杂多变、持续低迷,而我国作为新兴经济体在金融危机期间起到了经济发展引擎的作用。2014 年,随着美国经济复苏,世界经济进入了温和增长期,全球经济过渡到了深度调整阶段,以我国为首的新兴经济体增速放缓。受到经济转型和外部竞争加剧的双重压力影响,国内企业竞争加剧,倒闭现象时有发生。

从宏观经济层面进行分析,世界经济正由危机前的非理性繁荣转向危机后的常态发展。美国经济复苏预示着 2008 年金融危机的影响正在逐步消除,爱尔兰等债务危机国家融资成本下降,国际救助计划的推出预示着欧债危机的影响也在逐步减弱,日本经济超预期增长也为全球经济的健康发展添砖加瓦,全球经济进入温和复苏期。虽然国际经济形势已经好转,但经济发展进程仍然不容乐观,动力不足、基础不稳、增速不均等问题阻碍着经济复苏进程。目前世界经济形势仍然错综复杂,经济复苏增长分化的局面仍会持续,对我国外需增长潜力的推动作用有待进一步考察。我国经济发展趋稳,经济增长速度逐渐放缓。以房地产开发为例,国家统计局数据指出,2015 年全国房地产开发投资金额为 95979 亿元,与 2014 年相比,房地产开发金额增长仅 1.0%,增长速度再创新低。房地产投资速度放缓引发了一连串的经济效应,以房地产为主要动力的固定资产投资增速缓慢,经济下行压力增加。各级政府机关积极推进八项规定,削减政府支出,这进一步加大了消费及投资领域的下行压力。

国际经济形式复杂多变,国内经济局势不容乐观,企业生存和发展受到影响。政府部门既要严防国际经济冲击,尽量减少国际经济局势变化对我国经济的影响,又要加快经济体制改革的步伐,度过经济发展的瓶颈期,实现经济和技术转型。

从微观经济层面进行分析,我国企业正承受着长期转型难题和短期经营困难的双重压力,由于外需不稳,内需下降,企业的生存环境举步维艰,很难按照自己的意愿按部就班地实施制定好的战略计划。一方面,随着市场竞争的加剧,价格战硝烟弥漫,企业为了生存不断降低产品价格,压缩利润空间,倒闭潮现象时有发生。另一方面,科学技术迅速发展,产品生命周期不断缩短,企业只有不断进行技术研发才能跟上产品更新步伐,大量的科研投入让企业不堪重负。然而,信息技术的广泛应用使消费者可接触到的信息数量激增,这导致消费者品牌专注度明显下降。这些无疑给企业的营销活动和长期战略的实施带来不少麻烦。企业要想主动出击、转变被动局面,就需要转变经营理念,深入学习分析竞争战略。

由于企业制定竞争战略的空间在不断扩展,影响竞争战略的选择与实施不再只限于既定的行业内市场份额、产品或服务的竞争。在不确定的风险下,企业要具有快速的反应能力就必须依赖于战略的弹性;在资源稀缺的情形下,企业要保证经营利润,争取发展就必须依赖于合理有效的成本节约战略;在顾客日益多变的产品和服务要求情形下,企业要维持现有市场并开拓更为广阔的市场就需要多种多样的差异化经营。总而言之,新经济时代的来临,正在改变着企业的经营环境和企业竞争的规制。在经济全球化的发展以及新经济和互联网的推动下,企业与企业之间的竞争越来越激烈,这一切的改变对处于市场竞争中的企业提出了更高的要求。企业作为市场经济运行的主体,要在激烈的竞争中站稳脚跟并实现发展,就必须关注、了解、掌握竞争,只有这样才能逐步善于竞争并赢得竞争优势。

1.2　研究意义

企业竞争战略与企业绩效的关系研究是企业界和学术界关注的焦点。随着研究视角的扩大,国内外学者得出了相对一致的观点,认为企业的绩效水平与其所采取的竞争战略密切相关,并着力分析不同类型竞争战略与企业绩效水平之间的关系。然而,现有研究并没有分析竞争战略提升企业绩效水平的具体时点和持续时间,也没有考虑连锁董事网络对战略选择的影响以及战略群组与绩效之间的相互关系。因此,本书在厘清战略类型与实施模式匹配关系的基础上,重点分析了连锁董事网络对战略选择的影响以及战略群组与绩效之间的相互关系,最后从时间维度探讨了竞争战略影响企业绩效的时滞效应。本书既可以填补战略研究领域的空白,又可以从理论上丰富竞争战略绩效研究的相关内容,拓展竞争战略的研究范围。

企业如何面对复杂多变的国际环境,以及经济下行的压力,如何抓住机遇,在困境中求生存,在逆境中求发展是每个企业需要深思的问题。竞争战略是企业战略的重要组成部分,竞争优势是企业经营制胜的关键所在,如何根据环境特征选择最适合企业的竞争战略,如何保证企业最大限度地发挥其竞争优势,对企业至关重要。因此,研究不同竞争战略类型在不同行业、不同产业的绩效表现,分析竞争战略对企业绩效的影响,对于提升企业竞争能力,调整我国产业结构,以及提升国际竞争地位具有重要的理论意义和现实价值。

1.3　研究内容及思路

1. 研究内容

本书以企业战略行为与绩效权变关系研究为题,首先对企业战略类型与实施模式的匹配关系进行研究,然后建立战略绩效指标体系对企业绩效水平进行评价,最后利用绩效评价结果研究企业战略对绩效的影响,以及战略与绩效之间的互动关系。

2. 研究思路

本书将从以下四个方面进行研究。

目前大部分对战略匹配的研究都是从以下三个方面入手:战略与环境的匹配、战略与企业制度的匹配、战略与企业资源的匹配。对于战略与其实施方式的匹配研究尚少。本书首先运用验证性因子分析(confirmatory factor analysis,CFA)法识别企业的竞争战略类型,将竞争战略分为差异化战略、成本领先战略和混合战略,然后通过万得资讯公司提供的数据资料来识别企业竞争战略的实施模式,并以净资产收益率(return on equity,ROE)作为战略实施结果的反馈指标来探讨战略类型与实施模式之间的映射关系,从而发现两者之间的最佳组合。

(1)联盟组合配置战略对企业绩效的影响研究。本书以交易费用理论、资源基础理论、社会网络理论为基础,以权变的视角分析影响联盟组合配置战略发生作用的权变因素,以探讨探索式或利用式的联盟组合配置战略与何种因素相匹配时,能够提升企业绩效。本书提出企业高管团队的异质性、企业竞争战略类型、企业年龄这三类因素会影响联盟组合配置战略的实施效果,并假设当企业的联盟组合配置战略与这些权变因素相匹配时,能够提升企业的绩效。

(2)战略群组对企业绩效的影响研究。本书首先分析战略群组存在性与稳定性的机理以及战略群组对企业绩效的影响机理;然后构建战略群组识别指标体系,并对上市公司的战略群组进行划分;最后采用方差分析法对战略群组与企业绩效关系进行实证检验。

(3)竞争战略影响企业绩效的时滞效应研究。时滞效应是指导致事情发生变化的原因消失后,被触发的变化仍会持续的一种现象,其存在可以在一定程度上影响企业的绩效反应,以及管理者和投资者决策,并增加企业运营风险。本书从时间角度分析竞争战略影响企业绩效的滞后效应,首先,借助验证性因子分析判断企业的竞争战略类型;其次,建立低成本样本和差异化样本的向量自回归模型,并在此基础上建立脉冲响应函数;最后,根据脉冲响应结果分析不同产业企业、不同行业企业及高科技企业竞争战略实施偏好及战略实施风险,比较竞争战略影响企业绩效的滞后性和持续性。

（4）连锁董事对创新战略和纵向一体化战略的影响研究。董事会成员通过联结嵌入到连锁董事网络对企业的生存和发展产生重要影响。在所有的社会关系中,连锁董事通过获取信息资源融入社会、文化、政治平台,不断提高企业竞争力,成为公司战略决策的重要影响因素。然而,现有研究主要集中于连锁董事对企业绩效的影响,不能解释连锁董事的行为绩效表现,即连锁董事如何影响企业战略。本书在这些研究的基础上,研究连锁董事网络嵌入对纵向一体化战略以及创新战略的影响。

第 2 章　企业战略类型与实施模式的匹配关系研究

2.1　引　　言

自从战略匹配这一概念被提出以来,就有部分学者对战略的匹配进行了研究,这使战略匹配成为战略管理领域中的研究主题之一。但目前大部分对战略匹配的研究都是从以下三个方面入手:战略与环境的匹配、战略与企业制度的匹配、战略与企业资源的匹配。对于战略与其实施方式的匹配研究尚少,随着经济的发展,要想在市场中获得持久的竞争优势,竞争战略的选择必然是企业关注的重点,但竞争战略的确定只是企业战略管理的开端,选择之后的实施方式在整个战略管理中同样重要,不当的实施方式会导致企业的战略实施失败,因此战略类型与其实施模式的匹配对企业的战略管理来说就显得尤为重要。

2.2　文献综述与评价

2.2.1　竞争战略研究现状

20 世纪 30 年代,美国学者巴纳德首次提出了战略因素理论,该理论的出现是战略管理思想的开端。随后,钱德、安索夫、安德鲁斯等学者都对战略管理进行了研究,并提出了大量至今在管理界都影响深刻的观点。此后,竞争战略成为学术研究的一个重要方向,部分学者对竞争战略进行了研究,并形成了三大主流学派:产业结构学派、战略资源学派和能力学派。

作为哈佛学派的代表性人物,波特将竞争战略描述为:采取进攻性或防守性行动,在产业中建立起进退有据的地位,以成功地对付五种竞争力,从而为公司赢得超常的收益。为了达到这种超额收益,不同的公司会因自身的资源与所处的环境不同而采取不同的方法,公司最好的竞争战略是自身资源与环境配套下的产物。此外,波特还从广义的角度提出了三种竞争战略,分别是低成本战略、差异化战略和集中化战略。

产业结构学派认为,企业的竞争状态以及其行为是由产业结构来决定的,产业结构决定了企业的业绩,因此产业结构学派的思维模式可归为"产业结构—企业行为—企业业绩",企业要想在市场中获得竞争优势,首先就要找准行业,行业的发展直接决定了企业在整个市场中的盈利情况,行业导致的盈利差距远大于行业内不同企业之间的盈利差距。行业属于外部因素,因此产业结构学派的观点也称为外生论。

自 20 世纪 80 年代开始,随着产业结构的变化和多元化的出现,产业界限越来越模糊,产业结构学派的很多观点引起了部分学者的质疑,越来越多的学者开始注意到企业自身因素对企业的战略行为影响并不比行业因素小。Cool 等用美国制药行业为样本进行实证研究,结果也表明同一战略群体中的不同企业之间的业绩存在显著差异[1]。企业战略管理方向的研究便逐渐从产业外部因素转向了企业内部因素,即发生了由外生论向内生论的转变,能力学派和战略资源学派由此诞生。

能力学派出现于 20 世纪 80 年代的中后期,该学派从企业内部的角度出发,强调组织的学习技能和管理技能,认为企业的竞争优势来源于企业在生产经营中积累的特有能力,企业在制定竞争战略时应当从这种特有能力出发。而在能力学派内部,从不同的角度来看,主要存在两种代表性的观点:一种是整体观,认为企业核心能力主要表现为组织成员的集体技能和知识以及员工相互交往方式的组织程序,注重的是价值链的整体优势;另一种则是局部观,认为核心能力是企业不同于同行的一种整合企业资源技术的能力,这种能力不是一朝一夕能形成的,具有高度的难模仿性,注重的是个别价值优势。

能力学派的思想主要体现在以下几个方面:①市场竞争是企业核心能力的竞争,企业战略的目标就是获得竞争对手难以模仿的核心能力,企业最终的业绩取决于企业的核心能力;②企业核心能力不是与生俱来的,而是通过不断学习积累而成的一种技能或者隐性知识;③核心能力是一种相对于竞争对手和行业的特有能力,这种能力不是一成不变的,随着经营环境的变迁和竞争对手的成长,企业的核心能力的衡量指标也会发生相应的变化。

尽管能力学派的观点在很大程度上弥补了波特产业结构观的不足,但它过于关注企业内部能力,因此无论是能力学派还是产业结构学派,其思维角度都过于单一,这就催生了另外一种内生论观点,即战略资源学派。

战略资源学派认为企业内部资源对企业获得竞争优势有着不可替代的作用,而且企业特有的资源相比产业因素来说,对维持企业竞争优势具有更重要的意义。战略资源学派观点的提出解释了当时很多企业的业绩问题,因而得到了很多学者的支持。战略资源学派认为企业资源具有异质性,而且强调资源异质性是企业获得竞争优势的来源。这种异质性资源对企业的生存起着决定性的作用,无法在企业间进行自由的流通,且通常不可在市场上通过交易获得,企业只有通过学习和培育或者通过战略联盟才可能获得这种异质性资源。

Barney 从资源的一般概念入手进行了一个存量和静态的分析,强调战略性资源的概念,认为战略性资源必须具备以下属性:不易被模仿、有价值、不易被替代并具有稀缺性[2]。战略性资源的提出在战略资源学派中产生了一定的影响。Peteraf采用动态分析和流量分析的方法对竞争战略进行了分析,并探讨了如何从企业中分辨不同的竞争战略[3]。尽管不同学者的研究角度不同,但有共同的基本管理思想。在战略资源学派看来,一个有效的企业离不开资源和能力,当两者完美结合并适合企业组织结构时,就会成为企业竞争优势的基础。为了能够拥有这种竞争优势,企业就要不断发展自身的战略性资源,并不断学习如何配置这种资源的能力。拥有核心能力不是一朝一夕的事情,而是需要企业长期的积累和学习,只有核心能力达到一定水平才有可能充分地运用企业的战略性资源,而此时,这种优化配置资源的能力本身也是企业资源的一部分。

　　战略资源学派虽然与产业结构学派有较大的不同,但这并不意味着他完全摒弃后者的观点,相反,战略资源学派也承认对产业进行分析的重要性,在进行企业内部资源的分析时,战略资源学派也会进行产业环境的分析,力求积累战略资源并建立与产业环境相匹配的核心能力。如果产业环境发生了较大变化,企业原有的稀缺资源和核心能力可能不再成为其竞争优势,甚至可能会由于惯性思维而对企业发展起阻碍作用,因此战略资源学派强调企业应当持续不断地创新,技术专利对企业的保护作用是有限的。战略资源学派诞生于一个企业多元化开始的时代,因此战略资源学派另一个值得注意的管理思想就是认为企业不应当无节制地进行多元化,离开企业核心能力的多元化会降低企业的业绩。

　　从战略资源学派的思想不难发现,战略资源学派在主张企业竞争优势来源于企业的异质性资源的同时也强调核心能力的重要性,两个学派都是从企业内部的角度出发来研究持续竞争优势的来源,那么两者区别在哪里呢?

　　(1)对竞争优势的来源解释不同。战略资源学派认为资源的异质性是企业竞争优势的来源,而能力学派认为核心能力是企业竞争优势的来源。

　　(2)研究角度不同。战略资源学派主要是从企业战略资源的角度出发研究企业如何获得竞争优势,而能力学派以核心能力作为出发点。

　　(3)对概念的理解不同。战略资源学派认为企业的核心能力也是企业战略资源的一部分,而能力学派认为企业战略资源是企业核心能力体现的平台,对这种资源的优化配置是核心能力的一个体现。

　　纵观以上三大主流学派的竞争战略管理思想,不难发现,每一种战略管理思想都是在一定的经营环境下诞生的,其产生的思想都是和当时的时代背景相呼应的,三大主流学派是一个相互补充的关系,并不是一种取代关系,一种学派的流行并不代表另一种学派的消失,随着经营环境的变化,曾经的三大主流学派的弊端也慢慢呈现出来,无论是产业结构学派还是战略资源学派或是能力学派,都侧重于对静态的研究,在当今动态的环境下,单一的学派思想都不能完全适应环境的变化,在快速变化的环境下,一些新的战略管理思想不断出现。

(1)动态观。企业的动态能力是指企业整合资源以适应外界不断变化的环境的能力。在国内外学者对企业动态能力的研究中,对企业动态能力未形成统一的概念。焦豪等主张从环境洞察能力、变革更新能力、技术柔性能力和组织柔性能力四个角度来剖析企业的动态能力[4]。董保宝等认为企业动态能力是一种对资源的重组能力,这种能力能够有效地应对市场需求的变化,根据需求的变化,在企业内部将其资源进行重组,及时地生产出适应市场需求的产品,并不断地进行一些创新性的改革,使企业能够在市场中保持有利的竞争地位[5]。不管是哪一种定义,动态能力观都认为任何企业在资源上的优势都是不能持久的,只有不断地创新和提高组织的动态能力才能够维持企业在市场中的竞争优势。

(2)柔性观。柔性是指企业能够支撑较大的产出变动的生产技术的特征。企业外在的环境是不断变化的,在一个动态的环境中,企业应当预先制定出一套行动原则以适应其动态的环境,这套行动原则应当能够让企业在动态环境中具有一定的适应性,并能不断提升企业的竞争力,这种原则性即为战略柔性。战略柔性按照对象的不同主要可以分为竞争互动柔性、产能柔性、多角化柔性和供应链柔性。

企业在市场中一般会有很多竞争对手,竞争对手之间的竞争是促进市场成熟的推动力,竞争互动柔性就是指企业在相互竞争中所形成的一种弹性,包括产品和价格的调整,当一家企业采取一定的行为时,如降价促销,其他竞争对手也会迅速采取行动来抗衡这种手段。

产能柔性是指企业的产能随着市场需求变化的能力。现代市场需求的多样性与多变性对企业提出了更高的要求,如果企业对存货的管理不善,在需求量大时不能满足市场,在需求量小时却发生存货堆压,那企业的资金运转就会出现问题,一般来说,固定成本较小的企业产能柔性会更大。

多角化柔性是指企业经营范围的可调整性,现代企业经营多元化的趋势越来越明显,且产品更新越来越快,这就要求企业能够不断更新产品甚至是能够涉足一些新的行业,企业进入新行业的相对成本越低,速度越快,就说明其多角化柔性越强。

供应链柔性是指企业在整个供应流程过程中在每个环节中的应变能力,现代企业供应链网络越来越明细,其中的不确定性也越来越高,要面对这些不确定性,就必须增加供应链的柔性。

随着战略变革在企业中的发生频率越来越高,对战略柔性的实证研究也越来越多,刘力钢等通过实证研究发掘出了动态能力观与战略柔性之间的内存逻辑关系[6]。徐国华等利用回归分析的方法,以122家制造业企业为数据样本对其进行层级分解,证明了柔性战略在人力资源系统和公司绩效之间的中介调节作用[7]。

随着市场的变化和全球一体化的加剧,现代企业竞争战略的思想种类繁多,但都有一个共同点：现代竞争战略主要强调应变性和全局性特点。

2.2.2　企业战略实施模式的研究现状

企业发展战略的实施途径一般分为三种：内部发展、战略联盟和外部发展。

1. 内部发展模式

内部发展是经济市场中最初出现的一种发展模式，它是指企业单凭一己之力来发展企业的规模与市场，而不进行收购或者与其他企业进行联盟式的合作行为，通常所说的新建是内部发展扩张规模的主要形式。现在市场上有很多企业采取内部发展模式，特别是对于那些产品需要高科技设计或制造方式的企业，内部发展更为常见，雷辉等[8]对创业板上市公司的研究表明，内部发展是创业板企业最常用的一种发展方式。表 2.1 展示了内部发展的动因和缺点。

表 2.1　内部发展的动因和缺点

动因	缺点
1. 开发新产品的过程使企业最深刻地了解市场及产品 2. 不存在合适的收购对象 3. 保持同样管理风格和企业文化，从而减轻混乱程度 4. 为管理者提供职业发展机会，避免停滞不前 5. 可能需要的代价较低，因为获得资产时无须为商誉支付额外的金额 6. 可以避免收购中通常会产生的隐藏的或无法预测的损失 7. 这可能是唯一合理的、实现真正技术创新的方法 8. 可以有计划地进行，易从企业内部获得财务支持，并且成本可以按时间分摊 9. 风险较低	1. 与购买市场中现有的企业相比，它可能会激化某一市场内的竞争 2. 企业无法接触到另一知名企业的知识及系统，可能会更具风险 3. 从一开始就缺乏规模经济或经验曲线效应 4. 当市场发展非常快时，内部发展会显得过于缓慢

内部发展的应用条件更适用于新兴产业。在新兴产业中，资源尚处于不均衡的状态，行业的结构性障碍尚不存在，企业在此时采取内部发展相比于其他阶段更容易建立在行业中的竞争优势，其进入的成本也相对较低。但进入障碍的高低并不是企业是否进入某一行业的唯一判别依据，企业必须从长远的角度来看待该行业是否具有足够的市场，以确保在将来能够长期地保持企业的利润来源。此外，企业进入该行业的时间也很重要，第一个吃螃蟹的人固然有可能会成为市场的领头羊，但其风险也是最大的，且市场中后来居上的例子更是数不胜数。此外，考虑到其他进入者可能随时会进入新兴产业，为了保持期望的高利润，企业必须有一定的经济基础以保证后进入者将面临比自己更高的进入成本。

现有企业的行为性障碍容易被制止。现有企业通常为了维持自身在现有市场的利润，在产业中有新的进入者时，就会采取一系列的报复性措施来反击，阻止其进入市场,但是并不是每一个行业都有这样的现象。在有些行业,企业采取报复性措施的成本会高于其因阻止潜在进入者进入后所带来的收益,甚至即使其报复性措施很多,也只有极小的可能性会使潜在进入者退出市场。此时,现有企业将不会采取报复性措施来阻止潜在进入者的进入。例如,若新的进入者对进入市场势在必得,并已经付出了很大的原始投资,且其不存在任何退出市场的举动。此时,如果现有企业对其进行报复,只会使自己失去更多的利润。

企业有能力克服结构性壁垒与行为性障碍。对于进入一个已有竞争对手的新产业,总是会面临或大或小的结构性壁垒与行为性障碍问题,企业想进入该产业就必须克服这些障碍,障碍的大小会因企业的不同而有所不同。如果能够用相比其他进入者更小的代价来克服结构性壁垒与行为性障碍,那么企业进入该行业后便很可能会获得高于同行的利润,同时,企业也会在产业中获得高于进入成本的收益。

企业克服进入障碍的能力往往表现在以下几个方面。

(1)企业现有业务的资产、技能、分销渠道同新的经营领域的关联性。IBM 公司在 1981 年进入个人计算机市场就是采用内部发展模式,在两年内获得 35% 的市场份额,其成功的主要原因是个人计算机与该公司当时所拥有的计算机系列制造技术具有高度相关性。

(2)进入新产业后,企业能够利用自身的竞争优势来影响整个行业。尼尔等曾经分析过发达国家跨国公司的对外直接投资对东道国市场结构的影响:在发展中国家,由于市场不成熟,本地大型企业受政府保护,很多强大的公司自身的成长能力并不强,跨国公司几乎没有遇到当地企业的有效竞争,反而以其垄断力量在东道国市场设置各种进入障碍[9]。

(3)进入新领域后,对企业现有业务的促进作用。企业在进入一个新产业后,若能利用在新产业的某些优势来改善现有产业的劣势,增强其在市场中的影响力,则即使进入新产业只能获得平均利润,从公司整体考虑,其进入也是可行的。美国施乐公司进入数字传输领域就是基于这种考虑,虽然施乐公司在数据网络业务中没有什么优势,但是计算机之间的数据传输、电子邮件及公司地点的精密联网,以及该公司原有的业务——传统复印,都可能成为"未来办公室"业务设计中的重要和广泛的基础,因此从长远考虑,这种进入是有必要的。

2. 战略联盟模式

20 世纪 80 年代以来,企业之间的竞争越来越激烈,特别对跨国企业来说,其不仅要面对国内企业的竞争,还要面对国外企业的竞争。为了保持市场,企业开始对竞争关系进行调整,合作竞争开始成为众多企业的选择,而战略联盟就是合作竞争中的一种主要形式,被誉为"20 世纪 20 年代以来最重要的组织创新"。

从经济组织的形式来看,战略联盟是一种处于市场和企业之间的中间形式。

从交易费用理论的角度来讨论,可以把企业看成是为了节约交易成本而产生的一种组织结构,而企业和市场是两种可以相互替代的资源配置组织。战略联盟作为一个中间形式,联盟内部之间的交易有别于市场的其他交易,这种交易既非企业的,也非市场的。它们之间的交易不依赖于某单方企业之间的治理结构,也不完全受制于市场的价格机制。联盟形式的出现模糊了企业与市场之间的界限。

从企业关系的角度看来,联盟企业的各成员是在相互信任的基础上通过协议或其他方式而建立的一种平等合作关系,旨在达到资源共享等目的,从而提升企业的竞争力。这种关系具有平等性,不存在组织关系的隶属性,甚至也不存在市场之间的交易关系,其相互之间的往来关系主要具有以下特点。

(1)相互往来的平等性。联盟企业的各成员都是具有独立法人资格的企业实体,其相互往来的关系并不是一个上下级的关系,而更多的是以自愿互利为原则,一般在协商协议时会具体确定。而在企业内部,各成员企业之间的决策是相互独立的,不受其他联盟企业决策的影响。

(2)合作关系的长期性。企业之间确定战略联盟关系并不是为了眼前的短期利益,而是旨在通过联盟获得长期的利益,其相互之间并不是简单的一次性交易。通过联盟,企业可以持续地增强自身的竞争优势,从而实现更长远的目标收益。

(3)整体利益的互补性。联盟企业之所以相互合作,主要是因为对方企业有其不可得到或难以得到的资源,双方通过组建联盟就可以扬长避短,并降低双方的交易成本,从而可以产生协同效应,联盟成员都能获得其原本难以取得的竞争优势。

(4)组织形式的开放性。联盟本身具有高度的灵活性,整个联盟体系是一种松散式的结构,双方有着充分的自主性。

联盟是企业的一种长期合作行为,而不是为了获得眼前利益而进行的一种短期盈利行为。因此,联盟站在战略的高度,着重于改善双方企业的生存环境或者更好地去适应双方企业的环境,以求得在激烈竞争中的一席之地。特别是对于需要众多技术的高科技行业,这种行业的核心技术通常具有高度的保密性,难以获得,单独的企业难以获得产品整个价值链增值过程中的全部最新技术。此时,战略联盟就能够突破这种技术限制,通过强强联合,使双方企业掌握的都是行业一流的技术,从而实现优势互补,避免因技术过时而面临市场淘汰。

企业战略联盟形成的动因有以下几方面。

(1)促进技术创新。全球企业竞争已进入高科技竞争时期,掌握核心技术是企业获取竞争优势的主要途径,但核心技术的开发不仅成本高,风险也相当大,因此单个企业可能无法承担这些风险。此时,战略联盟便是一个很好的途径。

(2)避免经营风险。运用战略联盟可以加强企业之间的信息沟通与技术共享,能够最大限度地利用有限的资源,这就可以避免单独开发带来的盲目性,也可避免单独开发占用过多的企业资源而影响企业的正常运营。

(3)避免或减少竞争。在任何一个行业中,随着市场的不断饱和,激烈的竞争局面难免会出现,在一番激烈的价格战之后,往往会落下两败俱伤的结局,唯一的渠道就是主动与竞争对手合作。例如,石油输出国家组织就是各大石油产油国为了避免彼此之间的过度竞争而通过协议合作的方式来控制产量、保证石油价格和各自的收益的组织。

(4)实现资源互补。不同企业拥有不同的资源,资源在企业中的配置总是处于一个非均衡的状态,而通过战略联盟,就可以弥补这种不均衡。

(5)开拓新市场。企业通过建立广泛的战略联盟可以迅速实现经营范围的多样化和经营地域的扩张。

(6)降低协调成本。企业并购通常会面临不同企业资源的整合,需要较大的整合协调成本,而战略联盟只需要双方企业根据自身情况进行协商,无须进行资源的整合。这样节省了大量的协调成本,避免了企业因协调成本过大而导致的整合失败。

从股权参与和契约联结的方式角度来看,可以将企业战略联盟归结为以下几个类型。

(1)合资企业。合资企业是战略联盟最普遍的一种形式,是指联盟双方将各自具有的优势的资产组合在一起成立公司,并进行生产,共担风险的一种方式。合资企业是独立的法人实体,其体现的通常是双方长远的战略意图,而不只是寻求一个短期的高回报,为了保证联盟各方的相对独立性和平等地位,各联盟成员的持股比例一般是相同的。

(2)相互持股投资。相互持股投资也是联盟企业之间常见的一种方式,是指联盟成员通过持有对方一定数量的股份而建成的一种合作关系。这种方式与合资企业有所不同,合资企业是讲求各自的资产进行组合,而相互持股则更简单,无须将资产进行组合,也不需要派相关人员去管理新的公司,只是通过持有股份而在某些领域采取协作行为。持有股份的数量需达到一定的程度,但又没有达到合并的程度,且其持股必须是双向的,而不是单向投资。

(3)功能性协议。与股权投资方式不同,功能性协议无须持有对方企业的股权,也无权参与对方企业的经营决策。功能性协议主要是指在某些具体的领域,联盟双方通过签订协议而进行的长期合作。其形式主要包括技术性协议、研究开发合作协议、生产营销协议、产业协调协议。战略联盟具有灵活性高的特点,而契约式的战略联盟则是联盟形式中灵活性最高的,双方在合作方式上相比其他形式有更大的优越性,企业也具有更大的自主性。

3. 外部发展模式

外部发展是企业通过取得外部经营资源谋求发展的途径,狭义的外部发展即指外部并购。并购包括收购和合并,收购是指一个企业(收购者)收购和吸纳了另一个企业(被收购者)的股权;合并是指同等企业之间的重新组合,新成立的企业通常会使用新的名称。并购有着多种形式,这些形式可以从不同的角度加以分类,具体如表 2.2 所示。

表 2.2　并购的类型

分类标准	类别		
按并购双方的行业分类	横向并购		被并企业和并购方是同一行业
	纵向并购	前向并购	沿着产业链流动方向所发生的并购,如生产企业并购销售商
		后向并购	沿着产业链流动的相反方向所发生的并购,如加工企业并购原材料供应商
	多元化并购		被并企业与并购方处于不同行业,且相互之间的业务联系也不紧密
按被并购方和态度分类	友善并购		并购企业在实施并购前与被并购协商,双方各进行让步,最终达成协议而非并购方的强制并购
	敌意并购		并购方不顾被并购方的意愿而强行收购对方企业的一类并购
按并购方的身份分类	产业资本并购		并购方为非金融企业
	金融资本并购		并购方为投资银行或者非银行金融机构
按收购资金来源分类	杠杆收购		收购方的主体资金来源多为对外负债
	非杠杆收购		收购方的主体资金来源是自有资金

　　如前所述,企业战略的实施途径有多种,为什么要选择并购呢? 并购不同于新建的动机主要表现在以下方面:避开进入壁垒,迅速进入,争取市场机会,规避各种风险,获得协同效应。此外,企业合并可以减少竞争。在微观经济学的研究中,存在负外部性的现象,即个体的理性导致集体的非理性,特别是大企业之间的斗争最后的结果往往是两败俱伤。而企业合并则可以有效地降低这种负外部性的表现。不仅如此,合并还能很快地增强企业相对于竞争对手的竞争优势。并非所有并购都是成功的经济行动,很多企业的并购会偏离其预期的目标,甚至是彻底的失败,造成并购失败的原因主要有以下几类。

　　(1)决策不当。企业在进行并购前虽然会进行谋划,但可能会因为某一方面的原因并没有考虑周全或者草草下决策,从而导致了合并的失败。合并后,企业可能没有相应的人力对合并后的企业进行管理,从而导致合并资源的浪费。或者在合并前的估值过程中,高估了被并企业的市场价值,对其前景过于乐观,导致了并购后的失败。因此,如何判断一项并购是否值得,波特的吸引力测试可以作为一个参考的判断方式,理想的并购应该发生在一个不太具有吸引力,但能够变得更具吸引力的行业中,并提出如表 2.3 所示的两项测试。

表 2.3　吸引力测试

进入成本测试	行业的利润越大,则其进入成本通常会更高,企业为了合并一家利润高、前景好、吸引力大的企业,会付出更多的溢价,这就相当于提前侵蚀了未来的收益。因此,理想的并购对象是目前虽然不太具有吸引力,但未来能变得更具吸引力的行业中的企业
相得益彰测试	并购后,能够使双方企业的能力、作用和优势得到更充分的展示

（2）不能进行资源的有效整合。企业并购行为的结束并不意味着并购的完成，并购后的资源整合才是企业并购的重点，将直接影响并购后企业的发展。并购后的企业通常会面临着诸多的市场风险，不同企业之间在文化方面也存在一定的差异，组织制度也各有不同，企业能否对其进行有效的整合，直接关系到并购行为的成功与否。特别是企业文化的整合，往往会成为企业最困难的一面，如果被并购企业与并购企业之间的文化差异过大，那么对其进行整合几乎是一件不可能的事，稍有不慎，就会严重影响企业的利润。

（3）支付过高的并购费用。对企业进行估值是并购过程中的关键点，被并购企业的股权所有者总是希望并购企业能够给出更高的溢价，而并购方则希望通过最低的价格进行收购。特别是在敌意并购的情况下，价格的较量会更为激烈。企业如果支付了过高的并购费用，在不能获得及时的资金支持情况下，可能会陷入财务危机。即便得到财务支持，如果合并后运营不佳，并购费用将是一笔难以偿还的负债。对被并企业进行价值评估，主要有市盈率法、股价法、资产净值法、折现法和投资回报率法等。

此外，为了降低在并购中支付过高并购费用的风险，可以采取发股收购的方式，即并购企业可发行自身股票，将自身发行的新股通过股份交换协议来购买被并购企业的股票，同时也可以通过发行债券的方式来购买被并企业的股票，避免企业因在短时间内支付大量并购费用而影响企业正常经营。

（4）跨国并购面临的政治风险。随着经济全球化的发展，跨国并购已经成为市场中一个普遍存在的问题。企业进行跨国并购时，由于东道国政治风险不同于本国，规避东道国政治风险已成为跨国并购中的一个主要问题。

2.2.3　企业绩效研究现状

在战略管理研究中，企业绩效是绝对的因变量，因此在研究有关战略的问题时，就必须研究其与企业绩效的关系，否则这种研究便没有什么实际意义。在有关企业绩效的研究中，首先要解决的一个问题就是企业绩效的评价，绩效评价体系的构建对企业绩效评价有着十分重要的作用，部分学者运用不同的绩效评价方法对影响企业绩效的诸多因素进行了研究，现取部分文献如表 2.4 所示。

表 2.4　绩效评价文献资料

年份	作者	研究内容
1999	Pawar 等	利用总成本、实际成本/预算成本、实际完成时间/预定完成时间、市场调研期和实际开发期五个指标来评价企业绩效[10]
2000	Marshall 等	提出以资产的市场价值为基础的修正的经济增加值（refined economic value added, REVA）绩效指标[11]
2011	吴正杰 等	在组织学习理论的基础上提出了基于认知性、近似性、动态性和系统性的多环节绩效评价标准选择方法[12]

年份	作者	研究内容
2013	李子叶等	利用新产品的增加量、上市速度、新产品为企业带来的利润以及专利的申请增加量来衡量企业的创新绩效[13]
2014	李霞	在平衡计分卡的基础上,运用网络分析法(analytic network process, ANP)计算各评价指标的权重,然后用模糊评判法来衡量企业的绩效[14]
2016	王冰等	运用 BP 神经网络方法对企业内部知识转移绩效进行评价[15]

2.3　研究内容及方法

2.3.1　研究内容

企业自成立之初就具有自己的目标或使命,企业战略无论从何种角度来看,都是企业为实现目标而制订的一系列长远计划,是实现企业目标或使命的途径。企业可以选择通过在一个行业的经营实现自己的目标,也可以选择通过在多个行业的经营实现自己的目标。而在一个具体的企业中,这个企业可以以市场集中、产品集中或者市场开发、产品开发等途径实现目标。在具体的战略目标实现上,这个企业可以采用合适的战略实施模式,从而实现企业的战略目标。

本书通过研究分析,构建企业战略模型,找出企业战略类型与实施模式的最佳匹配模式,促进企业战略类型构建的方法与对策,从而发现适合企业战略类型与实施模式结合的有效途径,提高企业战略模型的运行效率,从而促进企业的发展。

2.3.2　研究方法

(1)文献综述法。充分利用中国知网、维普网、万方数据知识服务平台等信息化的网络资源和图书资料,认真研读相关论文专著,在前人研究成果的基础上,加强对研究问题的认识,并借鉴前人的方法,探寻本书的研究重点与方法。

(2)定量与定性相结合的方法。对战略模型构建问题进行分析、判断以及政策分析都属于定性分析,而对各种数量指标的分析则属于定量分析。

(3)图表法。利用文献中的图表对所得数据进行整理、归纳、分析,并对其进行阐述。

2.4　相关理论基础及分析

2.4.1　战略类型

企业战略是企业根据其外部环境、内部资源和能力状况,为求得生存和长期稳定的发展,不断地获得竞争优势,对自身达成目标的途径和手段进行的总体谋划与参考。

　　企业实现目标或完成使命的形式多种多样,战略类型的划分目的就是要弄清企业实现目标的途径大致有多少种,或企业战略有哪些具体的体现形式。与其他事物和现象的分类一样,划分角度和标准不同,企业战略的类型就会不同。不同企业的体现形式也不一样,有些企业对战略的表述十分详尽,而有些企业则只是一句话。需要说明的是,有的企业只采用其中的一种形式,而有的企业同时采用多种形式。从时间跨度的角度出发,可以将企业战略划分为短期战略、中期战略和长期战略。一般来说,企业的规模越大,其制定战略的时间跨度就会越长。

　　此外,也可以按照战略的性质和特点将其分为稳定战略、增长战略、紧缩战略和定位战略。稳定战略是指的经营范围维持不变,对其利润能够具有较好的预测性,它主要强调的是企业对现有资源的配置;增长战略是指企业不断扩大自身规模的一种发展战略;紧缩战略是指因资源有限或者市场容量变小,产能过剩,企业精减规模甚至是退出行业的一种战略;而定位战略则是指市场找准一个方向,从而建立自身的竞争优势,主要包括竞争定位、市场定位和商品定位。

　　Amitay 等则将企业战略分为多角战略和外向牵动战略[16]。多角战略从不同的角度来扩大企业的经营规模或者经营行业,是一种广义的多元化,包括地域、产业和层次三个方面的多角化。地域多角是指企业的跨地区经营;而产业多角即通常所说的狭义的多元化;层次多角是指在不同的目标市场上进行经营,类似于波特的集中化战略。外向牵动战略是指通过引入外部资源和管理经验等,来弥补自身企业的不足,从而促进企业发展。

　　企业战略是从长远的眼光来看待企业的发展,不同的公司会因所处行业和阶段的不同而选择不同的战略。从业务单位层次来说,典型的战略类型分为成本领先战略、差异化战略和集中化战略,三种基本竞争战略的比较如表 2.5 所示。

表 2.5　三种基本竞争战略的比较

战略类型		特点或者内容
成本领 先战略	含义	该战略是指企业通过在内部加强成本控制,在研发、生产、销售、服务和广告等领域把成本降到最低限度,成为产业中的成本领先者
	优势	1. 形成进入障碍 2. 增强讨价还价的能力 3. 降低替代品的威胁 4. 保持领先的竞争地位 5. 薄利多销

续表

战略类型		特点或者内容
成本领先战略	适用情形	1. 产品具有较高的价格弹性,市场中存在大量的价格敏感户 2. 产业中所有企业的产品都是标准化产品,产品难以实现差异化 3. 购买者不太关注品牌,大多数购买者以同样的方式使用产品 4. 价格竞争是市场竞争的主要手段,消费者的转换成本低
	所需资源和能力	1. 在规模经济显著的产业中建立生产设备实现规模经济 2. 降低各种要素成本 3. 提高生产率 4. 改进产品工艺设计 5. 提高生产能力利用程度 6. 选择适宜的交易组织形式 7. 重点集聚
	风险	1. 技术变化可能使过去用于降低成本的投资与积累的经验一笔勾销 2. 产业的新加入者或者追随者通过模仿或者以高技术水平设施的投资能力,用较低的成本进行学习 3. 市场需求从注重价格转向注重产品的品牌形象,使得企业原有的优势变为劣势
差异化战略	含义	该战略是企业向顾客提供的产品或者服务在产业范围内独具特色,这种特色可以给产品带来额外的加价,如果一个企业的产品或者服务的溢出价格超过其因独特性所增加的成本,企业将获得竞争优势
	优势	1. 形成进入障碍 2. 降低顾客的价格敏感程度 3. 增强讨价还价的能力 4. 防止替代品的威胁
	适用情形	1. 产品能够充分地实现差异化,且为顾客所认可 2. 顾客的需求是多样化的 3. 企业所在产业技术变革较快,创新成为竞争的焦点
	所需资源和能力	1. 具有强大的研发能力和产品设计能力,具有很强的研究开发管理人员 2. 具有很强的市场营销能力和相应的市场能力管理人员 3. 有能够确保激励员工创造性的激励体制、管理体制和良好的创造性文化 4. 具有从总体上提高某项经营业务的质量、树立品牌形象、保持先进技术和建立完善分销渠道的能力
	风险	1. 企业形成产品差异化的成本过高 2. 市场需求发生变化 3. 竞争对手的模仿和改进使得已建立的差异缩小甚至转向
集中化战略	含义	该战略针对某一特定购买群体、产品细分市场或区域市场,采用成本领先或产品差异化来获取竞争优势的战略。集中化战略一般是中小企业采用的战略,可分为两类:集中成本领先战略和集中差异化战略

战略类型		特点或者内容
集中化战略	优势	1. 能够抵御产业五种竞争力的威胁 2. 可以增强相对的竞争优势
	适用情形	1. 购买者群体在需求上存在差异 2. 目标市场在市场容量、成长速度等方面具有相对的吸引力 3. 目标市场上没有其他竞争对手采用类似的战略 4. 企业的资源和能力有限,难以在整个产业实现成本领先或差异化,只能选定个别细分市场
	风险	1. 狭小的目标市场导致的风险 2. 购买者群体之间需求差异变小 3. 竞争对手的进入与竞争

从表 2.5 可以看出,集中化战略是对某一特定的目标市场实施成本领先战略或者差异化战略,分为集中成本领先战略和集中差异化战略,其本质仍然是成本领先战略或者差异化战略。基于此,本书将集中成本领先战略归类为成本领先战略,将集中差异化战略归类为差异化战略。

2.4.2　战略实施模式

战略实施模式是指战略实现的方式,企业可以根据自身的实际情况采取不同的途径去实现企业的战略目标。战略类型的选择是一个复杂的过程,涉及多方面的因素,战略的实施也一样,企业战略的实施有时比战略类型的选择更为困难,其作为企业战略管理的一部分对企业发展具有重要的意义。对于发展性战略的实施模式,最为常见的就是内部发展和外部并购。Lamont 等对两种实施模式进行了比较,结果表明企业实行内部发展所创造的收益高于实行外部并购[17]。雷辉等以创业板上市公司为样本,研究了不同发展战略实施模式对创业板成长性的影响,发现公司首先会选择内部发展方式,外部并购是采用最少的一种实施模式[8]。

战略实施模式也存在着多种分类,最为典型的是波特的分类,他把战略的实施模式分为两种:内部发展和外部并购。内部发展模式是指企业主要依靠自身积累的资源实现发展;外部并购模式是指企业主要通过合并控制(或收购)其他企业,从而扩大企业规模的一种发展方式。

2.4.3　企业绩效

企业绩效是指企业在一定经营期间的经营效益,可以从不同的角度来衡量,如盈利能力、后续发展能力等。部分学者从不同的角度提出了不同的评价方法,按其性质的不同,大致可以分为定性评价法、分类评价法、排序评价法和操作评价法。

本书绩效的度量采用目前研究中比较常用的净资产收益率来度量,净资产收益率又称股东权益报酬率,是净利润与平均股东权益的百分比。选用该指标主要是因为对上市公司而言,净资产收益率是中国证券监督管理委员会(简称证监会)最关注的一个指标,在理论上,净资产收益率是杜邦分析的基础指标,能较为全面地反映出公司的经营成果。

2.4.4　企业竞争理论

经济学中的竞争指的是不同企业之间为了争夺有限的市场资源而进行的一系列经济博弈,以使自身在市场中有一席之地。竞争与资源的配置存在着不可分割的关系。随着经济的发展,出现了各种经济理论或者经济流派,各种流派对竞争的概念、性质以及经济竞争与市场结构等问题的看法也有所不同。英国经济学家亚当·斯密认为竞争是竞争者对超额利润追求的必然结果。著名的无产阶级革命家列宁也对竞争进行过定义,他把为共同市场而劳作的独立生产者之间的关系称为竞争。这种定义提示了竞争本质上是一种经济关系,但与其他经济关系不同的是,竞争体现的是一种对抗关系,而非合作关系。马克思通过对资本主义社会的研究,认为竞争的实质是诸多资本的相互作用,这种相互的经济作用贯穿于竞争的整个过程。

大部分经济学者认为企业在市场上的竞争可以看成企业向消费者让出消费者剩余的出价过程。竞争理论从出现伊始,就成为经济理论中重要的核心思想,并通过如下三个阶段得以发展:自由竞争理论阶段、垄断竞争理论阶段和合作竞争理论阶段。

1. 自由竞争理论

16 世纪中叶产生的重商主义主张由政府干预市场的各个行业,严重限制了市场的自由,自由竞争理论即以抨击这种限制市场自由的干预政策而形成的。自由竞争理论的杰出代表是英国著名经济学家亚当·斯密,他以经济人—无形的手—自然秩序为核心,对自由竞争的结果进行了经济分析。亚当·斯密认为个人利益和社会利益最终会在市场机制的作用下得到统一,从而实现整个社会的福利发展。经济人虽然是自利的,但同时也是理智的,每个经济人在追求自身利益的同时并不能随心所欲,市场这只无形的手以价格为信号,通过配置资源使社会资源总是朝着最需要的地方流动。正是市场这只无形的手不断约束与调节,使个人利益和社会利益最终得到协调,而竞争则是这样一种将大量自私、追逐个人利益的经济活动转化为合乎社会利益的国民财富增长的力量。

这一理论的主要观点是极力主张自由竞争下的市场机制,认为自由竞争制度是最佳的经济调节机制,政府不应加以干预。然而,自由竞争理论只在一定的范围和条件下成立,理论本身存在着以下诸多缺陷。

(1)建立在供不应求的基础上。

(2)建立在信息不完全的基础上。

(3)自由竞争理论矫枉过正。

早期的自由竞争理论是从重商主义的基础上提出来的,早期的代表人物有大卫·休谟和亚当·斯密等,在他们合著中,就犯了矫枉过正的错误。他们提到,本国市场如果存在着大量的商品,在国内市场无法消化的情况下,就可以对其进行出口,但若周边国家的经济相当萧条,根本没有可与之交换的物质,那这些出口也无法完成。同样,正如大卫·李嘉图所指出的,亚当·斯密在他的著作中也犯了矫枉过正的错误,亚当·斯密认为宗主国对殖民地的限制,不仅不利于殖民地,而且对宗主国不利。事实上,宗主国对殖民地的严厉控制措施,可以有利于宗主国而不利于殖民地。

综上所述,自由竞争理论有一定的科学基础,在特定的范围和条件下是成立的,但其适用范围是有限的。自由竞争理论有利于竞争强势的主体,具有明显的零和竞争特点,这对现代经济来讲并不是一个合适的概念。

2. 垄断竞争理论

19世纪60年代,自由竞争的资本主义开始向垄断资本主义过渡。随着生产的日益集中和产业的规模化,产业组织开始追求规模经济效应,从而导致垄断的产生。垄断的出现使价格机制受到了阻碍,从而使得以价格信号为杠杆的自由竞争这一经济原动力受到阻碍,于是就出现了"马歇尔冲突"问题:竞争的需要引发对规模经济的需求,而规模经济又带来了垄断,垄断却又排斥自由竞争。

1933年,哈佛大学教授张伯伦将市场结构划分为完全竞争、完全垄断、寡头垄断和垄断竞争四种类型。他认为在纯竞争的市场中,需求曲线是水平的,也就是说企业如果按照市价出售产品,则其销量由企业自己意愿而定,不会有产品剩余。但在垄断竞争下,企业的销售则复杂很多,会受到诸多方面的影响,如产品价格、销售费用、产品性质等。为了探讨这三个因素和销量之间的关系,张伯伦对这三个因素分别进行了分析,并建立了垄断竞争论。

张伯伦的垄断竞争是一种位于完全竞争与完全垄断之间的理论,这对理论界来说是一种创新,但是垄断资本主义的本质依然是少数企业的市场,市场依然掌握在这些具有垄断地位的大企业手中,他们通过垄断可以攫取高额的利润。即便这样,在垄断理论中引入非价格的竞争因素依然是一个伟大的进步。同时,随着市场的进步,非价格因素在竞争中的作用日益明显,也更符合实际市场,企业若想在激烈的竞争中生存下来,就不得不重视非价格的竞争,有时非价格的竞争甚至比价格竞争更为重要。

3. 合作竞争理论

20 世纪 90 年代以来,部分学者向自由竞争理论和垄断竞争理论提出了挑战。英国哲学家摩尔认为,即使是在"适者生存"的自然界中,也存在着诸多相互依存的物种,从这个角度出发,他认为企业的生存与发展也应当是相互依存的。与此同时,诸多学者提出了"竞争性合作""博弈论""双赢"等有关合作的竞争理论,合作竞争理论并不排斥竞争,合作竞争只是竞争在经济市场中发展到一定阶段的产物,在合作竞争理论下,竞争依然是市场前进的原动力。

经济学中对企业竞争的研究主要是集中在竞争的概念、作用、竞争与效率的关系问题等方面,因而尽管从经济学角度研究竞争对于政府制定相关政策是必不可少的,但是对企业管理者而言,他不仅需要从宏观角度,更要从微观角度或者深入企业内部来研究企业竞争理论以及企业竞争的实践。

合作竞争理论认为企业经营活动是一种可以实现双赢的非零和博弈。从博弈论角度来分析企业之间的互动关系,可以更好地发现竞争中的合作点,从而更好地实现企业之间的双赢。

合作竞争理论将价值链引入了商业活动的分析中,提出了参与者价值链的概念。价值链在生物学中具有上下依存的关系,在企业经济活动中,这种依存关系依然存在,只不过换成了不同企业之间的依存,其外在的体现形式就是合作。这种合作与竞争结合在一起就成了企业价值链中的一种动态关系,这种动态关系能够使得原本竞争的两个企业在一定程度上具有依存性,这也是合作竞争理论中的一个核心思想。在这种相互依存性的关系中,合作竞争理论又得出了互补者的概念,该理论认为,在市场博弈下,市场的参与者除了供应商、消费者外,还有互补者。供应商和购买者,同行业的不同企业,都可以成为对方的互补者,它强调在价值链不同环节的各个参与者都要相互合作。通过合作,消费者可以得到更好的优惠,企业也可以更好地扩大其市场。因此,整个经济市场的进步与完善离不开各参与者之间的合作,这是对传统竞争理论的一种补充。

综上所述,合作竞争理论是对竞争本身固有缺点的认识和适应当今复杂的经营环境的产物,在资源分配不均的市场中,合作竞争更能适应市场对企业的要求。合作竞争理论强调了合作在企业发展中的重要性,通过合作可以让双方企业达到一种非零和博弈状态。同时强调从博弈论的角度来制定企业战略,追求战略的系统性和互动性,通过策略分析为企业制定战略提供了一种崭新的思维方式。

2.4.5 战略匹配理论

匹配是管理学研究领域的一个重要概念,这一概念源于种群生态学和权变理论。权变理论认为有效的管理是因情况而定的,依外界环境的要求以及组织的需求而定。随后,众多管理学家和经济学家把匹配的概念引入组织理论、市场营销和战略管理等研究领域,此后有关匹配的研究就成了企业战略管理的一个重要内容。战略匹配是指将适合机遇的公司现有资源进行整合,凭借优势资源投入和资源运用的能力优势,创造出增量的绩效。企业战略的有效实施不仅取决于战略与组织本身的匹配,还取决于与管理过程的匹配[18]。James 在企业战略模型发展趋势上进行了研究,提出了战略发展策略,称为战略矩阵,他认为当前企业的发展面对相应的市场趋势,要通过战略类型的选择来提高市场份额[19]。

管理者应根据企业特征进行战略类型的选择,而相应的战略实施模式有利于企业展示全新的战略功能,企业战略类型和实施模式的匹配也需要很多量化的方法来解析。例如,针对国际化战略的影响,对差异化战略进行相对的经济效益分析,即战略类型的差异化和企业实施模式的差异化匹配。

著名的五力模型用于解释战略匹配中存在的不同的盈利能力。目前。被广泛应用的价值链模型有利于对企业战略匹配进行过程细化。企业竞争优势来自企业战略类型和实施模式匹配的能力。确定企业战略时,有三个不同的重要角度,这三种角度有截然不同的管理责任。从企业整体角度出发的战略是公司层次最高的战略,也是其他层次战略的指导核心,是围绕企业使命而制定的战略,对企业整体的资源配置起着决定性的作用。而竞争战略则是在业务单位层次上的战略,是为了提升企业业务单位的竞争力,从而为企业在整个行业中获取竞争优势而打下坚实的基础。最低层次的战略则是职能战略,这是具体到每个职能部门的战略,为保持自身的竞争优势,各职能部门必须具有相应的能服务于企业的能力。

2.4.6　机理分析

1. 战略类型对企业影响的机理分析

在本质上,企业采取不同的竞争战略体现的是资源配置的不同,不同的战略类型对企业的战略性资源及其配置方式都有不同的要求,反过来,其战略类型又会影响企业中资源的流向,两者通常是一个相互作用的过程,波特在《竞争战略》一书中对竞争战略进行了一个典型的分类,将其分为成本领先战略、差异化战略和集中化战略。前面将集中化战略归类为成本领先战略或者差异化战略,因此本节只分别对成本领先战略和差异化战略对企业影响的机理进行分析。

1)成本领先战略对企业影响的机理分析

成本领先并不一定意味着价格最低,主要是强调企业在生产过程中能够长期保持低于同行的生产成本,它是一个可持续成本领先的概念,即企业通过其低成本地位来获得持久的竞争优势。因此,采取成本领先战略的企业里,人力、物力、财力等资源都将朝着能够最大限度节省成本的方向移动。

在前面章节中已经对成本领先战略的适用情形进行了阐述,采取成本领先战略企业的产品差异化水平较低。随着大众消费观念的改变,采取成本领先战略的企业也试图保持一定的产品差异化,但其差异不会比市场上的创新者更具差异,且其不会成为市场创新的先锋。这种企业通常瞄准的是市场上大部分消费者,对于那些追求标新立异或者观念超前的消费者,企业会自行忽略,只有当大部分消费者开始要求产品应当具有某一个特定功能时,企业才会考虑满足消费者的需要。这种战略也许在一定程度上会让消费者不满,但基于其低价格的吸引力,消费者依然会对其有一定的忠诚度。

即便是成本领先战略的企业建立其独特的能力,其最根本的目的也是最大限度地利用企业的资源,提高企业的生产率,降低单位产品的成本,获得成本竞争优势。因此,成本领先战略的企业会努力利用经验曲线和学习效应,并扩大规模,以求利用规模效应来降低单位成本,而这些效应都要求企业具有很好的制造能力和管理能力,所以制造能力和管理能力是成本领先战略企业的两个核心能力。在成本领先战略下,产品销量是企业利润的保证,因此营销部门会大力培养获取大量客户的能力,这种营销能力一旦形成,制造部门也可以依据其稳定可预测的销量而制订更为长远的制造计划,进一步发挥规模效应,降低单位成本,从而提升毛利率。

综上所述,采用成本领先战略的企业主要是通过如图 2.1 所示的两种途径来提高企业的经营绩效。

图 2.1　成本领先影响企业的途径

2)差异化战略对企业影响的机理分析

差异化战略力求自己的产品在行业内独树一帜,利用产品的不同寻常之处提升消费者对产品的忠诚度,从而赢得市场,取得竞争优势。差异化战略与成本领先战略是竞争战略的两个方向,很多时候这两种战略甚至是对立的两个方向,因此差异化战略在资源的投入和管理方面与成本领先战略有着较大的区别。

实行差异化战略的企业在产品上能够提供其他产品无法比拟的功能,因而其产品能够带来更高的溢价,售价比市场均价要高。这种高溢价是差异化战略的利润保障,消费者之所以愿意接受这种高溢价,也正是他们承认差异化企业提供的产品的这种独异性在市场上有着不可替代性,或者其替代性较低。

企业差异化的来源有多个方面,最主要的有反应速度、创新和质量三个方面。反应速度通常是指其售后处理服务的质量,很多产品都会涉及售后服务,当消费者购买产品以后,在使用中出现问题,若企业能够及时提供服务,甚至是超过消费者的预期,无疑消费者在使用过程中出现的问题不仅不会降低其对产品的忠诚度,反而会提升企业的口碑。特别是在我国,产品售后通常是企业最为忽视的环节,因此快速的售后服务必定会成为企业独特的竞争优势;创新通常是对一些技术复杂的高科技产品而言的,如手机、计算机等,这类产品的差异化是其吸引消费者的主要手段,众多消费者也愿意为其特异性而支付较高的溢价;质量则几乎可以成为所有产品的差异化来源,然而对企业来说,在质量和效益之间也要进行一个平衡,随着产品质量的不断提高,其边际成本将不断增加,因此利用质量作为差异化方式的企业,必须寻找到这个平衡点。

实行差异化战略的企业提供的产品具有较高的溢价,因此其市场通常是小众市场,大部分差异化企业会根据其独特能力的不同而选择市场上某一个或者少数几个细分市场作为目标市场,因而企业对于这样的小众市场必须具备相应的组织管理能力。对于以质量和创新作为产品差异化主要方向的企业,通常会非常注重研发部门的作用,并会投入较大的研发资金,以保证企业生产的产品始终走在市场的前沿。而以售后服务作为企业产品差异来源的企业则会更加注重企业的营销部门。

虽然差异化战略与成本领先战略是两个不同方向的竞争战略,但是差异化战略并不是说企业可以无限制地扩大产品的特异性。产品特异性越大,其研发成本越高,且过于超前的产品可能不被市场所认可,因而采取差异化战略的企业要注重产品特异性和开发成本以及销量之间的平衡。

综上所述,差异化战略影响企业的主要途径如图 2.2 所示。

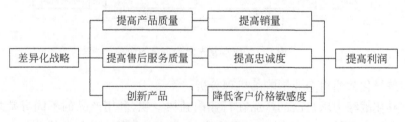

图 2.2　差异化影响企业的途径

2. 战略实施模式对企业影响的机理分析

前面已经提到过三种基本的战略实施模式,并对具体内容进行了一个简单的阐述,在同一竞争战略的情况下,采用不同的实施模式会对企业有着不同的影响。另外,企业的实施模式也不是一成不变,它会随着自身所处阶段的不同而选择不同的实施模式,不同的实施模式对企业的资源要求也不同,在不同的环境下,不同的实施模式对企业又会有不同的效果。

1)内部发展对企业影响的机理分析

在内部发展的模式下,企业主要依赖的是自身的资源,因此若企业资源不足,就不适合采取内部发展的途径,采取该发展途径的企业一般都是资源充足的,或者虽然资源不十分充足,但目前并不打算进行企业扩张,而是对市场采取一种观望态度。由于内部发展模式对企业资源的要求很高,对于那些市场变化快,且涉及行业多的企业,若采取内部发展模式,可能会因为企业单个资源并不能满足市场快速变化的需要或者单个企业的资源并不能很好地覆盖该产业所需的全部资源而失败。因此,采取内部发展战略的企业首先要对自身拥有的资源以及行业所需要的核心资源有一个清醒的认识。

在科技迅速发展的今天,为了避免产业风险,很多企业会涉猎诸多产业,在这种情况下,企业如果采用内部发展模式,很可能就会面对资源不足的问题。从资源观的角度来看,市场经济下的企业,其人力、物力以及商誉都是企业拥有的资源,且随着互联网的发展,企业面临的挑战日益加重,科学技术知识在企业中的作用越来越重要,特别是在高科技产业,这种现象尤其明显,企业资源的重点也由以前的物力慢慢向人力转变。在知识经济的时代,如果企业没有相应的人才对资源进行管理,即使企业拥有充足的物质资源,那结局只会是被其他企业吞并。因此,内部发展模式要求企业对这种环境的变化要有很好的适应性,之前,有就诸多学者对战略-环境在经济转型环境下的适应性进行了研究,强调了战略与环境的适应性。

尽管内部发展模式的限制因素有很多,而且面临着跟不上市场等诸多风险,然而仍然有诸多企业会采取这种模式来发展,因为内部发展最直观的优势是利润不与人分享,然而在一个讲求双赢的时代,这种思维方式未必是最好的。但是在一些特殊的产业,特别是涉及诸多商业秘密且市场科技发展并不十分迅速的行业,产品的毛利率会很高,若采取内部发展模式,则不用担心会落后于市场,并且产品商业秘密曝光的可能性也大为降低。虽然内部开发新活动的最终成本可能会高于收购其他企业,但是成本的分摊可能会对企业更有利且比较符合实际,特别是对那些没有资金进行大额投资的小企业或公共服务类型的组织来说,这是它们选择内部发展的一个主要理由。另外,内部发展的成本增速较慢,这对企业的影响也是最为缓和的。

此外,对于一些处于导入期的行业,由于此时的产品还不成熟,市场的接受度还不高,消费者对其产品尚处于一个非理性的阶段,只有部分高收入人群才会购买此时的产品,企业竞争对手也非常少。若产品设计新颖,其独特性使产品价格弹性较小,企业通常会采取高价格、高毛利的政策,但是此时的销量也较小,因此企业为了均衡其产品成本,不必要也不愿意采取外部并购的模式,而更愿意采取自担风险独享利润的内部发展模式。内部发展模式主要是通过调用企业内部资源,利用其内部的资源优势,来使企业在整个行业中获得竞争优势。

2)外部并购对企业影响的机理分析

外部并购主要是指企业通过对具有某种竞争优势的企业进行收购,从而加强企业在市场的地位,快速获得竞争优势的一种发展途径。核心竞争力通常是企业所特有的,难以进行移植,但若通过并购,则可以很快地获得被并购企业的核心竞争力。再进一步通过资产的重新组合,便可使其成为自身企业的核心竞争力。

通常,外部并购是企业快速成长的一种模式,相比于内部发展的缓慢进度,外部并购能够在短时间内获得企业所需要的资源,而这种资源如果通过内部发展途径可能需要几年甚至是更长的时间才能获得。

企业在进行外部并购时,首先要做的就是要搜寻一个具有某种能力、知识和资源的企业作为并购对象。收购以后,并不是将本企业与被收购企业的资源进行简单的相加,而是将双方企业的资源进行有机整合,只有通过有机整合,才能将被并购企业的优势发展成为合并企业的优势,否则,优势也可能变成劣势。这也是并购企业的战略初衷,如果并购后不能进行有效的有机整合,则会成为一项失败的并购,而失败的并购损失非常大,甚至可能导致企业破产。

中国经济正处于调整发展阶段,市场的成长速度也非常快,很多企业如果单纯依赖自身的资源进行内部发展,很有可能被市场淘汰。特别是对一些欲实施多元化的企业来说,占领市场是其中一个非常重要的环节,而外部并购模式就能够快速利用被并购企业在市场中的优势迅速地在市场中占得一席之地。

正因为外部并购能够跳过内部发展所特有的一系列中间过程,一个成功的并购案例很快就可以实现盈利,这对一些大型的企业,特别是想在市场上获得一定垄断地位的企业来说,具有很大的吸引力,通过协同效应使合并后的企业达到"1+1>2"的效果。

通常来说,采取外部并购的企业都是具有较大规模的企业,这种企业本身的盈利和管理能力就比较强,在市场上具有一定的地位,且并购能够使其以较低的成本进入新市场或者扩大原市场,因而相比于小企业,大企业的并购成功的概率会更大,两者之间的协同效应可能也会更为明显,并购正是通过这种高效的结合方式来增强企业的市场竞争力。

3)战略联盟对企业影响的机理分析

战略联盟是两个或两个以上的企业为了达到共同的战略目标而采取的相互合作,共享利益的长期联合行动。作为一种处于企业与市场、内部发展与外部并购的一种"中间形态",它是现代企业竞争的产物,存在多种表现形式,可以为合资企业,也可以为契约性的协议。不管是何种表现形式,都是通过利用互补性资源合力形成竞争优势,共同促进双方企业的发展,提升各自在市场中的竞争力。

同外部并购一样,战略联盟同样也可以实现双方企业的优势互补,把分散的竞争优势结合起来。此外,企业通过纵向联合的合作竞争,有利于组织专业化的协作和稳定供给。在选择联盟对象时,首先要清楚候选企业的战略意图;其次应该调查候选企业的合作经验;最后还应考察潜在候选企业是否具有独特的核心竞争力和发展潜力。

此外,外部并购的资金成本和时间成本都较大,相比而言战略联盟的时间成本和资金成本都要小得多,且其灵活性也比较高。因此,相对外部并购模式来说,战略联盟是一个较为容易实施的模式。

3. 战略类型与实施模式的匹配关系分析

战略的匹配关系是指企业战略与企业的特定环境或者企业行为之间的一种相互作用的关系。自从战略概念出现以来,便有学者关注其匹配性的研究。从匹配因素的范围来区分,可以将战略的匹配分为内部匹配和外部匹配,本书所指战略类型与实施模式之间的匹配即一种内部因素的匹配关系。

路径依赖理论将战略内部因素的匹配关系称为思维惯性,从这种关系的角度出发,企业管理层在选择企业战略或者实施模式时,很大程度上会沿用以前的战略类型和实施模式,不会轻易发生改变。但这种情况并不一定符合事实,特别是在企业若无路径可依或者企业管理层发生更换的情况下,其匹配关系就很可能不是一种思维惯性的关系。因此,本书在研究中便对企业战略的这种匹配关系提出质疑,也不以此关系为前提而构建匹配模型。

Venkatraman 等将匹配关系划分为调制、中介、模式偏差、形态相似、协变和搭配六种类型[18]。在这六种匹配关系中,除了模式偏差和搭配以外,其余四种关系类型均适用于具有诸多中介变量和调节变量的研究,而本书主要探讨战略类型与其实施模式两者之间的匹配关系,因此就从模式偏差和搭配这两种关系入手,试图对其进行机理的分析与研究。在模式偏差中,必须具备一个可供参考的理想标准。以此标准来衡量事物之间的实际匹配偏离理想标准的程度,而在战略管理的研究中,由于市场的动态性,难以找到一个稳定的衡量标准,即便是同一企业采取同样的战略类型与实施模式,在企业所处不同时段,也不可能产生同样的效果,甚至差别很大,因此并不存在一个完美的理想配置。这就影响了模式偏差关系在战略类型与实施模式之间的构建匹配假设。而搭配关系,则直接从理论上强调两个变量之间的匹配性,并不需要存在衡量的标准,这种假设比较符合战略类型与实施模式之间的匹配情形。在战略类型与实施模式的匹配中,不同的组合可能会有不同的效果,在本书研究中,以绩效作为其衡量的标准来比较不同组合之间的优劣,但是这种比较旨在找出可能更合适的组合模式,为企业在决策困难时提供一种理论参考依据,并不是为了说明 A 组合一定会优于 B 组合,且本书也不赞成这样绝对的观点。

1) 基于战略类型与实施模式匹配的竞争优势来源分析

从企业竞争优势的角度来探讨,竞争优势的来源一直是管理学研究的热点,但不存在统一的答案。随着资源观的出现,诸多学者开始从企业内部的资源现状来研究企业竞争优势的来源。资源观认为企业竞争优势主要来源于自身的资源和能力。这里的资源是指广义上的资源,包括表内资源和表外资源,能力则是指企业有效配置资源的技能。这种资源和能力能够形成一种独特的竞争优势,最后企业通过选择合适的竞争战略,获取一种持续的竞争优势。

在这整个竞争优势的来源链条中,资源和能力是构成独特竞争优势的基础,已有的理论表明,资源和能力也是企业做出战略类型和实施模式选择的基础,企业必须根据自身的资源和能力情况来选择不同的战略类型与实施模式,从此角度来看,战略类型和实施模式的匹配便可以看成企业通过资源和能力组合后的一种竞争优势的来源。一旦企业建立了这种匹配,就可以从运作效率、产品质量等方面建立其独特的竞争力,从而给企业带来超额利润。

2) 基于绩效标准的企业战略类型与实施模式的匹配分析

从上面的分析可以得出以下推论:企业的资源和能力会具体运用到企业竞争战略类型和实施模式,进而给企业创造价值。这样,竞争战略类型和实施模式的匹配便成了企业竞争优势的来源。

而竞争战略涉及的层次是企业各业务单位、企业的管理人员在总体战略的引导下将企业具体的目标、发展方向和措施具体化,形成本业务单位具体的竞争与经营战略。竞争战略要针对不断变化的外部环境,在各自的经营领域中有效竞争。为了保证企业的竞争优势,各经营单位应当有效地控制资源的分配和使用。

企业战略本身无所谓好或者不好,适合企业发展、同企业资源相匹配的战略就是好的战略。同一种竞争战略在不同的企业中会有不同的效果,企业采取何种竞争战略要依据自身的具体情况来决定,即便是同一个企业,在不同时期,其竞争战略也可能会发生变化。战略虽然具有长远性,但是长远并不意味着一成不变。当企业外在市场条件发生较大变化,之前制定的企业战略已经不符合企业的发展时,如果再不对企业战略进行修改,将会对企业的经营造成不利影响。错误的战略选择不仅会侵吞企业的资源,甚至会使企业进入一种困境,这种困境会导致企业的退出成本很高,然而如果不退出,则会继续面临亏损,此时企业就只得申请破产或者被收购。因此,选择一个不适合企业发展的战略,其失败的后果对企业来说很可能是灭顶之灾。

企业在选择自身的战略类型之后,又要选择一种适合该战略的实施模式,战略类型不同,对其实施模式也会有不同的要求,同一种战略类型在同一类型的公司采用不同的实施模式来执行,其对企业的影响肯定也是不一样的。战略实施模式的选择同战略类型的选择同等重要,若企业依照自身的资源选择了一种竞争战略,但选择了一种与该战略不相适的实施模式,很可能就会达不到企业预期的目标,而当企业旧有战略类型面对新型市场时,战略类型和企业绩效的关系将受到影响,此时战略实施模式的匹配将有利于战略类型的融合。即便是同一企业在同种战略类型的情况下,不同的实施模式也会产生不同的效果。因此,战略类型与实施模式的匹配对企业有着重要的影响,两者的匹配程度好,企业的资源就会得到较好的配置,否则就可能会产生资源浪费或者利用率低的现象。基于此,本书提出图 2.3 所示的匹配模型。

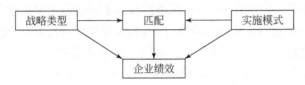

图 2.3　战略类型与实施模式的匹配模型

2.5　战略类型与实施模式匹配的模型构建

2.5.1　样本选取与数据来源

本章数据样本选自 2005～2014 年共十年的(季)年度数据报告以及相关公告,如果当期报告或者公告有发生后期更改的,则选取更改后的数据。剔除所有 ST、*ST 及 S*ST 的上市公司,因为这些公司的财务状况通常出现异常或面临退市,其数据波动属于不正常范围,对研究无益。此外,还会剔除虽未经 ST、*ST 及 S*ST 处理,但数据明显异常和缺失的样本,因为这类公司的股票虽然未经交易所特别处理,但数据波动较大,数据可能有误,但在审计中未予以发觉。最后,只选取审计意见为标准审计报告的上市公司,因为非标准审计报告的数据可能存在错误,会影响研究结果。

本章数据来源于巨潮资讯网、国泰安数据库和 Wind 数据库已经公布的(季)年度报告、统计数据以及公告。

2.5.2　观测变量的选择

1. 竞争战略的识别变量

本章研究中,对竞争战略的分类建立在波特对竞争战略分类的基础之上,将竞争战略分为成本领先战略、差异化战略和混合战略三大类,其中成本领先战略强调的是标准化的大批量生产,通过达到规模经济效应,从而降低单位生产成本。而差异化战略则更多地强调产品个性化,其产品替代品相对较少,模仿难度较高。另外,对于战略类型介于两者之间,模糊不清的,将其定义为混合战略。

对于竞争战略的识别,现有研究主要有两个方向:问卷调查法和指标体系法。国内对于采取问卷调查法来识别竞争战略类型的研究中,大部分是在 Desst 的量表基础上进行一定的修改。另一种方法是通过已有的财务数据来建立一套指标体系以识别竞争战略类型,如郑兵云等[20]就是采用这种方法。测量的方法不同,则测量的结果也会有一定的差异,问卷调查法是基于问题设定而制作的量表,虽然能够更合理地反映企业的长远战略意图,但因其主观性相对较强,若企业管理人员对问卷不重视,可能还会产生误导信息。而指标体系法是在已有财务数据的基础之上构建的一套指标体系,其客观性相对较强,克服了问卷调查法的缺点,因此本书采用指标体系法来识别企业竞争战略类型。

(1)差异化战略衡量指标的选择:前面已经分析过,采取差异化战略的企业,由于其产品具有独特性,其附加值通常较高,消费者对其价格敏感度也较低,愿意为其支付更高的溢价,其产品的毛利率也较高,因此本书把营业毛利率作为其差异化的指标之一;另外,差异化战略企业的产品总体市场占有率不高,因此需要更大的宣传力度。特别是在其开发新产品时,打入市场时需要较高的销售费用,因此本书把销售费用率也作为衡量差异化程度的指标之一;此外,企业要保持产品的差异化,研发费用是必不可少的,因此对于实行差异化战略的企业,企业的研发费用会明显高于成本领先战略的企业。基于此,本书把研发费用率也作为衡量差异化战略的指标之一,但是研发费用的资金在报表中并未进行披露,因此本书选用无形资产来间接代替研发费用;从市场价值的角度来考虑,差异化战略的企业提供的产品走在市场的前端,且这类企业具有较强的研究开发能力,虽然当前的市场占有可能较低,但是其发展的潜在空间可能很大,因此能够获得市场上诸多投资者的青睐,其市场价值和账面价值的比值通常也较高。因此,本书把市场价值/账面价值也作为衡量差异化程度的指标之一。

(2)成本领先战略衡量指标的选择:本书成本领先战略的衡量指标参考郑兵云等[20]采取的方法,选用员工效率、固定资产周转率和总资产周转率三个指标来衡量。在经济分工的时代,企业若要在成本上获得竞争优势,最主要的方式就是提高员工效率,因此效率是成本领先战略的一个主要维度。实施成本领先战略的一个主要途径就是规模化生产,此时企业的固定资产相对来说占比较大,因此固定资产使用率的高低对于企业单位产品的成本有着较大的影响,本书用固定资产周转率来衡量企业固定资产的使用情况。此外,为了综合反映企业资产的使用情况,又选用总资产周转率作为综合指标来衡量。以上三个指标值越高,则说明企业偏向于成本领先战略的可能性就越大。

综上所述,企业竞争战略的指标体系如表 2.6 所示。

表 2.6　竞争战略的指标体系

战略类型	指标	计算公式
差异化战略	营业毛利率	(营业收入－营业成本)/营业收入
	销售费用率	销售费用/营业收入
	研发费用率	无形资产/营业收入
	市账值之比	股价×总股数/所有者权益
成本领先战略	总资产周转率	2×营业收入/(期初总资产余额＋期末总资产余额)
	固定资产周转率	2×营业收入/(期初固定资产余额＋期末固定资产余额)
	员工效率	营业收入/员工薪酬

在本书中,采取验证性因子分析法来识别竞争战略类型,首先需要判断数据是否适宜采用验证性因子分析法,因此对其进行 KMO 和 Bartlett 球形检验,检验结果如表 2.7 所示。

表 2.7　KMO 与 Bartlett 球形检验结果

KMO 抽样适度测定值		0.526
Bartlett 球形检验	近似卡方	9339.010
	自由度	10
	显著性	0.000

从表 2.7 可知,KMO 的检验值为 0.526,大于 0.5;且 Bartlett 球形检验的显著性小于 0.05。因此,变量间的独立性较高,适合进行验证性因子分析。接下来,对其进行验证性因子分析,以判断指标体系是否能够反映企业相应的竞争战略类型。在分析中,发现市账值之比和员工效率的负荷因子均较低,因此删除这两个因子,继而再进行验证性因子分析,得到表 2.8 所示效度检验结果。

表 2.8　因子分析效度检验结果

测度项	成本领先战略	差异化战略
营业毛利率(A_1)	－0.136	0.897
销售费用率(A_2)	－0.144	0.912
研发费用率(A_3)	－0.378	0.775
固定资产周转率(A_4)	0.884	－0.039
总资产周转率(A_5)	0.875	－0.159

从表 2.8 可知,营业毛利率、销售费用率和研发费用率与差异化战略有显著的载荷,而固定资产周转率和总资产周转率与成本领先战略具有显著的载荷,因而该识别体系能够较好地反映企业的竞争战略类型。在该识别体系下,利用上市公司的季度报表数据,计算上市公司该季度的差异化因子 $F_{1,t}$ 和成本领先因子 $F_{2,t}$,其计算公式如下:

$$F_{1,t} = \sum_{i=1}^{3} \alpha_i A_i; \quad F_{2,t} = \sum_{i=1}^{3} \alpha_i A_i \tag{2.1}$$

$$N_1 = \left[\sum_{F_{1,t} > F_{2,t}} n \right] \bigg/ N; \quad N_2 = \left[\sum_{F_{2,t} > F_{1,t}} n \right] \bigg/ N \tag{2.2}$$

计算出每个上市公司每一期的差异化因子 $F_{1,t}$ 和成本领先因子 $F_{2,t}$,用 N 表示每个公司计算的总期数,若 N_1 大于 70%(即差异化因子大于成本领先因子的期数比例),则认定该公司采取的是差异化战略,若 N_2 大于 70%(即成本领先因子大于差异化因子的期数比例),则认定该公司采取的是成本领先战略。

2. 战略实施模式的识别变量

本书的战略实施模式分为内部发展、外部并购和战略联盟。外部并购最直接的体现形式就是外购子公司的数量,因此本书以外购子公司的数量来衡量其外部并购的程度。而战略联盟的形式主要有合资企业、相互持股投资和功能性协议。合资企业的体现形式是合营公司,相互持股投资的体现形式是联营公司,而功能性协议在各公司的报表中的披露并不全面,因此本书用合营公司和联营公司的总数量来衡量企业战略联盟的程度。

通过 Wind 数据库,可以获得 2005～2014 年每家上市企业的子公司、联营公司和合营公司等相关的信息,如果在某一年,某公司的外购子公司占其关联公司总数目的比例达到了 70%(该比例借鉴管理学中的三七法则,并参考竞争战略识别方法中采用的比例而定),就认为该公司在该年的实施模式是外部并购;如果联营公司及合营公司占其关联公司总数目的比例达到了 70%,则认为其实施模式为战略联盟;如果外购子公司或者联营企业及合营企业占其关联公司总数目的比例大于 0,但未达到 70%,则认为该公司该年的实施模式较模糊,予以剔除。若没有发现以上任何信息或其公司仅有新建的子公司,并通过报表附注等资料的阅读依然找不到有关战略联盟的明显信息,则视为内部发展。

2.5.3　企业绩效的度量

本章中企业绩效的度量采用净资产收益率来度量,净资产收益率又称股东权益报酬率,是净利润与平均股东权益的百分比。该指标较为全面地反映了管理层运用股东权益获取收益的能力,指标值越高,说明投资带来的收益越高,体现了自

有资本获得净收益的能力,是财务指标中最成熟的指标之一。其计算公式为

$$净资产收益率 = 净利润 \times 2/(期初净资产 + 期末净资产) \qquad (2.3)$$

企业的资产主要有两个来源,首先是所有者投资,在报表中体现为所有者权益,其次就是债权人的投资,在报表中体现为负债。举债经营是现代企业普遍存在的一个现象,适度的财务杠杆可以加大资金的使用效率,提高资产净收益,但过高的财务杠杆又会加大企业的财务风险,因此财务杠杆的应用对企业的正常经营有着十分重要的作用,资产净收益在一定程度上也反映了企业运用财务杠杆的效率。

上市公司的净资产收益率在其刚上市的前几年,通常会表现得非常好,但之后便很可能不能维持之前的高收益,甚至会有明显的下降。这是因为随着企业规模的扩大,以及市场需求的变化,企业之前的产品可能已经不再符合市场需求,其管理模式可能也不再适应企业的发展,这时对企业管理者便是一个较大的挑战,要求管理者对市场具有一个较为准确的预测,同时具有相应的变革能力,如此方能保证企业利润在市场的变化下不至于下滑。因此,随着上市公司规模的扩张,若其依然能够持续保持一个较高的利润水平,则说明其管理者具有一定的变革能力,能够在企业环境发生变化时,做出适当的决策改变。对于这样的企业家所管理的上市公司,可以给予更高的估值。因此,持续较高的净资产收益率在一定程度上也反映了管理层的管理能力。

再者,对上市公司而言,净资产收益率是证监会最关注的一个指标,在理论上,净资产收益率是杜邦分析的基础指标,能较为全面地反映出公司的经营成果,是一个综合性很强的指标。因此,本章采用净资产收益率作为企业绩效衡量的指标。

2.6　战略类型与实施模式匹配的模型设计

2.6.1　成本领先战略与外部并购模式的匹配

成本领先不等同于价格最低,成本领先战略要求企业掌控成本驱动因素和重构价值链,强调从一切来源中获得规模经济的成本优势或绝对成本优势。相对于那些没有明显战略意图的企业而言,采取成本领先战略的企业会更有意识地朝着降低成本的方向努力,且企业也会更加注重对支持降低企业成本员工的奖励,通过这种意识能够更快地建立成本优势,形成努力降低成本的企业文化,继而提高企业绩效。特别是在产品的成熟阶段,企业间的竞争手段主要就是价格战,此时同类产品的性能和质量都已经成熟,想要继续改良产品已经变得相当困难或者其改良后的收益很可能无法弥补其改良成本。另外,随着市场上同类产品的增加,即使是微小的价格差,也可能会使企业在激烈的竞争中获得竞争优势,在其他企业甚至是行业的整体利润下滑的情况下,成本领先战略的企业绩效可能反而会上升,因为此时

由于价格战,一部分企业会退出市场。可见,成本领先战略至少可以为企业提供以下两个方面的竞争优势:第一,其生产成本低于同类竞争者,因此价格具有较大的调节空间,即使其价格比竞争对手低廉,依然不会影响其盈利水平;第二,在产业竞争加剧的时期,成本领先战略企业依然可以利用其成本优势而立于不败之地。基于此,本书提出以下假设。

H$_{2.1}$:成本领先战略能够提高企业绩效。

对于内部发展、外部并购和战略联盟三种战略实施模式而言,并购将目标领域当中的一个企业合并过来,不存在重新进入和进入障碍的问题。特别是在制造行业,通常需要进行规模化生产,其建立厂房需要花费较大的时间和成本,而通过并购却可以节省建立厂房的时间。因此,在实施成本领先的企业中,并购可以使企业快速进入规模化生产。不仅如此,通过并购还能迅速地获取相关的管理人员和技术人员。因此,对需要进行快速扩张又有充足资金的企业来说,可以选择企业并购。

企业并购现象也并不是随机的,而是一种有计划的战略性的经济行为,被并企业和并购企业的资源会具有一定的互补性,合并后,通过在内部的技术转移或者信息的共享便可以获得较为明显的协同效应。用系统理论来剖析这种协同效应,可以分为三个层次。第一,双方企业通过并购后,可以使其作用力得到优化排列,进而产生聚焦效应。第二,并购后通过互补企业之间的作用力,可以改变整个公司的运营能力。例如,公司信息、技术、融资渠道等资源的互补就是很好的体现。第三,双方企业并购后,其作用力发生耦合,就可以增强这种作用力的性质。例如,公司内部的技术转让,经过创新之后就可以产生这种效应。

另外,并购对公司来说是一项重大的经济事项,要经过股东会的投票才能做出决定,只有在股东会认为企业并购能够给企业带来超值收益时,才会通过并购方案。另外,随着经济的发展,管理制度的不断完善以及管理学的发展,加上互联网的推动,各种管理软件的运用也为企业决策提供了更为科学的依据,因此企业做出的并购决定相比过去要更加明智和谨慎,通过并购占领市场的例子相比过去也日益增多。由于中国体制和市场的原因,企业并购的情况往往是被并购方濒临破产而主动要求被并购以求得生机,在这种情况下,企业的并购成本会明显下降,进而降低了企业的财务风险。这种并购通常不仅能够取得快速占领市场、扩大规模、提高知名度的好处,还能节约成本,这对实施并购的企业而言,无疑会产生积极的影响。

此外,在研究综述里已经提到,企业并购可以减少负外部性的现象,增强企业的竞争优势。因为企业可以通过并购提高运作效率,缩短其在行业的成长时间;Kansal 等通过对集团企业的研究也发现并购对企业绩效有着积极的作用[21]。从以上的分析可以看出,外部并购通过横向合并的方式可以很明显地取得规模经济的效应,或者通过纵向合并的方式取得原材料或者销售渠道方面的成本优势。前述已经分析过,对成本领先战略而言,规模效应和成本优势都是实施成本领先战略的主要途径。因此,并购带来的优势为成本领先战略的实施打下了很好的基础。基于此,本书提出以下假设。

H₂.₂:采取成本领先战略并以外部并购作为实施模式是一种理想的组合。

2.6.2　差异化战略与内部发展模式的匹配

采取差异化战略的企业相对于成本领先战略的企业有着更强的创新能力,这种类型的企业会不断地进行研发活动,因此要求企业有一个相对较强的研发团队,力求自己创造的产品是市场上"独家所有",其根本目的是给用户提供一种独特的服务,其注重点和成本领先战略有着本质的区别。由于企业提供的产品至少在某些方面有着市场上其他产品无可替代的功能,因此其产品的售价也会高于竞争者提供的价格。而差异化战略的目标群体主要是针对那些价格不敏感的高收入人群,此类消费者愿意付出更多的溢出价格来获得一种"物超所值"的感受。在奢侈品行业,这种现象更为明显。

通过差异化战略,企业可以形成以下竞争优势:迅速形成产品特色,进一步提升消费者对企业产品的忠诚度,从而巩固企业已有的市场地位;虽然差异化战略企业的成本会高于其他竞争者,但具有差异化特征的产品可以给企业带来较高的边际收益,这在很大程度上弥补了高成本的不足;差异化产品最明显的一个优势就是最大限度地降低了替代品的威胁。差异化战略下的"特有性"通常来说具有难以模仿的特征,其他企业要想模仿,需要付出较大的学习成本,正是差异化战略下企业产品的这种独特性,使得企业在市场上的竞争者大为减少,若企业在行业又具有一定的垄断性,则企业产品的高毛利和高市场占有率两者相呼应,便会给企业带来巨大的利润。综上可以发现,差异化战略能够以一种从本质上区别于成本领先战略的方式为企业赢得竞争优势,基于此,本书提出以下假设。

H₂.₃:差异化战略能够提高企业绩效。

差异化战略的企业通常掌握着产品的核心技术或商业秘密,拥有多项专利技术,其无形资产相对于别的企业较多,因而很注重技术的保密性。即便是没有申请专利技术,通常也会同企业的相关员工签订技术保护协议。而在内部发展模式下,因为没有其他企业涉足,企业的核心技术或商业秘密也更容易得到保护,企业产品的独特性能也可以得到更好的维持。企业管理者出于对企业产品独特性的考虑和核心技术外泄的担心,也更倾向于采取内部发展,而不是与其他企业共享独特性,雷辉等[8]的研究表明,创业板上企业最青睐于采取内部发展模式。另外,在前述内部发展的应用条件中已经分析了内部发展更适用于新兴行业,新兴行业相比于成熟行业而言,其行业性的结构障碍较小,此时建立竞争优势相比成熟行业更为容易,建立企业差异化成本也更低。而新兴行业和创业板上企业最显著的一个特征就是其产品的差异化特征较为明显。因此,对于差异化战略的企业,管理者可能更青睐于内部发展模式。在内部发展模式下,企业各部门通常会具有更好的协调性,且企业随着时间的推进,就会积累更多的行业经验,企业的制度也会更加完善,对市场会有越来越深刻的认识,同时企业的知名度也会随之增长,这些都会促使企业发展,提升企业绩效。

通常来说,采取差异化战略的企业都具有较大规模,有着一套较为完善的管理制度,这正好又与内部发展模式相得益彰,且采取内部发展模式的企业不会面临并购风险,在差异化战略的基础上,企业通过内部发展,使自身的产品优势得以保持,甚至能够利用自身产品的优势来影响整个行业。对差异化战略的企业管理者而言,他们会认为,在内部开发的过程中,企业可以对技术做最全面的掌握,同时也能提升企业的自主创新能力,这是企业在市场中获得领先于竞争对手优势的主要途径。因此,内部发展又可能进一步提升企业产品的差异化。

综上可以发现,在产品具有较大差异化的情况下,内部发展更有利于保持其差异化,且已有研究也表明,在产品(服务)差异化较大的企业也更倾向于采取内部发展的方式,基于此,本书提出以下假设。

$H_{2.4}$:采取差异化战略并以内部发展作为其实施模式是一种理想的组合。

2.6.3　混合战略与战略联盟模式的匹配

作为低成本和差异化两者之间的一个"中间态",混合战略特征也介于两者之间,因此其战略实施模式也应位于两者之间。而战略联盟是通过建立联营企业或者合营企业或者签订长期合作协议来发展企业的一种战略实施模式,其形式相对内部发展来说更具开放性,但相对外部并购来说,并没有达到合并的程度。很多企业由于自身资源的不足,没有足够的能力进行并购,或者因不愿意承担并购所带来的风险,往往会采取战略联盟的形式,利用合作来实现战略目标。

但战略联盟也存在失败的可能,联盟能否取得成功取决于联盟双方多方面的条件,双方的资源互补性、协调性以及忠诚度等都对联盟的结果起着很大的影响,任何一方面的不协调就有可能导致联盟的失败。

虽然如此,由于战略联盟形式的灵活性很大,且联盟形式的成本大大低于外部并购,外部并购通常会消耗大量时间和资金去评估被并购企业的价值,且其谈判过程的时间成本也非常大。因此,企业只要能够找到与自己"趣味相投"的联盟伙伴,共同建立一套较为成熟的利益协调机制,加上战略联盟本身具有成本低、灵活性高等特点,就会大大提高企业的绩效。随着联盟经验的丰富以及双方契合性的提高,优势会进一步突显。战略联盟本身可以利用较低的成本来实现资源的互补,不同企业拥有不同的资源,资源在企业中的配置总是处于一个不均衡的状态,而通过战略联盟,就可以弥补这种不均衡的不足。例如,通用汽车公司和丰田汽车公司的联盟就是这方面的一个典范。在 20 世纪 80 年代,石油价格的上升,加上消费者偏好的改变,使得美国的汽车购买者从偏向购买高耗油的豪华汽车转变为偏向购买低能耗的轻质型汽车,这导致了美国的汽车市场一度陷入低迷,通用汽车公司也力求通过努力来改变这种现状,但成效甚微。而在大洋彼岸,日本丰田汽车公司对生产低能耗的轻质型小车有着极为丰富的经验,是世界汽车行业最具有成本优势的企业,并一直致力于打入美国市场。但是美国在进口方面的限制,使其进入美国市场的数量极为有限,要想成功进入美国市场,就必须在美国建立生产基地,但这又会面临着诸多不确定性风险。在这种情况下,通用汽车公司与丰田汽车公司于 1983 年签订了协议,约定共同出资在美国加利福尼亚州成立新联合汽车制造公司。通过这项协议,通用汽车公司借鉴了丰田汽车公司在成本方面的技术,从而大大降低了生产成本,在美国汽车市场低迷的情况下,成功地稳定了自己在行业中的地位。而丰田汽车公司则通过建立联盟企业,成功地突破了贸易壁垒,进入了美国市场,并降低了各种风险。综上所述,战略联盟本身对企业来讲是一种介于市场和企业之间的中间组织形式,具有外部并购和内部发展的共同特征,根据前述四个假设分析,对具备成本领先和差异化战略共同特征的混合战略而言,选择具备外部并购和内部发展共同特征的战略联盟可能是一种较为匹配的组合。因此,本书提出以下假设。

$H_{2.5}$:混合战略能够提高企业绩效。

$H_{2.6}$:采取混合战略并以战略联盟作为其实施模式是一种理想的组合。

2.7　企业战略类型与实施模式的匹配关系实证研究

2.7.1　样本描述性统计分析

本章共选取了 709 家上市公司 2005~2014 年十年的截面数据,共 7090 个样本。采用 SPSS19.0 进行验证与分析。具体结果如表 2.9~表 2.11 所示。

表 2.9　战略类型描述性统计

战略类型	频数/个	百分比/%	有效百分比/%	累计百分比/%
Str-ty1	2585	36.46	36.46	36.46
Str-ty2	2769	39.06	39.06	75.52
Str-ty3	1736	24.48	24.48	100.00
总计	7090	100.00	100.00	

注:Str-ty1 表示成本领先战略;Str-ty2 表示差异化战略;Str-ty3 表示混合战略。

从表 2.9 中可以看出,各个企业中,采用差异化战略的企业所占的比例最高,大约为 39.06%;采用成本领先战略的企业次之,约为 36.46%;采用混合战略的企业最后,约为 24.48%。由此,可以看出,差异化战略类型比较受企业的欢迎。这说明,在经济飞速发展的今天,企业越来越注重产品或服务的差异化。这种比例的变化也间接表明,随着经济水平的提高与市场需求的变化,消费者对具有"特异"功能的产品越来越青睐。创新才是企业未来的趋势。

表 2.10　实施模式描述性统计

模式类型	频数/个	百分比/%	有效百分比/%	累计百分比/%
Imp-mod1	2303	32.48	32.48	32.48
Imp-mod2	3014	42.51	42.51	74.99
Imp-mod3	1773	25.01	25.01	100.00
总计	7090	100.00	100.00	

注:Imp-mod1 表示外部并购;Imp-mod2 表示内部发展;Imp-mod3 表示战略联盟。

表 2.11　战略类型与实施模式交叉统计表

战略类型		Imp-mod1	Imp-mod2	Imp-mod3	总计
Str-ty1	计数	850	1119	616	2585
	Str-ty1 占比/%	32.88	43.29	23.83	100.00
Str-ty2	计数	862	1144	763	2769
	Str-ty2 占比/%	33.13	41.31	25.56	100.00
Str-ty3	计数	591	751	394	1736
	Str-ty3 占比/%	34.04	43.26	22.70	100.00
总计	计数	2303	3014	1773	7090
	占比/%	32.48	42.51	25.01	100.00

注:Str-ty1 表示成本领先战略;Str-ty2 表示差异化战略;Str-ty3 表示混合战略;Imp-mod1 表示外部并购;Imp-mod2 表示内部发展;Imp-mod3 表示战略联盟。

从表 2.11 中可以看出,各个企业中,内部发展的实施模式所占的比例最大,约为 42.51%,外部并购次之,为 32.48%,战略联盟的实施模式所占的比例最小,约为 25.01%。因此,可以看出,内部发展的实施模式是企业最常用的形式,这与雷辉等对深圳证券交易所创业板上市公司的统计结果一致[8]。这可能与内部发展模式是最成熟的模式也不无关系,自企业组织形式出现以来,内部发展便一直是企业运营的一种模式。另外,从表 2.11 可以看出,无论战略类型是成本领先、差异化还是混合,其内部发展的战略实施模式所占的比例都是最大的,其次是外部并购的实施模式,而各个企业对战略联盟的实施模式是最少使用的。

2.7.2　战略类型与战略实施模式的匹配关系分析

要探究战略类型与实施模式这两个无序分类变量之间的关系,需要对其进行卡方检验。卡方检验是以 χ^2 分布为基础的一种假设检验方法,其无效假设 H_0 是:观察频数与期望频数没有差别。在该数据中,战略类型作为观察频数,而实施模式则作为期望频数。对两组数据进行卡方检验,得到如表 2.12 所示检验结果。

表 2.12　卡方检验结果

	值	自由度	双侧近似 P 值
Pearson 卡方	15.706[a]	4	0.003
似然比	15.652	4	0.004
线性和线性组合	0.006	1	0.94
有效案例中的 N	7090	—	—

注:a 所有单元的期望频数均大于等于 5,最小期望频数是 397.81。

从表 2.12 中可知,两组数据卡方值为 15.706,其双侧近似 P 值为 0.003,可以看出其通过了显著性水平为 1% 的显著性检验,即拒绝原假设,这说明战略类型和实施模式之间有显著的相关性。而其似然比为 15.652,对应的 P 值为 0.004,也通过了显著性水平为 1% 的显著性检验,这说明战略类型与实施模式之间并不是相互独立的,而是具有一定相关关系的。

以公司绩效为因变量,以战略类型和实施模式为自变量,对这组数据进行回归分析,得到的结果如表 2.13 所示。

表 2.13　拟合度检验结果

变量	t 值	P 值	R^2	D-W 检验	F 值	$P(F$ 值)
—			0.001	2	0.773	0.462
Str-ty	0.045	0.965	—	—	—	—
Imp-mod	−1.242	0.214	—	—	—	—

据表 2.13 可知,解释变量 Str-ty 对应的 t 值为 0.045,P 值为 0.965,没通过显著性水平为 10% 的显著性检验,其对绩效水平的影响并不显著。参数 Imp-mod 对应的 t 值为 −1.242,P 值为 0.214,同样没有通过显著性水平为 10% 的显著性检验,其对绩效水平的影响也不显著。拟合优度 $R^2=0.001$,远远小于 1,可以看出方程拟合度非常不好。其 F 值为 0.773,F 值对应的 P 值为 0.462,没有通过显著性水平为 10% 的显著性检验。这说明这三个变量并不存在明显的线性关系,这种检验结果和前述分析战略类型与实施模式之间是一种直接的搭配关系相符合。因此,以下便直接从搭配关系的视角来探讨战略类型和实施模式的不同组合对企业

绩效的影响效果。

2.7.3 战略类型与战略实施模式的映射验证结果

表 2.14 显示了主要变量的 Pearson 相关性系数矩阵。从表中可以看出,成本领先战略和差异化战略与 ROE 显著正相关,假设 1 和假设 3 得到验证。而混合战略与 ROE 显著负相关,从而假设 5 没有得到验证。从表中可以看出,成本领先战略的影响系数大于差异化战略,这说明成本领先战略相比差异化战略而言对企业绩效的影响更为显著,企业在成本领先战略之下更容易获得回报,这可能是以下几个方面的原因造成的:第一,当今时代,科技更新速度日益加快,企业维持产品差异化的成本越来越高,相比之下,其他企业的模仿成本却越来越低,因此采取成本领先战略反而能更容易得到竞争优势;第二,企业要想在差异化战略下获得竞争优势,由于开发时间可能较长,因此其战略绩效可能会具有更长的时滞期,成本领先战略能够较快地取得成绩;第三,市场进步太快,差异化战略的收益不足以弥补其成本。

表 2.14　主要变量的 Pearson 相关性系数矩阵

变量	$ROE_{i,t}$	Str-ty1	Str-ty2	Str-ty3	Imp-mod1	Imp-mod2	Imp-mod3
$ROE_{i,t}$	1.000						
Str-ty1	0.27***	1.000					
Str-ty2	0.24**	−0.606***	1.000				
Str-ty3	−0.048*	−0.431***	−0.456**	1.000			
Imp-mod1	0.015	0.006	−0.023*	0.019	1.000		
Imp-mod2	0.031**	0.012	−0.019	0.008	−0.597***	1.000	
Imp-mod3	−0.052***	−0.021	0.047***	0.030**	−0.400***	−0.497***	1.000

注:Str-ty1 表示成本领先战略;Str-ty2 表示差异化战略;Str-ty3 表示混合战略;Imp-mod1 表示外部并购;Imp-mod2 表示内部发展;Imp-mod3 表示战略联盟;* 表示在 10% 的水平上显著;** 表示在 5% 的水平上显著;*** 表示在 1% 的水平上显著。

然而,成本领先战略虽然与 ROE 显著正相关,但影响系数不是特别大,这可能是由于成本领先战略讲求规模经济,而规模经济需要大批量生产,企业大批量生产时,可能就存在过剩生产的风险。在这种情况下,企业必须进行大规模销售才有可能创造一个可观的 ROE,而消费者购买行为可以分为引起注意、认知理解、形成态度、产生欲望和实际购买五个环节[22],这五个环节都不是企业成本领先战略所能控制的。相反,采取成本领先战略的企业对成本的控制过于严格,可能会为了削减成本,而过于压缩销售部门的销售费用,从而难以提升销售量,而从前述成本领先战略影响企业绩效的机理分析中得知,销量是成本领先战略获得竞争优势的主要途径。成本领先战略形成的规模经济的退出成本通常较高,企业在现有产品的市场下降的情况下,通常又难以舍弃,这些因素都会减弱成本领先所带来的经济效益。但若企业不进行大量生产,则可能会出现产能过剩或者供应不足的风险,因此,成本领先战略要求企业对市场有着良好的估计,而这可能是很多企业的薄弱环节。

与成本领先战略和差异化战略不同,混合战略同 ROE 呈负相关关系,这可能是由于成本领先战略和混合战略对企业的资源要求不同,从而导致两种战略的混合实施反而使企业处于一个"进退两难"的困境。早有学者也提出成本领先战略与差异化战略不可同时实施的观点,Dess 等对波特基本竞争战略的 21 种驱动因素进行了分析,认为成本领先战略和差异化战略是相互排斥的,因此企业只能根据自身资源和周围环境选择其中的一种战略[23]。但混合战略对 ROE 的影响系数非常小,这表明低成本与差异化两者之间虽然存在矛盾,但是其矛盾对绩效的影响并不大,它们之间仍然存在一些融合的因素,只要企业能够协调两种战略之间的矛盾,在选择合适的战略实施模式的情况下,采取混合战略依然有可能获得较好的收益。因此,在研究中也发现,有些采用混合战略的企业也取得了不错的收益,虽然假设5 没有得到验证,但混合战略的负相关并不是绝对的。

表 2.15 展示了战略类型和实施模式对 ROE 的均值检验结果。从表 2.15 可以看出,在成本领先战略下,其实施模式以外部并购最优,其次是内部发展,最后是战略联盟。在外部并购模式下,绩效均值高于内部发展模式 5.51%,优势并不十分明显,但高于战略联盟模式 13.90%,具有明显的优势,因此,假设 2 得到验证;在差异化战略下,其实施模式以内部发展为最优,其次是外部并购,最后是战略联盟。内部发展模式下的绩效均值高于外部并购模式 14.93%,高于战略联盟模式 53.99%,相对这两种实施模式而言,该战略下内部发展模式具有明显的优势,因此,假设 4 得到验证;对采取混合战略的企业而言,其实施模式以战略联盟为最优,其次是外部并购,最后是内部发展。战略联盟模式下的绩效均值高于外部并购 0.95%,优势不明显;高于内部发展 4.84%,略有优势,因此,假设6 得到验证。

表 2.15　战略类型和实施模式对 ROE 的均值检验

变量	指标	外部并购模式	内部发展模式	战略联盟模式
总样本	样本总量	2303	3014	1773
	样本均值	0.0786	0.0803	0.0645
	标准差	0.1299	0.1266	0.1266
低成本战略	样本总量	850	1119	616
	样本均值	0.0885	0.08388	0.0777
	标准差	0.1259	0.1097	0.1253

续表

变量	指标	外部并购模式	内部发展模式	战略联盟模式
差异化战略	样本总量	862	1144	763
	样本均值	0.07222	0.0830	0.0539
	标准差	0.1166	0.1186	0.1244
混合战略	样本总量	591	751	394
	样本均值	0.0738	0.07106	0.0745
	标准差	0.1386	0.1345	0.1343

2.7.4 成本领先和外部并购模式对企业绩效的影响分析

　　虽然通过研究发现,成本领先战略与外部并购是一个很好的组合模式,但是在成本领先的样本中,采取内部发展模式的企业数量却是最多的,高出该战略下采用外部并购样本量的 31.65%。成本领先战略要求企业"竭尽所能"地降低企业在生产运营销售过程中任一环节的成本,而外部并购在并购时会面临着大笔财务支出,且其谈判时间长,如果谈判未成,那其并购中所花费的时间和资金都将付诸东流。即便是最终谈判成功,也可能因为估值不当而付出过高的溢价,并购的失败成本是三种实施模式中最高的。可能也正是出于这些原因,加上成本领先战略的企业进行决定时更为谨慎,才会令很多成本领先企业没有采取外部并购,而是采取了最为保守的内部发展模式。

　　在内部发展模式下,企业也可以通过学习曲线来降低企业的生产成本,提高企业自身的效率,因而其绩效也不至于很差,相比最佳的外部并购而言,其绩效差异并不明显,两者绩效均值比值仅为 1.055,这说明成本领先战略对于实施模式的选择并不像差异化战略那样"挑剔"。这可能是由成本领先战略本身的性质所决定的,成本领先战略对任何一个企业而言都不失为一种可供选择的方案,即便是采取差异化作为其竞争战略的企业,虽然会花费较高的成本去保持其产品的特异性,但也会尽可能地缩减成本,因此也可能同时取得差异化和低成本的竞争优势。

　　成本领先战略的一个重要渠道便是企业规模化生产,这种规模化生产对差异化企业也具有一定的适应性,正是因为成本领先战略的这种普遍适应性,所以其理论发展及实践经验也最为成熟。因此,对实施模式的选择相对于差异化战略要更为宽松。

2.7.5 差异化和内部发展模式对企业绩效的影响分析

　　对成本领先战略而言,其竞争优势主要是通过有效的运作从而降低产品单位成本来实现的。但企业获取竞争优势还有另一个非常有效的方式,即通过做与竞争对手不同的事,向顾客传递与众不同的价值,也就是基于价值创造的企业竞争优势。差异化战略主要就是通过价值创新的模式来获得顾客的认同,这种模式并不把关注点集中在如何将竞争对手打败,而是把关注点放在如何给顾客带来更多新的价值,因而其竞争对手相对成本领先战略的企业而言要少很多。也正因为其竞争对手相对较少,所以更难寻找到能够合并的企业,因此内部发展对该类企业而言无疑是一个不错的选择。

通过表 2.15 可以发现,虽然三种最优匹配假设均得到了验证,但是只有采取差异化战略的企业,其最佳的实施模式(内部发展)要明显优于另外两种实施模式。这说明差异化战略对于企业的实施环境具有较强的苛刻性,企业想要维持这种差异化优势,在战略实施方式的选择上就会受到较大的限制,从而限制了行动上的自由性,这些限制都会间接地增大差异化战略的实施成本。有时管理者可能为了快速扩大企业的规模或者为了获得一定的垄断优势,就不得不选择外部并购的实施模式,这就有可能面临着利润大幅下滑的风险。差异化战略对实施模式的苛求性在一定程度上削减了差异化战略给企业带来的竞争优势。这种实施模式选择的不灵活性在一定程度上也会制约企业的发展。

2.7.6　混合战略和战略联盟模式对企业绩效的影响分析

对于采取混合战略的企业,在三种实施方式的匹配中,虽然以战略联盟为最优,但其与另外两种实施模式组合的差异均不明显,采取该战略的企业在实施模式上的选择几乎可以不受限制。这很可能是因为混合战略是介于成本领先与差异化之间的战略,其性质也介于两者之间,因而不管是外部并购还是内部发展,对采取混合战略的企业而言都具有较为理想的适应性,三种组合方式的均值绩效差异并不明显。尽管混合战略在实施模式上可进行多方面的选择,但企业在采取混合战略时依然要谨慎考虑,诸多学者的研究表明,混合战略是一种不明智的战略选择。

2.8　结　　论

通过以上分析可知,采取成本领先战略作为其竞争战略的企业,对实施模式的挑剔性不高,采取内部发展或外部并购两种实施模式的差别不是很大,但明显优于战略联盟模式,因此该类型企业可以根据自身的实际情况来选择以内部发展或者外部并购作为其战略实施模式,以期提高企业绩效。而采取差异化作为其竞争战略的企业,由于差异化战略对实施模式具有很强的苛求性(内部发展模式下要明显高于其他两种模式),因此,对企业来说,在采取差异化作为其竞争战略时,务必要权衡其利弊,从长远角度出发,考虑企业是否有足够的资源进行内部发展,以维持产品或服务的差异化,盲目地维持产品或服务的差异性,最后可能得不偿失。

　　此外,通过研究还发现,除了混合战略这种模糊性战略以外,对低成本和差异化战略而言,在战略联盟模式下的企业绩效要明显低于其他两种模式下的绩效。战略联盟模式介于外部并购和内部发展之间,这说明对低成本和差异化战略选择明确的企业来说,其实施模式也应当明确,而不应当选择介于外部并购和内部发展之间的模式,这种中间性质的实施模式会使企业明确的战略得不到很好的实施,从而减弱了成本领先或者差异化战略本身应具有的优势。同时,三种竞争战略的最优组合中,成本领先和外部并购的绩效均值最高(0.0885),其次是差异化和内部发展(0.0830),且两者差异并不明显,但是明显高于混合战略和战略联盟组合(0.0745)。因此,混合战略对企业来说可能并不是最明智的选择。

　　另外,从总样本来看,三种战略实施模式下,战略联盟模式的均值(0.0645)是最低的。混合战略是一种处于中间状态的竞争战略,战略联盟是一种处于中间状态的实施模式,而这种战略类型与实施模式下,企业的绩效均较差,这表明企业应当尽可能地选择明确化的竞争战略和明确化的实施模式,而不是处于一种"中间状态"。企业在选择混合战略作为竞争战略或采用战略联盟作为其实施模式时都应当谨慎分析其可行性,考虑是否还有其他更适合企业的可行选择。此外,在三种战略类型中,差异化战略是最受企业欢迎的一种战略,混合战略是企业最少采取的一种竞争战略;在三种实施模式中,内部发展是最常用的一种模式,战略联盟是最不常用的一种模式。这说明,我国市场上注重创新的氛围越来越浓,大部分差异化企业会选择内部发展模式,企业的运营较为成熟。但在科技进步迅速的市场,产品更新换代的速度也越来越快,内部发展很可能会使得企业跟不上市场的节奏,且单一企业掌握产业内全部技能的难度越来越高,内部发展模式成为主流选择在一定程度上也间接说明我国对于专利技术的保护尚有较大的欠缺。这些差异化企业担心技术秘密得不到保护,因而才采取内部发展。因此,对于知识产权、技术秘密的保护仍是我国法律应当完善的重点之一。

　　本书探讨了战略类型与实施模式之间的匹配关系,以及不同匹配组合对绩效的优劣,但是仍存在不足,后来学者可以在以下方面进行改进。

　　首先,对于竞争战略的识别方法,现有研究主要是基于问卷调查法和财务指标体系法。每个人对于成本领先和差异化的概念认识可能并不一样,因此问卷调查的结果主观性太大,不一定可靠。而目前并没有一个指标体系包含了所有的财务指标。因此,加强对竞争战略理论基础的研究,寻找一种客观的识别方法来划分竞争战略类型对竞争战略的发展有着十分重要的作用。

　　其次,对于竞争战略的实施模式的划分,目前学术界并没有一个较为统一的看法,大多数的划分都是为了单一的研究课题而选择的划分方式,不具有普遍性。因此,进一步对实施模式进行总结,发现实施模式之间的异同点,建立一套较为成熟的划分体系将促进战略实施的理论发展。

　　此外,对于差异化竞争战略,企业使其产品具备差异的途径和方式可能有多种,不同的途径和方式可能会对绩效产生不同的影响,因此学者可以进一步研究实现差异化的不同途径和方式对绩效的影响,以进一步加深企业对差异化竞争战略的认识,促进市场创新。

第3章 权变视角下联盟组合配置战略
对企业绩效影响研究

3.1 引　　言

随着经济全球化的发展,越来越多的企业把战略联盟作为进入新市场、共担研发成本、提高市场份额、为客户提供优质服务的有效手段。企业只有在其所嵌入的社会网络中广泛地与其他企业开展合作,才能扩大资源获取渠道,增加资源储备,把自己从外部获取的互补性资源或异质性资源与内部资源进行结合、重组与再造,从而创造出新的、其他竞争对手难以模仿的资源,在市场上维持卓越的竞争地位。战略联盟成为跨越边界开展组织间学习的有效方式,并成为促进组织间技术、资源、知识及能力流动的有效载体。随着联盟形态的演变,企业同时拥有多个不同类型联盟的现象已屡见不鲜。构建联盟组合成为企业生存和发展的必然选择。然而,随着联盟数量与结盟模式的增加,企业联盟的失败率也有所上升。由此,从战略层面讨论如何构建联盟组合以分散联盟失败的风险显得尤为重要。

3.2　理论基础

战略联盟是指由两个或两个以上的企业通过双边或者多边契约结合而成的一种资源共享、优势互补、风险共担的合作模式,以提高各自的竞争地位和绩效。对企业联盟行为的产生与演变、联盟的动因、发展及治理以及企业联盟竞争优势的来源,部分学者提出了不同的理论解释,如交易费用理论、博弈理论、战略行为模型、社会交换理论、权利依赖理论、资源基础理论、社会网络理论等。而这些理论中,最具有代表性的是交易费用理论、资源基础理论和社会网络理论。

3.2.1　交易费用理论

交易费用理论认为企业采取不同的治理结构是为了节约交易成本,其中所包含的交易费用主要是指由拟定和修正契约等必要的交换活动而引发的相关费用;而生产费用是指由学习、组织、管理生产等协调内部活动所引发的费用。按照交易费用经济学的观点,企业的所有权决策主要基于最小化交易费用和生产费用的总和。由于受到资产专用性、不确定性、交易频率的限制,企业可根据交易成本选择不同的治理模式。当交易频率、不确定性、资产专用性较高时,生产费用小于交易费用,企业采取内部治理方式;而当交易频率、不确定性、资产专用性较低时,生产费用大于交易费用,企业可采取外部治理方式。Yasuda 提出,当由交换引发的交易成本是适中的并不足以达到纵向一体化的程度时,企业可选择治理模式以减少固定交易成本与连续交易成本的总和,联盟是比较理想的合作形式[24]。

交易费用理论源自于对行为不确定性及契约风险的分析,早期对联盟治理所涉及的联盟契约选择及其层级控制范围方面的研究也受到交易费用理论的影响。基于该视角,部分学者提出层级控制可以有效应对战略联盟的成本问题。层级控制通过命令确保控制能力,以检测战略联盟合作伙伴的行为,可规避机会主义的风险。这种方式最早应用在企业决定自制还是外购的决策中,组建战略联盟的企业也可通过层级控制来进行治理,治理结构的层级随着成本问题的增加而越发显著。其他有关交易费用理论的各类研究认为,相对于契约联盟,股权联盟对企业间知识的传播与交流体现出更强的促进作用。股权联盟降低了机会主义的风险,因此也降低了联盟体之间核心技术与资产流失的可能性。

专用性资产投资是影响交易费用的关键因素,其容易引发机会主义和逆向选择等问题,除初始用途外当互相合作的主体投资方投资回报率很低时,另一方互补性资产投资者便会采取敲竹杠行为以获取准租金。为了规避由专用性资产的"锁定效应"引发的套牢风险,企业会采取内部治理,纵向一体化这种防范机制应运而生。但这并非是减少交易费用的唯一方式,其他方式,如介于市场及层级间的治理模式,即战略联盟,成为纵向一体化的替代选择。交易费用理论不仅解释了联盟合作中所涉及的风险,也解释了联盟企业合作深入后的横纵向一体化趋势。

从交易费用理论可以看出,生产活动在企业、市场和联盟之间的转型是由交易费用决定的,而交易费用就成为联盟组织模式稳定性的关键因素,即企业组织间的协作风险以及联盟的可靠性反映在交易费用的变化上。虽然交易费用理论不能对战略联盟的稳定性做出全面的解释,但是用交易费用理论来确定联盟中构成交易费用的具体因素并设计一套机制来降低这种费用,是该理论在联盟中的一种重要用途。但也有学者对联盟中存在的交易费用问题提出质疑。Powell 提出联盟引发的交易关系更可能趋向于另一种网络形式的治理结构,而并非局限于一种层级关系[25]。此外,交易费用理论也被用来解释企业间的关系,如企业联盟,但存在两个缺陷:首先,交易费用理论仅从企业双方最小化交易费用这个单一的角度来考虑,即企业双方都以其各自的目的组建合作关系,这忽略了企业之间的相互依赖性,即忽略了企业双方产生合作关系出发点是自愿性地寻找创造共同价值的方法,企业双方的合作关系并非是暂时性的,他们也试图维系长期合作关系以提高共同价值以及平衡双方的满意度,即最大化交易价值是交易费用理论所忽略的地方;其次,交易费用理论过度强调交易关系的结构治理问题,而忽略了合作过程中的过程治理问题。交易费用理论对企业关系的解释原理与产业组织理论所提出的"结构—行为—绩效"范式较为接近,其假定双方的交易关系是由确定的治理结构所决定的,然而组织关系中存在的基本交易模式是需要考虑合作过程所带来的变化的。

由此看来,要想解释企业联盟行为的动因、治理、风险及绩效,还需要其他相关理论。

3.2.2　资源基础理论

资源论的基本思想是把企业看成资源的集合体,将目标集中在资源的特性和战略要素市场上,并以此来解释企业可持续的优势和相互间的差异。

资源基础理论有助于人们理解产业组织和组织的竞争优势。按照资源基础理论的观点,企业相当于一系列自有资源的集合。与传统的产业组织经济学理论不同,资源基础理论着重于分析企业所拥有的各类资源。与产业结构理论不同,资源基础理论转而强调企业的内部资产,基于环境和内部结构制定的战略模型使企业异质性的假设显得毫无意义。资源基础理论认为,企业的竞争优势的限制性因素受其长期积累的资源所影响。因此,企业应该关注资源而不是竞争环境。资源基础理论的贡献在于它创新性地提出了企业的竞争地位是由其所有独特的资源和资源间的关系决定的,由此提供了企业制定战略的新视角。Peteraf 的研究表明,企业利润的持续性差异不可以归因于产业结构的不同,资源基础理论可以对此提供更好的解释[26]。此外,人们对差异化战略的理解也随着资源基础理论的出现而更进一步加深。随着研究的深入,有学者提出资源基础理论也可以用来解释企业的战略联盟行为,因为企业把联盟作为获取其他企业有价值资源的有效渠道。Mowery 等的研究发现,当两个企业在市场上都占有很强的社会地位和战略地位时,即企业双方都有动机去寻找资源且有意愿共享独有的、有价值的、异质性的资源时,双方易发生联盟行为[27]。此外,Kogut 等运用资源基础理论对组织间知识的流动和跨国业务往来进行了研究[28]。

根据资源基础理论,联盟被定义为企业间为了获取相对于竞争对手的竞争优势而自发性地与其他企业合作而产生的一系列组织间的协议。联盟的出现也渐渐地使人们对竞争的本质特征有了更新的认识,即企业能够保持持续的技术创新能力和能够快速地进入新的市场是企业具有竞争力的两大体现。与交易成本强调最小化费用的理论逻辑不同,资源基础理论强调通过聚集和利用有价值的资源而最大化资源的价值。当企业实施了当前或者潜在竞争者没有采用的价值创造策略时,企业可以获取竞争优势。因为企业可以通过实施竞争对手没有实施的竞争战略而获取可创造利益的资源,所以资源和竞争优势是密不可分的。资源的交易和积累是企业战略行动中不可缺少的一部分,当资源的有效市场交易可行时,企业可以不仅凭自身资源还能依靠市场交易。然而,有些资源并不适于交易,因为这些资源往往是与其他相关资源嵌入组织中,不可分的有形或无形资产,所以企业需要通过联盟等方式获取自身所需资源。然而,随着企业联盟形态的演变,企业并不只与单个企业结盟,同时拥有多个不同类型的联盟已成为企业顺应市场发展的潮流与趋势。因此,单凭交易成本理论和资源基础理论,人们无法全面解释企业战略联盟网络中的行为,因为它们往往忽略了企业所嵌入的网络环境。因此,社会网络理论应运而生。社会网络理论对研究战略联盟组合的产生、形成和发展具有非常重要的作用。

3.2.3　社会网络理论

虽然资源基础理论推动了人们对竞争优势的认识,也使人们用新的视角看待企业的联盟行为,可该理论却忽略了企业的优势和劣势与企业所嵌入的关系网络的优劣性是紧密关联的。社会网络理论关系学派的学者提出,嵌入社会关系网络中的企业的竞争优势主要来源于四个方面,即关系专用性资产、知识共享路径、互补性的资源和能力以及有效的治理方式。Dyer 等的研究表明,当处于价值链活动中的交易双方愿意进行关系专用性投资并以独特的方式整合资源时,价值链的生产率将会得到提高[29]。对于联盟合作所带来的绩效,其他派系的学者分别从组织间的学习、组织间的交易成本、组织间的资源池进行研究,而社会网络关系视角则侧重研究联盟网络中关系租金的产生机制,并把联盟网络的关系路径和网络演变的过程作为分析对象,以使人们更好地理解企业的竞争优势。

关系嵌入视角主要分析联盟企业之间长久的、高频的交流和互动如何促进联盟组织间关系资本的形成,由此提升企业绩效。这里的关系资本是指在联盟伙伴之间,以及各层级紧密互动下,由互相尊重、互相信赖引发的一种情感联系。关系资本产生的关系租金,一方面促进了成员间的相互学习,有助于联盟伙伴利用联盟汲取新技能;另一方面降低了潜在的投机风险,保护了自身核心资产。

基于社会网络关系视角,部分学者对联盟中关系资本的形成机制、联盟网络中企业间联结强度对联盟绩效影响进行了研究。方兴等对企业联盟中关系资本的形成机制和维护进行了研究,认为关系资本是在联盟的寻找合作伙伴、建立以及运作三个阶段中逐渐形成的,并分别讨论了关系资本的形成机制,并找出各阶段影响关系资本质量的主要因素,对此提出了针对关系成本的管理措施[30]。此外,也有学者对联盟网络中企业间的联结强度进行了分析。Gulati 认为,强联系蕴含着高度的信任、互惠和社会资本,强联系有助于联盟网络中缄默知识和隐性知识的获取与交换[31]。反之,弱联系是指联盟网络企业间不经常、不规律的联系,往往蕴含新鲜的信息和资讯,并推动了企业的资源搜寻,使联盟网络中的焦点企业接触到单个企业无法接触的知识领域,增加了企业联盟组合的多样性,促进了企业绩效。

结构嵌入视角主要是关注企业在联盟网络中所处的位置对其绩效的影响。最有代表性的是结构洞理论,其认为如果整体网络中存在明显的群落特征,群落内的联系较为密集,而群落之间仅通过零星的个体联结,好似网络中出现了洞穴,这种群落间的洞穴称为结构洞。桥接洞穴的第三者掌握了获取、控制信息流的优势,联盟网络中的企业可以凭借其占据结构洞的位置而扮演了代理人的角色,而从其直接控制了两个没有发生直接联系的企业而受益。其享有的结构洞越多,越容易向联盟网络中的中心位置移动,从而使自己能够充分地接触来自各个企业的信息流和知识流,并由于自己的中心位置而在企业中享有威望,为其寻找联盟伙伴提供了便利条件,而联盟网络中的其他企业也把该企业视为理想的结盟对象。

现在的研究大多以单个联盟体为主要分析对象,运用社会网络理论来分析联盟组合中焦点企业的绩效也才刚刚兴起。因此,本书试图综合资源基础理论、交易费用理论和社会网络理论及其他相关理论,以全面的和权变的视角来分析企业组建联盟组合的战略对其绩效的影响,并分析联盟组合的战略导向与其他权变因素的交互作用,以期弥补部分研究空白。

3.3　研究内容及方法

3.3.1　研究内容

本章以中国生物医药制品上市企业为研究对象,实证分析探索式的联盟组合配置战略与利用式的联盟组合配置战略对企业绩效产生的不同影响,并以权变的视角引入企业年龄、差异化战略、低成本战略、高管团队的年龄异质性、性别异质性、教育背景异质性、职业背景异质性作为影响两者关系的调节变量,依次分析并实证检验各类因素的调节作用,检验两种不同的联盟组合配置战略与各类因素如何匹配才能更好地提升企业绩效。

3.3.2　研究方法

(1)文献分析法。充分利用 Wiley Oline Library、Emarald、Elsevier、中国知网、万方等中英文数据库及相关学术搜索引擎广泛收集有关战略联盟、战略联盟网络、战略联盟组合、关系性专用资产、探索式与利用式研究框架、竞争战略、高管团队异质性等相关文献和书籍,把握学术界研究的热点问题,通过阅读大量文献并结合管理实践中所遇到的问题找准研究视角,构建本章的概念模型,分析各个变量之间的关系并提出研究框架和研究假设。

(2)定量分析法。根据本章的概念模型设计相应的实证分析模型,收集衡量各变量所需的指标数据,运用 Excel、SPSS、EViews 等数据统计分析软件进行描述性统计、相关分析和层次回归分析,验证两种不同联盟组合配置战略对企业绩效的影响,以及企业年龄、竞争战略类型、不同维度的高管团队异质性对两者关系的调节作用。

3.4　文　献　综　述

3.4.1　联盟组合的研究综述

1. 联盟组合概念的提出

随着对联盟研究的深化,逐渐有学者开始用多元视角看待企业间的联盟关系。摒弃单一的二元联盟体的视角,部分学者对企业间的复杂联盟关系提出了新的概念,如多重联盟、联盟星群、联盟网络、联盟组合等。但由于研究起步较晚,学者们从不同的视角给出了联盟组合的定义,目前尚未形成一致。而国内关于联盟组合的研究大多停留在定义层面,主要是对国外联盟组合的概念进行评述与总结。

多重联盟与联盟星群的概念相似,常用来指一个联盟体内包含两个以上的成员伙伴关系。联盟网络指的是由单一行动者所连接的不同联盟体所构成的网络合作关系。Hoffmann 提出如果把眼光从整个联盟网络转向联盟网络中的焦点企业,那么这个联盟网络便称为该焦点企业所构建的联盟组合,并且企业联盟组合中的联盟是业务层面的[32]。此外,其他学者也给出了自己的解释。George 等认为联盟组合是一个企业所组建的一系列联盟[33]。Heimeriks 等认为联盟组合是企业所涉及的联盟伙伴关系类型的集合,包括国内外的联盟关系[34]。此外,基于组织学习视角,Vasudeva 等主张联盟组合是焦点企业同时与多个企业结盟,开展组织间学习所累积的经验[35]。彭伟等考虑组建联盟组合的时间性,认为联盟组合既包含企业从前开展和组建的联盟,又包含目前正在扩展与组建的联盟[36]。本节认为联盟组合应是企业在给定的时间段内所产生的与其具有直接联盟关系的全部企业的组合。该定义强调联盟组合的结构会随着时间而发生变化。

为更清楚地理解联盟组合的本质特征,江积海等提出用图 3.1 来表达联盟组合的含义[37]。联盟 1、联盟 2、联盟 3 与联盟 4 的集合为焦点企业 A 所组建的联盟组合。其中,企业 A 与企业 B、C 组建了双边联盟关系,与企业 D、E、F 组建了多目标的多边联盟关系,与企业 G、H、I、J、K、L 组建了多联盟目标的联盟网络关系。由此可见,联盟组合是企业所涉及的一系列联盟关系,它由至少两个以上的联盟组成,并非像联盟网络那样只强调联盟伙伴的数量,而且以多样化的目标和不同性质的联盟体组建联盟关系,形成自身的联盟组合架构。

2. 联盟组合的研究进展

自联盟组合的概念提出后,不断有学者运用联盟组合来分析企业间的复杂合

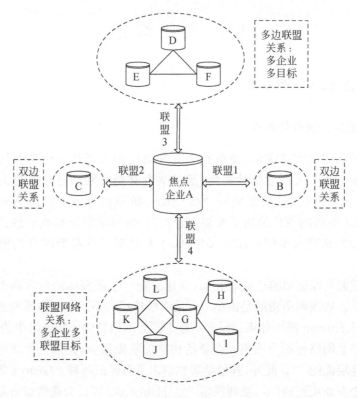

图 3.1　联盟组合的概念示意图

作关系,并将此与资源、创新、学习、联盟网络等领域的议题结合起来。然而,通过对现有文献进行分析,国内真正以联盟组合作为对象的研究还很少,主要是对联盟组合的起源与动因、联盟组合的特征、联盟组合的组建过程、联盟组合的价值创造机理等进行文献分析与评述。而国外的学者就联盟组合的形成动机、联盟组合的关系和结构特征、联盟组合的二元性、联盟组合的多样性、联盟组合对焦点企业绩效的影响等方面做了丰富的研究工作。

　　具体而言,江积海等基于国外联盟组合的研究文献阐述了联盟组合的内涵,从企业、联盟及网络三个视角分析了联盟组合的特征和对企业绩效产生的影响[37]。刘雪梅提出企业组建联盟组合是为了扩大创造价值的空间,并认为企业应从交易治理、关系治理及知识治理这三方面治理联盟组合内合作企业的活动[38]。彭伟等从机会和动机两个方面探讨了联盟组合组建过程,并基于战略不确定性和资源禀赋提出了四种不同的联盟组合构建模式[36]。

　　Sambasivan 等分析了组建联盟组合的动机与联盟成员机会主义行为的感知对成员间相互依赖性和关系资本的影响,进而分析了企业间相互依赖性对关系资本的影响、环境对联盟动机的影响、关系资本在联盟与绩效间的中介作用[39]。

Rowley 等分析了联盟组合中成员间关系的强弱对焦点企业绩效的影响与联盟组合的关系密度相关[40]。成员间关系的强弱性会促使联盟组合对企业绩效产生影响,其中,强联系对企业绩效的影响存在两面性,既可以通过由强联系产生的关系资本促进绩效的提升,却又会阻碍企业与其他替代者发展新的合作关系,降低对市场动态的反应能力,使企业陷入封闭、狭窄的同质性网络[41]。

综上所述,众多研究大多都是从联盟组合的特征出发,从战略层面和管理层面对其影响机制的分析相对较少。Hoffmann 的研究认为,有效的联盟组合管理促进了对联盟组合成员的监督与协调,从而发展并规范了联盟管理实践[32]。Sarkar 等认为这种有效的联盟组合管理包含战略性地寻找联盟机会、调整关系治理模式、协同联盟成员间知识的流动[42]。这些研究表明,企业可以有计划地设计自己的联盟组合结构。而本书试图从联盟组合管理视角出发,研究企业如何设置组建联盟组合的战略导向,把握联盟组合的发展,提高企业组建联盟的成功率,从而对绩效产生影响。人们关注的不是单个联盟的成败,而是从宏观角度出发,研究企业联盟组合的整体效率。

3. 联盟组合对企业绩效影响的研究综述

随着国际化浪潮的推进以及企业间合作越来越频繁和密集,为了成功执行组织战略,企业会采取广泛的联盟组合战略以获取外部资源或降低运营风险。重要的不是某一个单一联盟的成功或失败,而是企业是否通过整个联盟群体实现其战略目标。

因此,部分学者围绕联盟组合与焦点企业绩效关系进行了较为深入的研究,且主要关注联盟组合规模、质量、多样性、关系等构型特征对焦点企业绩效的影响。现有的研究框架可以用图 3.2 表示。其中企业绩效为企业的投入,表现为企业的资产运作情况所引发的收益。创新绩效为企业的创新投入所引发的收益。联盟绩效为企业所加入的联盟体的整体收益。

关系维度方面,Capaldo 分析了联盟组合中强弱关系的二元性,认为强联系既能通过由其产生的关系资本促进绩效的提升,却又会阻碍企业与其他替代者发展新的合作关系,降低对市场动态的反应能力,使企业陷入封闭、狭窄的同质性网络[41]。

规模方面,Stuart 等认为,创业型企业的联盟组合规模与其新产品开发效率存在倒 U 形关系,即企业的联盟数量达到某一值,再增加新联盟则会引起焦点企业创新收益的减少[43]。

质量方面,Stuart 研究发现,新成立企业将更优秀的企业和机构投资者作为其联盟组合伙伴,可以更快地首次公开募股(IPO),而且通过公开募股获得的利益也更大[43]。

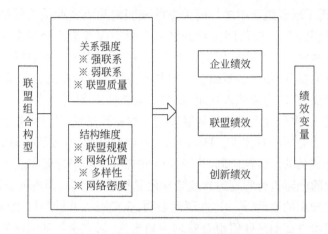

图 3.2　联盟组合与企业绩效研究框架

Jiang 等提出联盟伙伴的多样性、联盟目的的多样性及联盟治理的多样性等都会影响企业绩效;且联盟组合的多样性对企业绩效有双重影响,一方面有利于联盟的组建和发展,产生合作效应,另一方面也会阻碍企业的交流、知识的转移,增加协调障碍[44]。有学者进一步把联盟组合多样性分为类型多样性、功能多样性与技术多样性。Terjesen 等认为类型多样性对企业财务绩效有负向的影响,对渐进型创新有正向的影响,对激进型创新的影响为倒 U 形[45];Mouri 等认为功能多样性促进了焦点企业的公开募股[46];Phelps 认为技术多样性对企业的探索式创新有正向影响[47]。

此外,George 等对 143 家生物制药企业的联盟组合的研究发现,联盟组合的属性特征显著影响了企业的创新绩效和财务绩效[33]。Lavie 等的研究表明,联盟组合国际化程度与焦点企业绩效存在着 S 形关系,即随着联盟组合国际化程度增加,焦点企业绩效先减少、然后增加、最后再下降[48]。Parise 等的研究表明,当联盟组合成员间分享互补性产品并进行组织间学习时,联盟组合将引发协同效应;而当联盟组合的成员属于企业的商业劲敌时,联盟组合将引发冲突效应[49]。

Hoang 等指出与卓越的大企业组建联盟关系是形成高效联盟组合的重要途径[50],但 Gulati 等对战略联盟价值创造和价值分配的研究得出强大的联盟伙伴虽然会给企业带来价值,却也会凭借其强大的议价能力设法占用价值,在对联盟体所产生的价值进行分配的环节中,享有绝对的话语权[51]。企业结盟是为了获取并利用战略网络中的资源来提升自己的绩效,但是当企业的联盟对象凭借其相对较大的贡献程度,并且拥有与第三方企业结盟的替代选择而享有比较强势的议价地位时,那么该联盟体会对企业绩效产生消极的影响。因此,企业在组建联盟组合的过程中应进行长远规划,设定联盟组合配置战略以提高联盟的整体成功率。

4. 联盟组合配置战略的研究综述

联盟组合配置战略以提高企业资源禀赋与合法性为目标,影响了焦点企业在其联盟网络中的位置。当前学者主要从概念层面研究了联盟组合的结构特征与焦点企业的战略匹配性以及组建联盟组合的基本战略类型。

Hoffmann 认为联盟组合配置战略分为适应型、塑造型和稳定型三种,并认为联盟组合配置战略应该是业务层面的,因为实证研究表明,在一个有多重联盟关系的企业内,企业战略与其联盟活动的战略一致性必须在业务层面才能达成[52]。Dittrich 等以 IBM 公司为案例分析了公司战略与联盟组合特征的共同进化,研究发现企业所采取的战略影响了联盟组合的结构特征。当企业采取利用式的战略时,企业的联盟组合以联系较为紧密的联盟为主,且联盟伙伴所属领域较为相近,联盟组合的多元化程度低,如股权联盟;当企业采取探索式的战略时,企业的联盟组合以联系较为分散的联盟为主,其联盟伙伴所属领域较为分散,联盟组合的多元化程度高[53]。

为了平衡环境与不确定性之间的关系,企业可采取三种战略,包括被动地适应不断变化的环境的适应性战略、根据企业战略主动协调环境的塑造性战略以及为了规避环境变化所带来的风险的稳定性战略。March 认为适应性战略与塑造性战略需要探索式的行为去获取新的资源与能力,其中适应性战略通过拓宽企业资源禀赋以及从整体上提高企业学习与应变能力,而塑造性战略要求企业以一种更集中的方式拓展并精炼其资源禀赋。虽然这两种战略行为的侧重点不同,但都属于March 提出的探索式行为的范畴。另外,March 认为稳定性战略要求企业采取利用式行为有效率地利用好当前资源,尽可能地稳定现有的竞争优势[54]。由此,本书基于 March 提出的探索式-利用式研究框架把企业联盟组合配置战略划分为探索式的联盟组合配置战略和利用式的联盟组合配置战略。

3.4.2　探索式-利用式研究框架的研究综述

1. 探索式-利用式研究框架

Hollande 早在 1975 年就对探索式活动和利用式活动的区别进行了说明,后经March 进一步完善,提出了探索式-利用式研究框架,并最早运用在组织学习领域。其后,探索式-利用式研究框架逐渐成为技术创新、组织学习、组织设计、团队建设、战略联盟、能力发展、竞争优势和组织生存等的主要分析模型。

March 认为摒弃探索的利用活动会让企业满足于次优的均衡状态造成思维惯性和能力僵化,相反摒弃利用的探索活动极易造成无益的实验花费[54]。Katila 等发现,利用式学习有可能导致组织陷入熟悉、成熟和相似这三种能力陷阱[55]。两种行为间的平衡关系越来越受到大家的重视。Gilsing 等研究了技术联盟和联盟网络对探索式学习和利用式学习的影响[56]；Uotila 等研究了组织创业投资对促进探索式学习和利用式学习的作用[57]。Benner 等明确提出了利用式创新和探索式创新,指出它们是两种重要的不同创新方式[58]。探索式创新与激进型创新相似,是指依靠新知识或者脱离既有的知识,为企业提供新的设计、创造新的市场、开发新的分销渠道,迎合未来市场与顾客需求。利用式创新,与渐进型创新相似,是指利用既有知识强化既有技能、资源与结构,迎合当前市场与顾客需求。

探索式创新和利用式创新是企业常见的两种创新形式,这一分类更能体现企业的主动性。探索式创新和利用式创新是两种不同性质的创新,它们之间存在资源的竞争,探索式创新与利用式创新的平衡有助于提升企业绩效,且冗余资源、组织结特征(组织分权化及组织正式化)、环境不确定性能调节探索式创新和利用式创新与绩效的关系。张建宇等在国内外研究的基础上回顾了两种创新形式的内涵界定、相互关系表现以及两种创新得以协调发展的可能途径,考察了两种创新形式对企业绩效的影响,总结了现有研究在资源适配性、协调机制以及特定创新能力获取上的不足[59]。杨学儒等研究发现,两种创新方式间存在二元平衡与间断平衡,哪种平衡对企业更有效受到企业资源约束条件的影响[60]。张钰等以 206 家中国企业的数据就社会资本对企业创新行为的影响进行了实证分析,实证结果显示知识资本对利用式创新有正向作用,而与探索式创新成倒 U 形关系,结构资本对两种创新都有正向促进作用,但对利用式创新的作用是递增的[61]。王凤彬等实证研究发现,探索式和利用式技术创新对市场绩效具有正线性影响,而财务绩效的关系均呈现倒 U 形。采用有机平衡观来界定平衡式技术创新及区分不平衡、低能平衡和高能平衡 3 种状态后,借鉴"地形"分析技术探析了组织生存适应性地形的分区域特征及其在全局上可能表现出倒 U 形形态的原因,明确了能给组织带来更佳乃至最佳绩效的"平衡带"位置[62]。

2. 探索式-利用式研究框架在战略联盟领域的运用

在战略联盟领域,国内运用探索式-利用式研究框架来分析企业的联盟行为和绩效的文献非常少,而国外的学者积累了丰富的研究成果。

与在其他领域研究的方法相似,战略联盟领域的研究学者也以该研究框架来区分企业的联盟活动。有学者提出以探索和开发新技术为目的的研发联盟或者技术创新联盟具有探索式行为的特征,而以当前交易的效率和资源利用率为主要目的的特许经营联盟、营销联盟等具有利用式行为的特征。Beckman 认为探索式联盟是指企业不断与新伙伴结盟扩充自身知识储备,利用式联盟是指企业重复与过去的伙伴结盟强化现有知识储备[63]。就哪一种联盟方式对企业绩效更好,目前研究尚无定论,但总体而言,对于探索式-利用式联盟绩效的研究,部分学者往往以单个联盟体为研究对象,却忽略了企业联盟所嵌入的社会网络环境。

随着联盟组合研究的兴起,人们不应该只关注企业的单个联盟体的成败,而更应以长远和宏观的视角看待企业的联盟组合,把握联盟组合的整体战略,从而提高企业联盟的成功率,进而提升企业绩效。因此,在企业对其组建联盟进行整体规划时,把握好自己的战略重心非常重要。由此,这里引用探索式-利用式分析框架对企业组建联盟组合的战略进行归类,认为当联盟组合中企业的探索式战略联盟比例较高时,该企业的联盟组合战略导向是探索式的;而当联盟组合中利用式战略联盟的比例较高时,该企业的联盟组合战略导向是利用式的。

3.4.3　联盟组合配置战略对企业绩效影响的权变因素

从联盟组合与企业绩效关系来看,现有文献主要关注联盟组合在多大程度上提升了焦点企业绩效,但对于联盟组合构型以及对焦点企业绩效提升的衡量存在争议,尤其对联盟组合如何影响焦点企业绩效的机理研究其少。在联盟组合提升焦点企业绩效的机理方面,忽略了情景依赖性和传导机制的研究,也就是要研究情景因素(调节变量)和中间传导因素(中介变量)的影响作用,其中,情境因素包括产业环境、焦点企业战略、高管团队的特征等,而中介变量包括联盟组合管理能力等。

权变理论认为,企业要想保持持续的生产能力和发展能力,企业的组织结构和其战略导向必须与其所处的背景,尤其是外部环境条件相适应。Kim 等研究得出,联盟数量对企业绩效有积极的影响,松散的、密集的联盟组合结构均能提升企业绩效,因此应进一步探讨影响联盟组合结构和绩效关系的其他因素[64]。Hamel 等认为长期而言,企业战略间的匹配性会影响战略联盟的成败[65]。企业的不同战略类型需与不同的联盟类型相适应。Das 等认为企业公司层战略与联盟选择的匹配性会加强联盟的信任度,从而降低风险[66]。由此可见,战略间的匹配性对战略的实施效果是有影响的。

Ortega 研究了差异化战略和低成本战略对企业进入市场的时机和其绩效关系的影响,并认为对市场先行者而言,差异化战略对绩效有积极影响;对较早的追随者而言,差异化战略和低成本战略都对绩效有积极的影响,而对较晚的追随者而言,采用低成本战略才是比较好的选择[67]。本节把竞争战略作为联盟组合配置战略实施时所要考虑的情景因素。自波特提出竞争战略,并把竞争战略进一步区分为差异化战略、低成本战略和集中战略时,该战略得到了企业的广泛认可和运用,是企业日常经营不可缺少的战略指南。因此,本书拟把联盟组合配置战略与竞争战略结合起来,研究当企业内部实施何种竞争战略时,企业联盟组合战略将发挥更大的作用。

Douma 等指出企业组建联盟时应考虑企业间的组织特征、运营方式、文化背景、人力资本等的匹配程度[68]。然而,高管团队的异质性程度作为重要的组织特征往往被学者忽略了。企业的联盟组合配置战略是关乎企业长远发展的重要方针指南,高管团队往往是战略的制定者、参与者和实施者,那么战略的实施效果往往与高管团队的特征是密不可分的。由此,本章拟把高管团队的异质性作为研究企业联盟组合配置战略实施效果的权变因素。

综上所述,现有研究忽略了联盟组合的构型特征对企业绩效的影响,以及影响两者关系的中间传导机制与调节机制。因此,本书认为研究联盟组合的配置战略,明确企业组建联盟组合的战略导向,有计划地控制企业联盟组合的发展方向,并引用权变的视角识别影响企业联盟组合战略导向发生作用的权变因素,如企业高管团队的异质性、企业的竞争战略类型和企业年龄,对企业的生存和发展是非常必要的。

3.5　联盟组合配置战略对企业绩效的影响机理分析

联盟组合配置战略是焦点企业组建联盟组合的一个长远的、总体的战略性规划。企业联盟是为了获取并利用战略网络中的资源来提升自己的绩效,但是当企业的联盟对象凭借其相对较大的贡献程度并且拥有与第三方企业联盟的替代选择而享有比较强势的议价地位时,该联盟体会对企业绩效产生消极的影响。因此,企业在组建联盟组合的过程中应进行长远规划,设定联盟组合配置战略以提高其联盟的整体成功率。

March 认为可以用"探索、变化、承担风险、实验、尝试、应变、发现、创新"等术语描述探索式行为,而用"提炼、筛选、生产、效率、选择、实施、执行"等术语描述利用式行为。探索式学习的本质是不断实现新选择的方案,利用式学习的本质是提高和拓展当前能力、技术、资源。利用式学习由于组织对所涉及的领域已有经验,并且拥有所需要的知识,因此具有确定的、近期的回报。组织需要充分进行利用式学习以确保其目前的生存。探索式学习虽然回报的时间、空间距离比利用式学习更为遥远而不确定,但它是未来收益的保证,组织需要进行足够的探索式学习以保证未来的存活[54]。探索式的行为强调企业发起行动去挖掘创新及寻找未来的替代选择,寻求做事的新方法和新方式;而利用式的行为强调企业通过减少当前战略、竞争能力、技术手段、运营流程等活动的效率和效用的变动性,充分运用现有知识来提高企业绩效。Koza 等提出以探索和开发新技术为目的的研发联盟或者技术创新联盟具有探索式行为的特征,而以提高当前交易的效率和资源利用率为主要目的的特许经营联盟、营销联盟等具有利用式行为的特征[69]。Beckman 认为探索式联盟是指企业不断与新伙伴结盟扩充自身知识储备,利用式联盟是指企业重复地与过去的伙伴结盟强化现有知识储备[63]。本书认为在企业所组建的联盟组合中,如果探索式联盟的比例较高,那么称该企业的联盟组合配置战略是以探索式为导向的,反之则以利用式为导向。

　　自从探索式-利用式框架提出以来,两者中哪一种导向更能提升企业绩效一直是各领域争论的焦点,但以往研究聚焦于讨论两种导向的优劣性,却忽略了中间传导机制与调节机制对两种行为活动发生作用的影响。依据权变理论,企业联盟组合的结构必须与其所处的外部环境、内部资源禀赋及企业的战略导向保持一致,以此提高企业绩效。企业年龄反映了企业所处的生命周期的位置,并体现了企业资源积累的状况,其与企业战略的实施效果是密不可分的。处于不同成长阶段的企业,往往会采用不同的战略。竞争战略是企业通常会采用的战略,自该战略被波特提出以来,在各行各业得到了广泛的应用。权变理论认为,战略间的交互性也会影响战略的实施效果,当各战略间的行为活动相一致时,能够更好地提升企业绩效。所以,讨论竞争战略与企业联盟组合配置战略的匹配显得尤为重要。而高管团队的异质性,作为企业组织特征的重要体现,往往被学者所忽视。高阶梯队理论认为,企业的高管团队掌握了企业的战略决策权,其认知、价值观等心理特征影响了企业的战略选择;而认知、价值观等心理特征可以通过高管团队的人口统计特征的分布情况反映出来;高管团队的人口统计特征,如年龄、性别、教育背景、职业背景、任期情况等影响了企业的战略选择,从而影响了企业绩效。复杂的战略决策是高管行为因素所导致的结果,而并非由团队中的单一领导者引发,高管团队的统计特征的分布情况,如高管团队的异质性影响了战略决策。高管团队为战略的实施者、制定者、参与者,其异质性程度往往会影响企业联盟组合配置战略所发挥的作用。

　　由此,本书提出企业年龄、企业所采取的竞争战略的类型、不同维度的高管团队异质性这三类因素会影响两种联盟组合配置战略对企业绩效的影响。

3.5.1　探索式-利用式的联盟组合配置战略与企业绩效

　　部分学者就哪一种行为能给企业带来较高的绩效往往争论不休。一方面,组建探索式的战略联盟需要企业探索新机会以发现并吸收异质于当前企业所拥有的知识、技术和能力,开创新资源及竞争优势以适应外部环境。另一方面,组建利用式的战略联盟要求企业不断强化当前的联盟关系,并对其熟悉领域的知识和技术进行精炼。有学者认为提高企业的绩效需要在两种联盟形式之间达成平衡,然而受到资源稀缺性、战略导向及外部环境的限制,企业需要根据自己的偏好对不同的联盟活动分配资源。俗话说鱼与熊掌不可兼得,这两种行为又有一定的排斥性,同时运用两种战略不如集中使用一种战略。Lowry 等认为相对于探索式联盟而言,利用式联盟更易组建和维护,其绩效成果更易估计且风险较小,而探索式联盟往往涉及不断试验寻找新的替代选择,其结果往往是不易估计的且长期才会收到效果[70]。探索式联盟有可能带来较高的回报,但同时会伴随较高的失败率而使企业陷入"失败陷阱",而利用式联盟则能带来相对稳定的绩效。因此,本节认为短期内,企业组建利用式的战略联盟组合有助于提升企业绩效。由此,这里提出以下假设。

$H_{3.1}$:短期内,探索式的联盟组合配置战略对企业绩效有负向的影响,利用式的联盟组合配置战略对企业有正向的影响。

3.5.2 企业年龄对联盟组合配置战略与企业绩效关系的调节效应

企业年龄是企业资源储备积累程度的重要指示器,在战略决策和绩效表现的关系间扮演了重要角色。年轻企业的市场规模较小、市场地位较低,由于缺乏与资源供给者,如供应商、经销商、顾客的紧密联系,相对于较为成熟的企业而言,年轻企业的资源和能力都很有限。他们更希望组建市场性的联盟组合以较快地开拓国际市场。有限的内部资源促使其渴望与其他企业合作以接触到有关财务、市场、分销能力等互补性资源或者提高市场合法程度、提升企业形象和信誉,组建利用式联盟更有助于他们有效地运用现有的资源和能力。以生物医药企业为例,虽然年轻的企业已掌握了核心技术,但其还需要组建利用式联盟解决新药的临床试验、日常管理实务、把新药推向市场等问题。然而,随着企业日趋成熟,重复性的利用式行为虽然可以提升企业实力,但也会使企业出现组织僵化和核心能力刚性等现象。诸如此类的组织惯性会限制企业吸收新事物、跨越企业边界探索新知识的能力。Hill 等指出组建探索式联盟是成熟企业适应环境变化的重要途径,利用式联盟不仅能给成熟企业带来新的学习机会,而此时组建探索式联盟有助于企业进化思想、开发新产品、改善企业运营方式、扩充其技术储备、开辟新的发展道路[71]。本书认为年轻企业受益于组建利用式联盟比例较高的联盟组合,而成熟企业受益于组建探索式联盟比例较高的联盟组合,由此,本书提出以下假设。

$H_{3.2}$:企业年龄正向地调节探索式的联盟组合配置战略与企业绩效之间的关系,负向地调节利用式的联盟组合配置战略与企业绩效之间的关系。

3.5.3 竞争战略类型对联盟组合配置战略与企业绩效关系的调节效应

企业选取何种联盟组合配置战略需要考虑企业所实施的其他战略,战略间的匹配性对战略的实施效果有影响。不同的战略匹配性会引发不同的绩效表现。Hamel 等认为,从长远角度来看,企业战略间的匹配性会影响战略联盟的成败,企业的不同战略类型需与不同的联盟类型相适应[65]。战略匹配体现为企业行为活动的一致性,战略匹配性能使企业巩固和创造行为活动间的协同效应以强化企业的战略行为,使其在市场上保持优势的竞争地位。本节认为竞争战略类型是企业不同资源分配方式的反映,竞争战略与联盟组合配置战略的匹配性会影响企业绩效。

具体而言,利用式的联盟组合配置战略与低成本战略之间有更好的匹配性。组建利用式联盟是企业最大化现有资源和能力的价值的重要方式,利用式联盟对企业绩效的影响是积极的、短期的、可预计的。低成本战略强调效率和相对于竞争对手的低成本,实施低成本战略的企业可以凭借其低于竞争对手甚至全行业水平的成本实现规模经济或改善价值链活动从而提升企业绩效。低成本战略的实施要求企业有效地扩大生产设施的规模,竭尽全力降低成本,并在最大程度上降低研发、服务、销售费用等期间费用支出,以谋取有利的竞争地位。若实施低成本战略的企业重视联盟活动的低成本和效率,则需要减少探索式活动所需的高昂的开销和试验费用。组建利用式联盟是企业最大化现有资源价值以实施低成本战略的重要方式。由此,本书提出以下假设。

$H_{3.3a}$:低成本战略正向地调节利用式的联盟组合配置战略与企业绩效之间的关系,负向地调节探索式的联盟组合配置战略与企业绩效之间的关系。

相反,探索式的联盟组合配置战略与差异化战略之间有更好的匹配性。组建探索式联盟是企业开阔视野、另辟蹊径发展核心竞争力的必经之路,但探索式联盟对企业绩效的影响是不确定的、长期的,很难预计而往往是消极的。差异化战略强调价值创造,企业凭借其独特的品牌特色或技术特点获取竞争优势。差异化战略的侧重点在于生产提供明显有别于竞争对手的产品或服务,追求不同的产品设计、产品技术、产品形象、影响渠道、推广方式等以额外满足客户的心理预期,降低替代产品的威胁,提高市场的进入壁垒,从而获取竞争优势。差异化战略追求有别于竞争对手的独树一帜的产品和服务,企业持续性地探索新技术和新机会需要采用差异化战略,同时差异化战略要求企业对风云变幻的市场保持高度敏感,寻求新的替代选择来满足不断变化的需求。与此对应,利用式的联盟组合配置战略要求节省探索式活动的开支,重点在于精炼过去重复式的活动,提高效率,与差异化战略的理念相违背。因此,采用差异化战略的企业更看重实施探索式的联盟组合配置战略所带来的价值。由此,本书提出以下假设。

$H_{3.3b}$:差异化战略正向地调节探索式的联盟组合配置战略与企业绩效之间的关系,负向地调节利用式的联盟组合配置战略与企业绩效之间的关系。

3.5.4　高管团队异质性对联盟组合配置战略与企业绩效关系的调节效应

高管团队异质性是指高管团队成员在性别、年龄、种族、专业知识和价值观等个人特征方面的分布情况。本书把高管团队异质性分为年龄异质性、性别异质性、教育背景异质性、职业背景异质性四类。年龄异质性是指高管团队中成员年龄分布的差异程度;性别异质性是指高管团队中成员性别分布的差异程度;教育背景异质性是指高管团队中成员所接受的教育,表现为学历水平分布的差异程度;职业背景异质性是指高管团队中成员的个人经历,表现为所从事的职业类别分布的差异程度。

高层梯队理论认为高管团队特征会影响企业的战略选择。高管团队主要由首席执行官(chief executive officer,CEO)和其他一些负责企业长远发展、制定企业战略、把握企日常运营的一些关键职业经理人组成,那么作为战略的制定者、参与者和实施者,战略的实施效果往往与高管团队的特征是密不可分的。高管团队的特征与联盟组合配置战略的匹配性可以使企业更好地运用企业战略,使战略行为付诸实践。

1. 年龄异质性的调节效应

高管团队的年龄在一定程度上反映了团队的管理经验,以及创新、学习、适应能力。年纪较长的管理者经验丰富,对事件的分析有全局的观念,稳中求胜。年轻的管理者思维开放,愿意改变和尝试新事物,学习能动性较强,具有较强的开拓精神和创新精神。高管团队的年龄异质性使高管成员具有不同的时代背景,高管成员对某一新事物往往会产生不同的看法,更能碰撞出思想的火花。Cox 等提出较高的年龄异质性集成了不同年龄阶段、不同经验的管理者的观点,形成不同的知识结构,有助于提高团队的决策质量[72]。Carpenter 等提出,团队的年龄异质性越高,创新导向越明显[73]。张平认为,年龄异质性越低,越倾向于采取较为保守的战略[74]。此外,另有研究指出,常与拥有不同经验和知识的人交流会提高工作效率。较高的年龄异质性导致了广泛的代际特质差别,使之对企业发展与成长形成不同理解,不仅有利于推动创新,而且能规避可能由同质性引发的冒进主义风险,使团队中各年龄层次的优势发挥出来,有利于企业进行探索式的发展。杨林研究指出,较高的年龄异质性使企业趋向于采用更加激进的创业战略导向,这正好契合了探索式联盟所要求的企业打破僵化的特征[75]。由此,本书提出以下假设。

$H_{3.4a}$:高管团队的年龄异质性正向地调节探索式的联盟组合配置战略与企业绩效之间的关系,负向地调节利用式的联盟组合配置战略与企业绩效之间的关系。

2. 性别异质性的调节效应

心理学方面的研究表明,男性和女性在战略决策的过程中有不同的风险偏好并体现不同的领导风格。男性高管对探索式行为表现出更强的风险偏好,行为表现比女性更加自信,并且他们对自身行为结果的预期往往不完全取决于市场的实际信息。很多研究报告指出,中国的高管团队中男性占有很大的比例,即男性比例越高,高管团队的性别异质性越低。较高的性别异质性有利于团队在交流的过程中碰撞出思想的火花,使有利于企业发展的思想见解在性别差异性的调解下推动企业往积极的方向发展,有助于创新企业的发展。组建探索式联盟的过程中,较低的性别异质性有可能使企业陷入探索式行为的"能力陷阱",在探索式行为失败后仍然会强化这种行为,使企业承受较高的风险。女性加入高管团队可以增加团队的多样性,促进技术创新并满足客户多样化的需求,有助于团队发现新的发展机会却又可以抑制男性高管的过度投资行为。由此,本书提出以下假设。

$H_{3.4b}$：高管团队的性别异质性正向地调节探索式的联盟组合配置战略与企业绩效之间的关系，负向地调节利用式的联盟组合配置战略与企业绩效之间的关系。

3. 教育背景异质性的调节效应

教育背景异质性指的是高管团队学历水平的分布情况，高管团队成员的教育背景促成了其当前独特的价值观和认知结构，进一步决定了其思想行为方式。较高的学历水平体现了高管团队较高的知识储备量和学习能力，使团队对复杂问题有较强的分析能力。近年来，高管团队学历有上升的趋势，却仍然参差不齐。高管团队发现创新机会需要必备的识别和认知能力，这与团队教育水平的分布情况密不可分。较低的教育背景异质性，如表现为团队中较高平均学历水平，使团队吸收和学习新知识的能力较强，能更好地进行信息识别、信息筛选、信息应用、市场开拓、挖掘创新等活动，有利于团队发展探索式的学习。而较高的教育背景异质性往往使团队吸收接受新知识的步调不一致，阻碍了团队的决策进程。Van 等指出，教育背景异质性越高，团队内部越容易产生冲突[76]。Pelled 认为，教育背景的多样性程度是影响团队冲突程度的关键变量[77]。探索式联盟以追求创新的研发联盟或技术创新联盟为主，较高的教育背景异质性会使团队成员对战略制定、战略目标和战略计划的意见不一致，使团队沟通、决策进程受到阻碍，增加团队的管理成本。Jehn 等认为，具有较高学历的管理者更倾向开展战略变革，且学历水平整体较高的高管团队倾向于采取产品创新策略提升公司绩效[78]。由此，本书提出以下假设。

$H_{3.4c}$：高管团队的教育背景异质性负向地调节探索式的联盟组合配置战略与企业绩效之间的关系，正向地调节利用式的联盟组合配置战略与企业绩效之间的关系。

4. 职业背景异质性的调节效应

不同的职业经验会影响高层管理人员的观念和思维方法。Simons 等提出，较高的职业背景异质性能使团队汇集各类信息、管理技能，产生新观点[79]。Certo 等认为，团队的职业背景反映了成员在专业技能、经验等方面的差异，这种差异性确定了团队成员有不同的认知、风险偏好，进而影响了整个团队的效能和可能实施的战略类型[80]。来自不同背景的新观点可以使企业打破僵化思维，提高对创新问题、异常事件的解决能力。当较高的职业背景异质性表现为团队成员在各职能领域，如技术、营销、财务等方面的经验较为充盈时，企业更容易应对发展中所遇到的不确定性。分布较广的职业背景不仅使管理团队对外部的各类事件保持敏锐，并能剖析同一事件背后隐藏的不同侧面信息，因而有助于企业采取探索式的行为。组建探索式联盟的过程中往往会遇到各种预想不到的事件，较高的职业经验异质性有助于企业处理紧急事件，抓住发展的新机会。Carpenter 等研究指出，职业背景异质性越高,企业的战略就越能引发创新[81]。而较低的教育背景异质性,使团队形成较为统一的思维方式,有利于解决简单的、结构化问题,提高利用式行为进行重复式学习、精炼知识的效率。由此,本书提出以下假设。

$H_{3.4d}$:高管团队的职业背景异质性正向地调节探索式的联盟组合配置战略与企业绩效之间的关系,负向地调节利用式的联盟组合配置战略与企业绩效之间的关系。

3.5.5 研究的理论构想与假设

1. 研究的理论模型

基于以上分析,本章的概念模型如图 3.3 所示。

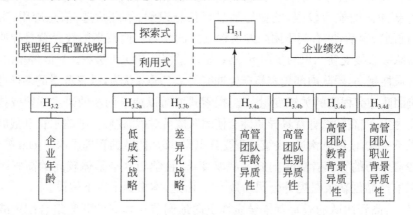

图 3.3 研究的理论模型

2. 研究的理论假设

基于以上分析,本章的理论假设如下。

$H_{3.1}$:短期内,探索式的联盟组合配置战略对企业绩效有负向的影响,利用式的联盟组合配置战略对企业绩效有正向的影响。

$H_{3.2}$:企业年龄正向地调节探索式的联盟组合配置战略与企业绩效之间的关系,负向地调节利用式的联盟组合配置战略与企业绩效之间的关系。

$H_{3.3a}$:低成本战略正向地调节利用式的联盟组合配置战略与企业绩效之间的关系,负向地调节探索式的联盟组合配置战略与企业绩效之间的关系。

$H_{3.3b}$:差异化战略正向地调节探索式的联盟组合配置战略与企业绩效之间的关系,负向地调节利用式的联盟组合配置战略与企业绩效之间的关系。

$H_{3.4a}$:高管团队的年龄异质性正向地调节探索式的联盟组合配置战略与企业绩效之间的关系,负向地调节利用式的联盟组合配置战略与企业绩效之间的关系。

$H_{3.4b}$:高管团队的性别异质性正向地调节探索式的联盟组合配置战略与企业

绩效之间的关系,负向地调节利用式的联盟组合配置战略与企业绩效之间的关系。

　　$H_{3.4c}$:高管团队的教育背景异质性负向地调节探索式的联盟组合配置战略与企业绩效之间的关系,正向地调节利用式的联盟组合配置战略与企业绩效之间的关系。

　　$H_{3.4d}$:高管团队的职业背景异质性正向地调节探索式的联盟组合配置战略与企业绩效之间的关系,负向地调节利用式的联盟组合配置战略与企业绩效之间的关系。

3.6　实证研究

3.6.1　样本选取与研究方法

1. 样本选取

本章选取中国医药生物制品上市企业为研究样本。选取该行业为研究对象主要基于以下考虑:工业和信息化部的统计数据显示 2012 年中国医药工业总产值约为 1.800 万亿元,其中生物医药工业总产值达 1852.700 亿元,同比增长 20.5%,行业发展迅速、行业内企业规模大小不一且企业联盟现象屡见不鲜。生物医药产品的研发及商业化推广要求企业很好地控制、汲取创新以及联盟网络间知识的流动,且药品管理很大程度上依赖战略联盟以获取互补性的、异质性的知识、技术及各类资源。此外,新药的成功推广需要经历研发、申报专利、临床检验、市场推广等复杂过程,企业希望与高校或其他企业组建探索式联盟研发新技术,同时希望与其他企业组建利用式联盟把新药推向市场。总而言之,该行业的特征契合本章的主题。本章选取的研究样本时间为 2006～2013 年,并剔除了变量数据缺失和 ST、*ST 的上市公司,最后得到数据样本 2377 个。

2. 数据来源

本章实证研究所用的数据来源于国泰安数据库的财务报表和财务分析数据附注数据库,高管团队数据部分来自于国泰安治理结构数据库,部分来源于各大财经网站,如东方财富网、凤凰财经、金融界、巨潮资讯网等。数据分析主要采用 Excel 和 SPSS 软件。

3. 变量设计

1)因变量:企业绩效
采用资产收益率(return on assets,ROA)来衡量企业绩效,该指标是企业一定时期内实现的收益额与该时期企业资产总额的比率,它是反映企业资产综合利用效果的核心指标,是衡量企业盈利能力的重要指标。

2)自变量:联盟组合配置战略

以企业的专用性资产投资强度作为区分其联盟组合配置战略的替代变量。专用性资产是企业在组建联盟的过程中不可或缺的资产,王国才等认为双边专用性投资是衡量合作双方交易性质的一个重要指标,有利于合作双方建立和实施正式契约、培养关系信任、促进关系学习从而提升合作创新绩效[82]。企业在联盟内部进行专用性资产投资表明了其对联盟的重视程度和长期的合作愿望,向合作伙伴发出可置信承诺的信号,有助于提高信任程度,建立关系资本从而产生关系性租金。有学者认为,这种关系性租金是战略联盟能使企业提高生产率和实现竞争力的源泉。但与此同时,专用性资产的投入也会引发机会主义行为和逆向选择等问题,即联盟伙伴为了自身利益采取欺瞒、敲竹杠等行为。在联盟内部只存在单边专用性资产投入的情况下,投入专用性资产的一方为了防范合作企业的机会主义行为便会抑制自己的最优专用性资产投入水平。探索式联盟更倾向于一种长期的合作,或不断尝试与其他企业建立新的联盟关系,合作双方为了研发新技术会相应地投入物质专用性资产和人力专用性资产,联盟内部存在双边专用性资产投入行为。而利用式联盟意图利用当前企业的战略联盟网络环境对当前的活动进行精炼和改善,联盟伙伴间会不断地产生博弈行为,此外利用式联盟体现出一种非对称性战略联盟的特征,即合作企业的实力不相当,那么联盟内部往往会只存在单边专用性资产投入行为。因此,本书以专用性资产投入的强弱作为划分这两种战略的标准,如果企业对专用性资产的投资强度比较大,认为该企业采用的是探索式的联盟组合配置战略,反之,则认为该企业采用的是利用式的联盟组合配置战略。对于专用性资产的测量,不同学者提出不同的方法,如表 3.1 所示。

表 3.1　专用性资产的度量方法

学者	度量方法
Mocnik(2001)	广告与研发费用总和占主营业务收入的比率[83]
Collis 等(1997)	无形资产占总资产的比率[84]
Vilasuso 等(2001)	主营业务收入占公司总收入比率、广告费用占主营业务收入比率[85]
王永海等(2004)	广告费用占营业收入比率、主营业务收入占总收入比率[86]
刘钰辰等(2007)	销售费用占主营业务收入比率、研究与开发占主营业务收入比率[87]
章细贞(2010)	营业费用比率和无形资产比率[88]

本章采用的是固定资产比率、销售费用比率、无形资产比率三个指标,并使用欧几里得距离平方根计算专用性资产投资强弱程度。即

$$\text{EOI}_{it} = \sqrt{(x_{it}-0)^2(y_{it}-0)^2(z_{it}-0)^2} = \sqrt{x_{it}^2+y_{it}^2+z_{it}^2} \qquad (3.1)$$

式中,EOI$_{it}$数值越高,表示企业采用的是探索式的联盟组合配置战略,反之,EOI$_{it}$数值越低,表明企业采用的是利用式的联盟组合配置战略;x_{it}表示第 i 家企业第 t 年的固定资产比率;y_{it}表示第 i 家企业第 t 年的销售费用比率;z_{it}表示第 i 家企业第 t 年的无形资产比率。

3)调节变量:企业年龄、竞争战略类型、高管团队异质性

(1)企业年龄指的是企业成立时间到样本观测的时间差。

(2)竞争战略的测量采用雷辉等运用验证性因子分析法识别出的指标,差异化战略采用的是营业毛利率和期间费用率来衡量,低成本战略采用的是固定资产周转率和总资产周转率来衡量,同样运用欧几里得距离平方根计算企业采用的差异化战略和低成本战略的强弱程度。

(3)本章采用标准差系数法测量高管团队的年龄异质性,即标准差和方差的比值,标准差系数越高表明年龄异质性越高。使用 Blau 提出的 Herfindal-Hirschinan 系数测量高管团队的性别、教育背景、职业背景异质性。计算公式如下:

$$H = 1 - \sum P_{ijt}^2 \qquad (3.2)$$

式中,P_{ijt}指的是 j 企业第 t 年高管团队中第 i 类成员所占的百分比。教育背景依据高管成员的学历水平进行划分,主要分为博士、硕士、本科、EMBA、大专及其他五类;职业背景主要依据高管成员过往从事的职务进行划分,主要有生产制造与采购、技术研发、人力、财务会计、金融投资、市场营销与业务拓展、法律、政府、管理及其他几类,具体如表 3.2 所示。H 值越高,代表异质性越高。

表 3.2　高管团队教育背景与职业背景划分标准

高管团队的教育背景(学历水平)	高管团队的职业背景(过往职务)
博士	生产制造与采购
硕士	技术研发
本科	人力
EMBA	财务会计
大专及其他	金融投资
—	市场营销与业务拓展
—	法律
—	政府
—	管理及其他

4)控制变量的度量

本章选取高管规模、公司规模、企业成长率、经营现金流量比、流动比率为控制变量。其中,企业规模用企业资产总额的自然对数来度量(以千元为单位),高管规模用企业高管数量的自然对数来度量。

本书所涉及的其他相关指标的计算公式如表 3.3 所示。

表 3.3　相关指标的计算公式

变量名称	指标名称	计算公式
资产专用性强度 / 固定资产比率 (fixed assets ratio, FAR)	固定资产 (fixed assets, FA)	$FAR=\dfrac{FA+CON}{TA}$
	在建工程 (construction, CON)	
	总资产	
无形资产比率 (intangible assets ratio, IAR)	无形资产 (intangible assets, IA)	$IAR=\dfrac{IA}{TA}$
	总资产	
销售费用比率 (cost of sales ratio, CSR)	销售费用 (cost of sales, CS)	$CSR=\dfrac{CS}{TA}$
	总资产	
低成本战略 / 固定资产周转率 (fixed assets turnover ratio, FATR)	营业收入 (operation revenue, OR)	$FATR=\dfrac{OR}{FETA}$
	固定资产期末净额 (fixed assets end total net amount, FETA)	
总资产周转率 (total assets turnover ratio, TATR)	营业收入	$TATR=\dfrac{OR}{TETA}$
	资产总额期末净额 (total assets end total net amount, TETA)	
差异化战略 / 营业毛利率 (gross margin ratio, GMR)	营业收入	$GMR=\dfrac{OR-OC}{OC}$
	营业成本 (operation cost, OC)	
期间费用周转率 (period cost turnover ratio, PCR)	期间费用 (period cost, PC)	$PCR=\dfrac{PC}{OR}$
	营业收入	

续表

变量名称		指标名称	计算公式
控制变量	企业成长率 (growth, GR)	营业收入	$GR = \dfrac{OR}{LOR} - 1$
		上年营业收入 (last year operation revenue, LOR)	
	经营现金流量比率 (operating cash flow ratio, OCFR)	经营活动现金流量 (operating cash flow, OCF)	$OCFR = \dfrac{OCF}{NCF}$
		现金流量净额 (net cash flow, NCF)	
	流动比率 (current ratio, CR)	流动资产 (current assets, CA)	$CR = \dfrac{CA}{CD}$
		流动负债 (current debts, CD)	

4. 实证模型构建

1)调节效应分析方法

本章运用 SPSS 软件采用层次回归分析的方法来检验调节效应的显著性。首先对自变量和调节变量进行中心化处理,然后生成自变量与调节变量的交互项。在回归模型中,首先把自变量放入模型,其次把调节变量放入模型,最后把自变量和调节变量的交互项放入模型,通过观察交互作用项的回归系数与新增解释 ΔR^2 来判断调节效应的显著性。

2)调节效应分析模型

根据以上分析方法,调节效应分析模型具体形式如表 3.4 所示。

表 3.4　调节效应分析模型

模型一	$DV = \beta_0 + \beta_1 CONV_i + E$
模型二	$DV = \beta_0 + \beta_1 CONV_i + \beta_2 INDV + \beta_3 MDV_j + E$
模型三	$DV = \beta_0 + \beta_1 CONV_i + \beta_2 INDV + \beta_3 MDV_j + \beta_4 INDV \times MDV_j + E$

DV 为因变量企业绩效;$CONV_i$ 为控制变量,$i = 1, 2, 3, 4, 5$,$CONV_i$ 分别为公司规模、高管规模、企业成长率、经营现金流量比、流动比率;INDV 为自变量专用性资产投资强度;MDV_j 为调节变量,$j = 1, 2, 3$。本节依次检验了企业年龄、竞争战略类型、高管团队异质性三类变量的调节效应,竞争战略类型进一步分为低成本战略和差异化战略,高管团队异质性进一步划分为年龄异质性、性别异质性、教育背景异质性和职业背景异质性;E 为随机扰动项。

3.6.2　实证结果及延伸分析

1. 变量描述统计分析

表 3.5 为变量的描述性统计,表 3.6 为变量的相关系数检验。从表 3.5 可以看出,我国医药生物制品行业的企业规模大小不一,相差较大,公司规模的标准差高达 1.932。企业成长率分布较为均衡,标准差只为 0.356。相对于年龄异质性和性别异质性而言,该行业的高管团队的教育背景异质性和职业背景异质性较高。由表 3.6 可以看出,除高管团队职业背景异质性外,调节变量均与绩效有一定关系。自变量和调节变量间的相关系数较小,另经统计结果分析,各变量的方差膨胀因子最大仅为 1.648,远小于 10,条件指数数值均小于 30。这表明本章的变量之间不存在多重共线性问题。

1、2、3、4、5、6、7、8、9、10、11、12、13、14 分别指的是企业绩效、公司规模、高管规模、企业成长率、经营现金流量比率、流动比率、专用性资产投资强度、企业年龄、低成本战略、差异化战略、年龄异质性、性别异质性、教育背景异质性、职业背景异质性。

表 3.5　描述性统计(N=2377)

变量	平均值	标准差	最大值	最小值
企业绩效	0.043	0.026	0.611	−0.322
公司规模	14.532	1.932	17.822	6.673
高管规模	1.850	0.365	2.944	0.693
企业成长率	0.217	0.356	2.863	−0.687
经营现金流量比率	−0.057	0.903	7.757	−4.345
流动比率	2.036	1.397	7.408	0.524
专用性资产投资强度	0.379	0.153	1.136	0.062
企业年龄	13.388	1.243	19.000	10.000
低成本战略	2.671	0.299	4.420	0.293
差异化战略	0.321	0.051	0.605	0.009
年龄异质性	0.160	0.008	0.216	0.026
性别异质性	0.287	0.047	0.421	0.028
教育背景异质性	0.613	0.041	0.642	0.398
职业背景异质性	0.727	0.037	0.851	0.583

表 3.6　相关系数检验（N=2377）

变量	1	2	3	4	5	6	7	8	9	10	11	12	13	14
1	1													
2	0.120***	1												
3	0.101**	−0.060**	1											
4	0.077**	−0.051**	−0.056**	1										
5	0.194***	0.111**	−0.069**	−0.013	1									
6	0.178***	−0.096**	0.103**	−0.018	0.080**	1								
7	−0.330***	0.015	0.016	−0.074**	−0.063*	−0.024	1							
8	0.249***	0.015	−0.024	0.036	0.084**	0.053**	−0.029	1						
9	0.529***	0.031	0.071**	0.047*	0.128**	0.053**	−0.225**	0.111**	1					
10	−0.271**	0.041*	−0.011	−0.080*	−0.055**	−0.084**	0.204**	−0.089**	−0.138**	1				
11	−0.302**	−0.167**	−0.032	0.011	−0.062**	0.001	0.098**	−0.081**	−0.117**	−0.009	1			
12	−0.256**	0.090**	0.042*	0.075**	0.029	0.156**	−0.166**	0.038	0.141**	−0.088*	−0.057**	1		
13	−0.041*	−0.005	−0.087**	−0.025	−0.030	−0.007	−0.050*	0.006	0.014	0.045*	0.011	−0.071**	1	
14	0.003	−0.006	0.026	−0.023	−0.050*	−0.040*	0.079**	0.021	0.004	0.024	−0.019	0.019	0.020	1

注：*为10%水平下显著（双尾检验）；**为5%水平下显著；***为0.1%水平下显著。

2. 调节效应的层次回归分析

1)企业年龄的调节效应

从表 3.7 可以看出,各变量的回归系数均通过了显著性检验,且专用性资产投资强度对企业绩效的回归系数为负($p < 0.001$),假设 $H_{3.1}$ 得证。专用性资产投资强度和企业年龄的交互项对企业绩效的回归系数为正($p < 0.001$),且 ΔR^2 值为 0.009,并通过了 $p < 0.001$ 的显著性检验,假设 $H_{3.2}$ 得证。图 3.4 为企业年龄影响联盟组合配置战略和企业绩效间关系的调节效应图,该图显示年轻企业受益于利用式的联盟组合配置战略,而成熟企业受益于探索式的联盟组合配置战略。

表 3.7　企业年龄影响联盟组合配置战略与企业绩效关系的调节效应回归结果

变量	模型一	模型二	模型三
公司规模	0.128*** (6.446)	0.130*** (7.187)	0.130*** (7.237)
高管规模	0.109*** (5.536)	0.117*** (6.485)	0.111*** (6.170)
企业成长率	0.089*** (4.550)	0.058*** (3.249)	0.064*** (3.546)
经营现金流量比率	0.175*** (8.864)	0.138*** (7.594)	0.141*** (7.789)
流动比率	0.163*** (8.249)	0.147*** (8.009)	−0.309*** (−17.276)
专用性资产投资强度		−0.311*** (−17.315)	0.220*** (12.308)
企业年龄		0.220*** (12.215)	0.095*** (5.305)
专业性资产投资强度×企业年龄			
R^2	0.096	0.243	0.252
Adj R^2	0.094	0.240	0.249
ΔR^2		0.146***	0.009***
F	50.585	108.441	99.491

注:*** 为 0.1% 水平下显著。

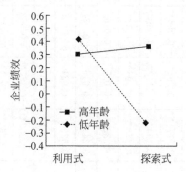

图 3.4　企业年龄的调节效应

2)竞争战略类型的调节效应

从表 3.8 可以看出,低成本战略和差异化战略显示不同的调节作用,专用性资产投资强度和低成本战略的交互项系数为 $-0.064(p<0.001)$,而专用性资产投资强度和差异化战略的交互项系数为 $0.077(p<0.001)$,且 ΔR^2 为 0.011,并通过了 $p<0.001$ 的显著性检验,假设 $H_{3.3a}$、$H_{3.3b}$ 得证。图 3.5 与图 3.6 分别刻画了战略选择的调节效应。图 3.5 显示差异化战略与探索式的联盟组合配置战略相匹配更有助于提升企业绩效,而图 3.6 显示低成本战略与利用式的联盟组合配置战略相匹配更有助于提升企业绩效。

表 3.8　企业绩效关系的调节效应回归结果

变量	模型一	模型二	模型三
公司规模	0.128***(6.446)	0.124***(7.715)	0.131***(8.161)
高管规模	0.109***(5.536)	0.075***(4.644)	0.071***(4.415)
企业成长率	0.089***(4.550)	0.039***(2.452)	0.041***(2.558)
经营现金流量比	0.175***(8.864)	0.099***(6.101)	0.100***(6.214)
流动比率	0.163***(8.249)	0.133***(8.236)	0.126***(7.877)
专用性资产投资强度		-0.191***(-11.538)	-0.204***(-12.309)
低成本战略		0.434***(26.231)	0.416***(25.033)
差异化战略		-0.157***(-9.594)	-0.167***(-9.941)
专用性资产投资强度×低成本战略			-0.064***(-3.911)
专用性资产投资强度×差异化战略			0.077***(4.642)
R^2	0.096	0.404	0.415
Adj R^2	0.094	0.402	0.413
ΔR^2		0.308***	0.011***
F	50.585	200.668	167.941

注:***为 0.1%水平下显著。

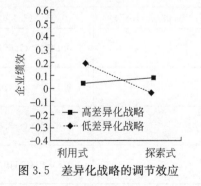

图 3.5　差异化战略的调节效应

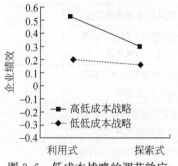

图 3.6　低成本战略的调节效应

3)高管团队异质性的调节效应

从表 3.9 可以看出,高管团队的年龄、性别、教育背景异质性显示出了不同的调节作用,而职业背景异质性没有通过检验。专用性资产投资强度和年龄异质性的交互项系数为 0.137($p<0.001$),专用性资产投资强度和性别异质性的交互项系数为 0.146($p<0.001$),专用性资产投资强度和教育背景异质性的交互项系数为 -0.074($p<0.001$)且 ΔR^2 为 0.042,并通过了 $p<0.001$ 的显著性检验,假设 H_{4a}、H_{4b}、H_{4c} 得证。图 3.7~图 3.9 分别刻画了不同维度的高管团队异质性影响联盟组合配置战略与企业绩效关系的调节效应。

职业背景异质性没有通过检验,本书认为主要是基于以下几种可能。

(1)生物制药行业属于高技术行业,高度职业背景异质性一方面可以增加团队的知识储备,有助于企业创新,另一方面背景的复杂性也会增加企业内部产生冲突的可能性,两者之间的相互制衡使研究结果具有模糊性。

(2)高管的职业背景资料主要来源于网络,对其过往职务类别的划分主要根据某些话语的描述而基于主观判断,数据的准确性还值得考究,研究结果可能存在一定的误差。

表 3.9　高管团队异质性影响联盟组合配置战略与企业绩效关系的调节效应回归结果

变量	模型一	模型二	模型三
公司规模	0.144 *** (5.616)	0.075 *** (4.308)	0.084 *** (4.605)
高管规模	0122 *** (5.525)	0.103 *** (5.599)	0.088 *** (4.918)
企业成长率	0.088 *** (4.360)	0.590 ** (3.226)	0.056 ** (3.164)
经营现金流量比	0.177 *** (8.718)	0.149 *** (8.135)	0.153 *** (8.575)
流动比率	0.171 *** (8.381)	0.132 *** (7.123)	0.088 *** (4.773)
专用性资产投资强度		-0.277 *** (-14.758)	-0.287 *** (-14.446)
高管团队年龄异质性		-0.227 *** (-12.208)	-0.230 *** (-12.584)
高管团队性别异质性		0.145 *** (7.697)	-0.234 *** (-10.240)
高管团队教育背景异质性		0.017(0.922)	-0.040 * (-2.117)
高管团队职业背景异质性		-0.034(-1.874)	0.038 * (2.056)
专用性资产投资强度×高管团队年龄异质性			0.137 *** (7.551)
专用性资产投资强度×高管团队性别异质性			0.146 *** (6.430)
专用性资产投资强度×高管团队教育背景异质性			-0.074 *** (-3.898)
专用性资产投资强度×高管团队职业背景异质性			0.0001(0.110)

续表

变量	模型一	模型二	模型三
R^2	0.098	0.274	0.316
Adj R^2	0.094	0.271	0.312
ΔR^2		0.176***	0.042***
F	48.794	84.118	73.405

注:＊为 5% 水平下显著;＊＊为 10% 水平下显著;＊＊＊为 0.1% 水平下显著。

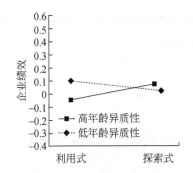

图 3.7 年龄异质性的调节效应

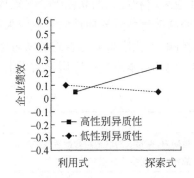

图 3.8 性别异质性的调节效应

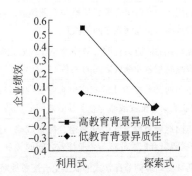

图 3.9 教育背景异质性的调节效应

依据上述分析,本章的研究假设大部分得到了证实。由此,可以得出以下结论。

(1)在不考虑其他因素的情况下,短期内探索式的联盟配置战略对企业绩效会产生负向的影响,利用式的联盟组合配置战略对企业绩效有正向的影响。

(2)当把影响联盟组合配置战略与企业绩效的权变因素考虑在内时,可以发现两种不同的联盟组合配置战略与其相应的权变因素相匹配时,均能提高企业的绩效。

(3)较为成熟的企业采取探索式的联盟组合配置战略能更好地提升企业绩效,而年轻企业采用利用式的联盟组合配置战略能更好地提升企业绩效。

　　(4)采取差异化战略的企业应使用探索式的联盟组合配置战略促使其绩效的提升,而采取低成本战略的企业应使用利用式的联盟组合配置战略促使其绩效的提升。

　　(5)考虑高管团队的异质性时,不同维度的异质性对联盟组合配置战略与企业绩效之间的关系会引发不同的调节作用。

　　(6)高年龄异质性的企业应采取探索式的联盟组合配置战略,而低年龄异质性的企业应采取利用式的联盟组合配置战略。

　　(7)高性别异质性的企业应采取探索式的联盟组合配置战略,而低性别异质性的企业应采取利用式的联盟组合配置战略。

　　(8)高教育背景异质性的企业应采用利用式的联盟组合配置战略,而低教育背景异质性的企业应采取探索式的联盟组合配置战略。

　　综上所述,本章的研究假设结果汇总如表 3.10 所示。

表 3.10　假设检验结果汇总

假设	假设内容	是否得证
$H_{3.1}$	短期内,探索式的联盟组合配置战略对企业绩效有负向的影响,利用式的联盟组合配置战略对企业绩效有正向的影响	是
$H_{3.2}$	企业年龄正向地调节探索式的联盟组合配置战略与企业绩效之间的关系,负向地调节利用式的联盟组合配置战略与企业绩效之间的关系	是
$H_{3.3a}$	低成本战略正向地调节利用式的联盟组合配置战略与企业绩效之间的关系,负向地调节探索式的联盟组合配置战略与企业绩效之间的关系	是
$H_{3.3b}$	差异化战略正向地调节探索式的联盟组合配置战略与企业绩效之间的关系,负向地调节利用式的联盟组合配置战略与企业绩效之间的关系	是
$H_{3.4a}$	高管团队的年龄异质性正向地调节探索式的联盟组合配置战略与企业绩效之间的关系,负向地调节利用式的联盟组合配置战略与企业绩效之间的关系	是
$H_{3.4b}$	高管团队的性别异质性正向地调节探索式的联盟组合配置战略与企业绩效之间的关系,负向地调节利用式的联盟组合配置战略与企业绩效之间的关系	是
$H_{3.4c}$	高管团队的教育背景异质性负向地调节探索式的联盟组合配置战略与企业绩效之间的关系,正向地调节利用式的联盟组合配置战略与企业绩效之间的关系	是
$H_{3.4d}$	高管团队的职业背景异质性正向地调节探索式的联盟组合配置战略与企业绩效之间的关系,负向地调节利用式的联盟组合配置战略与企业绩效之间的关系	否

3.6.3　管理启示与建议

1. 讨论与启示

　　战略与绩效之间的关系一直是学术界讨论的焦点。部分学者往往聚焦于战略之间的比较,讨论何种战略为企业的最优战略,即何种战略能够给企业带来更高的绩效。然而,战略的实施效果往往与很多因素是紧密相连的,随着使用情景的改变,同一种战略在不同的情况下会引发不同的绩效表现。当企业的组织特征发生变化时,如企业高管团队的变动、组织结构的变动、发生并购或收购事件,以往对企业最有效战略往往会发生变化,此时已不存在最优战略。同理,当企业的外部竞争环境、行业的产业结构及企业的公司层战略、事业层战略或职能层战略发生变化时,战略之间的关系也会发生变化。企业在发展过程中往往不只使用单一战略,此时在某一领域对企业而言最有效的战略也会相应发生变化。因此,与其把眼光聚焦于讨论何谓最优战略,还不如转而讨论不同的战略在什么情景下对企业而言会有更好的绩效表现,战略的实施会受到哪些因素的影响,当不同战略与何种因素相匹配时,会给企业带来更好的绩效。

　　基于此,本章讨论了探索式的联盟组合配置战略与利用式的联盟组合配置战略与企业绩效的关系。在经济学领域,以组合的方式分散风险是一种常用的做法。当今企业往往嵌入巨大的关系网络中,与位于不同价值链环节的不同企业产生联系,与各类科研机构、学校、政府或非营利组织等产生联系。企业需要与各类组织组建联盟,才有可能在腥风血雨的资源争夺战中占有一席之地。随着联盟关系的深化,企业需要以战略的眼光长远地规划自己的联盟组合,从而提高联盟的成功率。本书引用探索式-利用式研究框架这种最基本的划分方法,探讨两种不同的战略导向与企业绩效的关系。

　　在调节变量的选取上,本章分别引入了企业年龄、竞争战略类型及不同维度的高管团队异质性,依次讨论了各变量的调节作用。企业年龄是最基本的调节变量,因为随着企业年龄的增长,其相应的市场地位会发生变化,不同战略对企业绩效的影响也会发生变化。这也是以往学者所公认的事实。然而,战略之间的关系往往被学者忽略,当企业同时使用不同战略时,战略之间的交互作用会引发不同的绩效表现。竞争战略是企业使用的常用战略,由此本章讨论了竞争战略与联盟组合配置战略之间的关系。此外,高管团队的异质性作为重要的组织特征,一直是组织行为学领域、人力资源领域研究的热点。在战略领域有关战略与高管团队特征之间的关系的研究还比较少,高管团队是战略的制定者、实施者,战略的绩效表现往往与其是紧密相连的。高管团队是战略与绩效之间的桥梁,没有了战略的制定者与实施者,如何谈战略的绩效表现。

　　所以,本章得出结论:虽然在短期内,利用式的联盟组合配置战略更能给企业带来较高的绩效,但两种联盟组合配置战略的实施效果还受到企业年龄、企业采取的竞争战略类型、企业的高管团队异质性程度的影响。其中,企业年龄、差异化战略、高管团队的年龄异质性、高管团队的性别异质性正向地调节探索式的联盟组合配置战略与企业绩效之间的关系;低成本战略、高管团队的教育背景异质性正向地调节利用式的联盟组合配置战略与企业绩效之间的关系。这说明年轻企业受益于利用式的联盟组合配置战略,而成熟企业受益于探索式的联盟组合配置战略,随着企业年龄的增长,企业需要组建新的联盟关系或者与其他企业组建探索式联盟进行合作创新;采用差异化战略的企业应该积极地组建更高比例的探索式联盟,而采用低成本战略的企业应该以组建利用式联盟为主,战略行为的匹配性也会影响企业的绩效,企业在发展的过程中不应只采用一种战略,企业还应摸清战略间的关系;高管团队的特征也会影响联盟组合配置战略的实施效果,但其不同维度的异质性也会显示出不同的作用,较高的年龄、性别异质性有助于探索式的联盟组合配置战略的实施,但较高的教育背景异质性不利于探索式的联盟组合配置战略的实施。企业应根据自身发展方向有意识地吸纳各种人才,分析高管团队的特点对战略实施的作用。

2. 管理建议

基于以上的研究结论,本章对管理者提出以下建议。

(1)企业应该意识到战略规划对组建联盟组合的重要作用。企业应该从战略层出发长远规划联盟组合的结构,并分析在企业发展的不同阶段应该使用哪一种联盟组合配置战略。探索式-利用式研究框架只是最基本的划分方式,企业可根据自身实际情况选择不同的划分标准,在不同的发展阶段,根据不同的企业特征、产业特征、环境特征等选取不同的联盟组合配置战略。企业应以网络的视角审视自己的战略地位,当今的竞争格局主要是合作共赢的关系,没有绝对的敌人,也没有纯粹的合作者,企业所组建的联盟关系是不断发生变化的。在联盟组合中,当一组联盟关系发生变化时,有可能引发整个联盟组合结构的变化。基于社会网络理论的结构洞视角,企业应不断调整自己的联盟组合结构,调整在战略联盟网络中所处的位置,向网络的中心位置靠近,由此可获取由于担任代理人或控制者所引发的利益。管理人员应充分认识到联盟组合配置战略对长远发展的重要作用,并根据实际情况做出调整。

(2)企业应该把眼光聚焦到寻找有利于战略实施的条件。本章认为讨论战略行为的优劣性不应局限于战略行为本身,还应该考虑影响战略实施的其他因素。企业的战略部署并非一蹴而就,战略的实施需要一定的滞后期才能收到其效果。战略的规划期一般为 3～5 年,高频率地变换战略对企业的发展是不利的。此时,企业需要研究每种战略发挥作用的条件。简而言之,企业需要找出影响战略与绩效关系的权变因素。根据战略与权变因素的匹配性,有意识地对企业的内外部活动进行战略性调整,使之与其所正在实施的战略相匹配,从而达到提高企业绩效的效果。

(3)企业在发展过程中不应只以单一的战略作为指向标,而是综合考虑企业内外部特征进行战略部署。企业身处风云变幻的竞争环境中,资源的争夺战需要企业采取多种战略并灵活运用,使用单一的战略作为企业发展的风向标是非常危险的。随着科技、互联网的发展,获取竞争优势的思维依然不同于传统的战略思想。传统而言,哪一种战略对企业有利,企业便会有意识地继续使用。但是,当前企业不仅需要关注如何把产品或服务做到最好,还需要关注不断变化的创新科技。自己的产品或服务方式也许一夜之间便会遭受淘汰。企业需要制定一系列的战略部署,并摸清各种战略之间的关系,分析战略之间的交互作用如何对绩效产生影响。

(4)企业应根据自身发展方向有意识地吸纳各种人才,分析高管团队的特点对战略实施的作用。高阶梯队理论认为,竞争行为的发起是高管团队的认知基础、价值观及感知能力的结果,高管团队的异质性代表了团队认知能力与应变能力,组织的多样性、创新性及综合性需要高管团队异质性的驱动,这种驱动能力与企业的创造力、创新能力及战略转化能力是正相关的。由此可见,高管团队的特征,如团队的异质性,与企业战略的实施效果是高度相关的。企业需要构建自身的人才储备体系与贤才招纳体系,把战略导向的制定、实施与相应的团队特征结合起来,人尽其才、物尽其用,使团队的特征与战略相匹配,提升战略的实施效果。

3.7　结　　论

联盟行为对绩效的影响一直是管理领域的研究热点,然而联盟组合作为联盟进化的下一阶段,其对绩效的影响往往被学者所忽略。企业的嵌入性使得企业自身的联盟关系趋于复杂化,如何以组合的方式分散联盟失败的风险是企业应考虑的重点。而以战略的眼光长远规划其联盟组合的结构,促使企业绩效的发展是企业规避风险的另一种战略选择。本书基于探索式-利用式研究范式,讨论探索式的联盟组合配置战略与利用式的联盟组合配置战略与企业绩效的关系,并以权变的视角引入企业年龄、企业的竞争战略类型、不同维度的高管团队异质性作为影响两者之间关系的调节变量,依次分析了各变量的调节作用,由此得出如下结论。

(1)在不考虑其他因素的情况下,相对于利用式的联盟组合配置战略而言,探索式的联盟组合配置战略会对企业绩效产生负向影响。

(2)企业年龄正向地调节探索式的联盟组合配置战略与企业绩效的关系。即年轻企业使用利用式的联盟组合配置战略能带来更好的绩效,而成熟企业应使用探索式的联盟组合配置战略促进其绩效的增长。

(3)差异化战略正向地调节探索式的联盟组合配置战略与企业绩效的关系。不同竞争战略类型与两种联盟组合配置战略的交互性会引发不同的绩效表现,而差异化战略与探索式的联盟组合配置战略有更好的匹配性。使用差异化战略的企业应选择探索式的联盟组合配置战略,反之,使用探索式的联盟组合配置战略的企业应选择差异化的竞争战略。

　　(4)低成本战略负向地调节探索式的联盟组合配置战略与企业绩效的关系。与差异化战略不同,低成本战略与利用式的联盟组合配置战略有更好的匹配性。使用低成本战略的企业应选择利用式的联盟组合配置战略,反之,使用利用式的联盟组合配置战略的企业应选择低成本的竞争战略。

　　(5)高管团队的年龄异质性正向地调节探索式的联盟组合配置战略与企业绩效的关系。低年龄异质性与利用式的联盟组合配置战略有更好的匹配性,当企业采用利用式的联盟组合配置战略时,较低的团队异质性有利于该战略的制定与实施。而高年龄异质性与探索式的联盟组合配置战略有更好的匹配性,当企业采用探索式的联盟组合配置战略时,较高的团队异质性有利于该战略的制定与实施。

　　(6)高管团队的性别异质性正向地调节探索式的联盟组合配置战略与企业绩效的关系。与年龄异质性类似,较低的性别异质性能促使利用式的联盟组合配置战略的制定与实施,从而促使绩效的提升;同时较高的性别异质性能促使探索式的联盟组合配置战略的制定与实施。

　　(7)高管团队的教育背景异质性负向地调节探索式的联盟组合配置战略与企业绩效的关系。

第4章 上市公司战略群组与绩效的关系研究

4.1 引　　言

在战略管理领域一直存在两种理论来解释企业间的差异。一个是基于结构-行为-范式将企业间的差异归于行业特点的传统产业组织学派,另一个是认为企业间差异来源于不同企业拥有不同战略资源的资源基础学派。1972年,Hunt首次提出了战略群组的概念,为分析企业间绩效差异提供了一种介于宏观行业和微观企业之间的分析工具。波特在Hunt的研究之上,提出了一套完整的战略群组理论,为战略群组的研究打下了坚实的基础。在随后的研究中,部分学者具体研究了战略群组与企业绩效的关系,以战略群组为工具分析了多个行业竞争格局及绩效差异,如战略群组是否存在,其如何影响企业绩效的高低等方面,仍然没有得到一个准确定论。为了弥补这些缺口,本书尝试进行这方面的探索,将战略群组引入中国制造业上市公司的分析中,试图探究制造业的战略群组对绩效的影响及作用,以丰富这部分领域的相关研究。

战略群组与企业绩效的关系问题不仅是一个重要的学术问题,也是企业在经营活动中所必须面对的重要问题。变幻莫测的市场环境以及企业本身能力资源的差异,注定了前进的道路是机遇和挑战并存。同一战略群组内的企业会有相似的战略要素,包括技术领先程度、产品质量标准、定价策略、分销渠道的选择以及客户服务等,这导致群组内部企业间的竞争比企业与群组外其他企业之间的竞争更为激烈,企业需要在坚持与组内其他企业相似战略的同时,能够维持自身战略的独特性以获取并维持竞争优势。因此,企业找准自己的战略群组,明确竞争对手,找到适合自身发展的道路并抓住机会,对于企业经营成败是至关重要的。本书利用战略群组作为分析工具,将详细分析中国制造业上市公司的行业竞争格局,有助于判断竞争状况、定位以及行业内企业的盈利情况,为制造业现存企业和潜在进入企业提供理论指导与管理依据,利于企业在激烈的竞争中找准市场定位和规划未来发展策略。

4.2　文献综述与评价

4.2.1　战略群组理论的研究综述

1. 战略群组的定义

一直以来,战略管理领域的学者都在探讨两个核心问题——持续竞争优势的来源以及影响企业绩效的因素是什么,至今只达到了有限的共识。产业组织经济学认为,企业绩效主要由行业特定因素决定,有些行业收益更高得益于结构上的差异。这种方法通常称为"结构—行为—绩效"模型。

然而,与产业组织经济学观点相反,资源基础理论从企业个体层面进行绩效分析,认为企业内部不同的无形资源和有形资源是影响绩效的重要来源,因为企业间竞争力的差距主要来源于企业自身具有的难以被竞争对手模仿的资源进而形成的企业的独特能力。

随着研究的不断深入,部分学者提出了一种介于产业组织经济学和资源基础理论两者之间的研究层面,即战略群组。与产业组织经济学的角度相比,战略群组的识别有助于对行业进行更细致的分析;另外,与以企业为中心的资源基础理论相比,战略群组可以对企业战略进行汇总分析。战略群组的概念最早由 Hunt 提出,20 世纪 60 年代他在研究美国家用电器行业的行业集中度时发现,企业并没有像预期那样向寡头垄断市场演化,也没有出现一致的高绩效。Hunt 认为这是由行业内企业追求的不同战略导致的,如不同的分销渠道和产品多元化政策等。于是,Hunt 根据 3 个关键的战略变量将家用电器行业的企业划分为 4 个不同的战略群组,并将战略群组定义为"行业内的一组在成本结构、垂直一体化程度、产品多元化程度、正式组织、控制系统、管理者的奖惩制度以及对未来可能的产出的预计等方面都高度相似的企业"[89]。随后,波特推广了这个概念,认为战略群组是由同一个行业内追求相同或者至少非常相似战略的企业组成[90]。波特认为同一战略群组内的公司重视相似的战略维度,采用相似战略。在战略群组内部,公司面对的相同战略维度有技术领先程度、产品质量、价格策略、分销渠道以及客户服务。因此,与特定战略群组的隶属关系决定了公司战略的本质特征[90]。

然而,随着研究的深入,部分学者认为只凭"战略"作为变量划分战略群组是不够的。Cool 认为应从获取竞争优势的途径入手,并基于业务范围(如市场服务、地域范围)和资源承诺对所研究的行业进行分组[91]。Oster 将战略群组定义为行业内一组具有相似的资产和在关键决策维度上采取相似战略的企业的集合[92]。

综上所述,尽管战略群组的概念呈现多元化,尚无统一的定义,但是部分学者逐渐形成一个统一的判断标准,即战略群组是指行业内具有战略与资源的双重相似性的企业的集合。

2. 战略群组的存在性与稳定性

移动壁垒作为战略群组理论的核心原则,最早由 Caves 等提出,可以认为是进入壁垒概念的推广[93]。移动壁垒是指那些阻止企业从一个战略群组转换到另一个战略群组的因素,与此同时,阻碍来自其他行业的潜在竞争者进入市场。换句话说,如果没有付出大量的投资成本和时间,一个战略群组里的企业所做出的战略决策很难被其他战略群组的企业模仿。移动壁垒是战略群组存在性和稳定性的保障,其来源于市场相关因素(如产品范围)、行业特点(如规模经济的相关性)和企业特征(如规模大小、垂直整合程度和管理资源)。行业中是否存在稳定的战略群组结构,国内外学者针对战略群组存在性与稳定性问题进行了大量实际调查和分析,并得出不同的结果。

Caves 等研究了结构性战略群组存在以及企业的战略行为,认为进入壁垒不足以解释已经识别的绩效差异,新企业不仅面临行业的进入壁垒,同时还应考虑从一个群组转移到另一个群组的移动壁垒[93]。

Cool 等利用 1963~1982 年美国 22 家药品生产企业的数据进行分析,他们发现这漫长的 20 年时间可以分为 4 个子时期,在每个子时期中都存在十分稳定的战略群组,而这 4 个子时期之间不同战略群组的变化也非常小,所以他们认为在行业中是存在稳定的战略群组的[94]。

Kim 等将研究的对象转向了亚洲市场,他们对韩国电子元件生产行业中 115家企业 5 年期的数据进行了聚类分析,虽然并没有发现确定的战略群组,但是存在一种采用类似战略决策的企业联盟,他们也有类似的技术改进过程,虽然界定模糊,但同样说明了市场的不完全竞争性[95]。

以上的研究都反映了战略群组的存在,但也有不少学者提出了反对的意见。Mascarenhas 研究了近海开采行业,综合分析了从 1966 年开始的共 18 年的数据,最后指出战略群组是存在变化的,这种变化是由不同时期的经济环境造成的,经济的繁荣与衰退是战略群组稳定与否的主要作用力[96]。为了使研究更有说服力,Wiggins 等对 5 个行业同时进行了研究,但是并没有发现战略群组中有稳定的成员关系[97]。

通过梳理前人的研究发现,战略群组的存在性与稳定性受到各国经济环境、行业、时期背景的影响,并没得到统一的结论,所以本书将战略群组理论应用到中国制造业上市公司,并根据移动壁垒的特性,从市场相关因素提炼出划分指标,探讨制造业上市公司战略群组存在的实际情况。

3. 战略群组的识别方法

主要有以下三种方法辨别战略群组。

一是基于财务数据或者战略变量进行聚类分析。

二是基于对特定行业的知识和熟悉选择分组变量。O'Regan 等认为同一个战略群组的企业将具有相似的规模、产品和目标客户群。基于对英国塑料行业的行业结构和市场定位的深刻了解，O'Regan 等首先以员工人数作为企业规模的替代变量，将英国塑料行业内企业分为小、中、大三个等级，然后根据企业处理商品专业化能力的高低进一步归类，最终得到 6 个群组[98]。

三是基于企业管理层的认知。高层管理人员对竞争的理解和认知，对于战略方案的制定和企业未来竞争行为起着关键作用。Mcnamara 等通过走访各个银行 CEO 和经理，利用行业管理者的看法来识别企业的定位和行业结构，将 30 家银行划分成 5 个战略群组[99]。

通过对战略群组识别方法相关文献的梳理，结合我国制造业上市公司发展特性，本书将从客观的角度出发，利用上市公司的年报和财务报表，提取财务数据指标进行战略群组聚类分析。

4.2.2　战略群组与企业绩效的相关研究综述

1. 企业绩效的定义

国外企业绩效评价开始于 19 世纪，至今已有一百多年历史。按照评价体系和评价内容的不同，可以将其划分为三个阶段，即 19 世纪初到 20 世纪 20 年代的以成本分析为核心的成本评价阶段、20 世纪 20 年代到 80 年代的以财务指标分析为核心的财务评价阶段、20 世纪 80 年代至今的以战略绩效评价体系为核心的综合评价阶段。在这三个阶段的发展过程中，国外研究成果对绩效评价的理论完善和管理实践均产生了深刻影响。根据国内外企业绩效评价研究的发展历程，将企业绩效评价的研究成果分为三种评价模式，即财务模式、价值模式和平衡模式。具体来说有以下几种体系。

(1)杜邦财务分析体系。最早由美国杜邦公司提出，以投资报酬率为核心，考虑各财务比率内在联系的条件下，通过制定多种比率的综合财务分析体系来考察企业财务状况的一种分析方法，杜邦财务分析体系在企业管理中的巨大作用与广泛应用促使财务指标成了企业绩效的主要评价指标。

传统的杜邦财务分析系统也存在一定的不足：一是对企业绩效评价仅限于财务领域，以财务论财务，只是一种对结果的考评，而评价和考核并没有深入到经营管理过程中；二是只注重企业内部经营管理，忽视企业外部市场；三是评价指标体系的数据仅来源于两大会计报表,反映问题欠全面;四是该体系虽然提供了反映企业盈利能力的指标,但缺乏对收益质量的考虑,这些导致分析结果具有片面性,不能客观地反映问题。

(2)经济增加值绩效评价体系(economic value added performance evaluation system,EVA)。经济增加值又称经济利润,是指企业一定时期内扣除股东所投入的资本成本之后的企业真实经营利润,用于衡量企业生产经营的增加价值,其目的在于促使公司经营者以股东价值最大化作为行为准则,谋求企业战略目标的实现。

在实践中,经济增加值绩效评价体系仍然存在一定的缺陷:一是经济增加值指标体系是一个绝对值,因此,不利于不同规模企业之间业绩进行比较;二是经济增加值是一个总量指标体系,因此,在实际应用中只能反映企业的创值规模,而无法衡量企业的创值水平。

(3)平衡计分卡绩效评价体系。平衡计分卡是由 Kaplan 等在其主持并完成的"未来组织绩效衡量方法"研究计划的基础上于 1992 年提出的。作为一种战略业绩管理及评价工具,平衡计分卡主要从财务角度、客户角度、内部流程角度、学习与创新角度四个方面衡量企业。其中,财务方面用来反映企业组织如何满足股东的利益要求;客户方面用来反映企业组织如何满足客户的需要;内部流程方面用来反映企业组织应该擅长的内容;学习与创新方面用来反映企业组织能否继续提高并创造价值。这四个维度之间相互影响,形成了一个较为完整的企业绩效评价体系。

总体来说,评价方法上也分别有单一指标评价与指标体系评价。从单一指标评价来说主要是以净现值(net present value,NPV)为核心的传统投资评估方法。这些方法容易量化,长期以来认为是最有效的方法,但是它没有考虑到战略项目的灵活性和项目中非量化的属性。为弥补这一不足,研究者随后提出了价值链分析、平衡计分卡、实物期权以及标杆管理等绩效评价方法。目前应用较多的是价值链分析和平衡计分卡。选择业绩评价指标体系的核心指标,运用平衡计分卡原理,把一系列与创造核心指标密切相关的主要程序相互联系起来,建立一个金字塔形的业绩评价系统。徐光华构建出适合企业战略经营管理环境、能科学有效测评企业战略绩效、具有鲜明特色的财务绩效、经营绩效和社会绩效三位一体的新型企业绩效评价体系,即共生战略绩效评价体系等[100]。本书将采用多指标评价体系来衡量企业绩效水平。

2. 战略群组间绩效差异的研究

Fox 等最早开始尝试探索战略群组对绩效的影响,通过使用 Schmalensee 等的随机效应模型和 FTBLB 数据集,他们引入了一个基于熔融金属或退火的冷却过程的集群算法。这个"模拟退火法"首先将公司随机分配到不同的战略群组中,然后基于随机效应模型估计方差成分。这个模型使 Fox 从数学上证明了,约 40%

的绩效差异来源于战略群组[101]。

Mas-Ruiz 认为,移动壁垒为企业间绩效差异提供了理论基础,移动壁垒所形成的行业结构对绩效存在影响。不同的战略群组具有不同的移动壁垒,为某些厂商提供了超过其他厂商的持久竞争优势。具有高移动壁垒的战略群组内的厂商比移动壁垒低的战略群组内厂商拥有更大的盈利潜力。此外,移动壁垒也能解释为什么有些成功企业的战略不能被很快模仿。移动壁垒的存在意味着一些企业能够比其他企业拥有系统的竞争优势,不仅需要战略执行力的提高,还需要能够使行业结构发生变化的战略突破[102]。

段霄等对 2008~2011 年的中国煤炭采选业上市公司进行战略群组分析,从财务数据和年报中提取原始数据并计算出规模、主业占比、销售费用率、收入成本比、资产结构和库存周转率等 6 个战略变量的值,得出企业与本群组的战略距离以及企业在群组间定位的方向均负向作用于企业绩效,只有企业的战略改变对绩效有利[103]。

但是,也有学者对战略群组与企业绩效的联系提出质疑。O'Regan 选取企业专业化程度和企业规模作为指标,在对 2003~2008 年间英国塑料加工行业的研究中得到 6 个战略群组,运用方差分析进一步比较 6 个群组的财务指标,发现群组间绩效差异不显著[98]。

通过总结前人的研究,战略群组与绩效的分析已经涉及很多行业,但战略群组与绩效之间的关系仍然没有得到统一的结论。本章将尝试从理论与实证两方面对中国制造业上市公司中战略群组与绩效的关系进行研究。

4.3　研究内容及方法

4.3.1　研究内容

本章的研究内容有如下几个方面。

(1)战略群组识别体系的构建。划分战略群组最关键的是选择战略维度以及能够衡量该维度的战略指标。通过梳理以往学者的研究,发现学者大多采用单一维度来提取指标。本章在前人研究的基础上,构建了一个全新的基于竞争战略和企业资源双重维度的战略群组识别体系,并设计了相应的识别指标。

(2)战略群组存在性的研究。即运用战略群组识别体系来对 2012~2013 年的中国制造业上市公司进行分析,判断目标行业是否存在战略群组,如果存在,分析各个战略群组在战略维度上有何侧重不同。

(3)战略群组对企业绩效影响的实证研究。在理论的支撑下,用具体的数据来检验战略群组对企业绩效的影响作用,不同战略群组的企业在哪些绩效指标上存在显著差异,是哪些因素导致绩效差异的。

4.3.2　研究方法

(1)文献研究法。通过阅读有关战略群组的识别、战略群组对绩效的影响等方面的文献来获得相关资料,对事物的全貌进行一定程度的了解,从而正确地掌握有关问题的研究历史和现状,有助于研究思路的拓展及本书中一些疑难问题的解决。

(2)定性分析法。对战略群组的存在性、战略群组与绩效的相互关系进行机理分析,以探讨哪些关键因素导致战略群组的形成,以及战略群组通过哪些因素和方式对绩效产生作用,其背后的根源是什么。另外,对各种文献及资料进行思维加工,以期对研究对象进行深入的本质分析,揭示不同战略群组对企业绩效影响的内在规律,从而提出研究假设。

(3)实证分析法。参考战略群组和绩效的相关理论,重新构建战略群组的识别指标体系和绩效的评价指标体系,选取 2012～2013 年中国制造业上市公司为研究对象,借助 SPSS 22.0 进一步运用描述性统计、Ward 聚类和方差分析等方法进行数据分析,对研究假设进行实证检验,技术路线如图 4.1 所示。

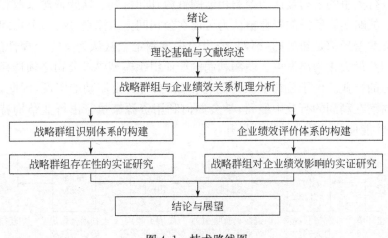

图 4.1　技术路线图

4.4　相关理论基础及分析

4.4.1　竞争战略的理论基础

随着知识经济时代的到来,市场环境发生了天翻地覆的变化,企业作为市场的核心主体,追求独特的竞争优势贯穿其生命周期的整个过程。西方经济学家和管理学家围绕企业如何获得战略竞争力和超额利润展开了大量研究,先后涌现出许多战略流派,其中最具有影响力的三大主流学派为以波特为代表的行业结构学派、以 Wernerfelt 为代表的战略资源学派和以 Hamel 为代表的核心能力学派。

1. 行业结构学派

20 世纪 60～80 年代,外部环境一直被视为公司获得成功的战略决定因素。著名战略管理学家波特先后撰写了《竞争战略》《竞争优势》等著作,提出以产业结构分析为基础进行企业竞争战略类型的选择,实现产业组织理论和企业竞争战略的创新性兼容,从而奠定了行业结构学派的研究基础。超额利润的产业组织模型解释了外部环境对公司战略行为的决定性影响。该模型指出,与管理者做出的组织内部的决定相比,公司选择进入的行业或细分行业对业绩产生的影响更大。公司的业绩被认为主要取决于行业的一系列特征,包括经济规模、市场进入壁垒、多元化、产品差异化以及行业中公司的集中程度。

基于经济学基础,超额利润的产业组织模型(图 4.2)有四个基本假设。第一,外部环境被认为能够对获得超额利润的战略产生压力和约束;第二,在行业或细分行业中进行竞争的公司被认为控制相似的资源,同时,基于这些资源采取相似的战略;第三,战略实施所需的资源被认为可以在公司间自由流动,因此,公司间所产生的任何资源差异都是暂时的;第四,公司的决策制定者被认为是完全理性的,并以公司的利益最大化为出发点。超额利润的产业组织模型要求公司必须选择进入最具吸引力的行业。由于公司被认为拥有相似的、可自由流动的资源,因此,只有在具有最高潜在利润的行业中经营,学会如何利用资源来执行由行业结构特征决定的战略,才能使公司的业绩得到提升。

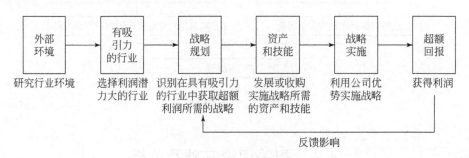

图 4.2　产业组织模型

波特反复强调,产业结构分析永远是形成竞争优势的起点,并提出著名的"五力竞争模型"来帮助公司寻找最具吸引力的行业,以及公司在行业中最有利的位置。该模型表明,行业的获利能力是五种力量相互作用的结果,分别为供应商、顾客、行业内现有竞争者、替代产品和潜在竞争者。公司可以通过提供低于竞争者成本的产品或服务获得超额利润,或者通过生产消费者愿意高价购买的差异化产品或服务来获取超额利润。总之,行业结构学派认为,公司的战略是由行业特征决定的一系列约定和行动形成的。企业获得竞争优势的主要影响因素是企业所在行业的盈利水平以及企业在行业中的竞争地位。

2. 战略资源学派

资源基础模型(图 4.3)认为,任何一个组织都是独特的资源和能力的组合体,这些资源和能力的独特性是公司战略与超额利润的基础。资源是指生产过程中的各种投入要素,如资本设备、员工技能、专利技术、资金以及有才能的管理者。一般而言,公司的资源分为三类:实物资源、人力资源和组织资本。单个资源或许无法创造竞争优势,当资源组合成能力后,才更有可能成为能创造竞争优势的资源。能力是指将众多资源以整合的方式完成一项任务或活动的才能。随着时间的推移,能力在不断发展,因此必须以动态的方式对其进行管理。

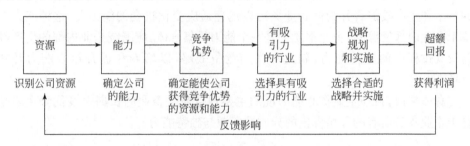

图 4.3　资源基础模型

根据资源基础模型,不同公司间所表现出来的业绩差异主要源于它们所拥有的独特资源和能力,而不是行业结构特征。这一模型还假设,公司首先获取各种资源,然后以资源的整合和利用为基础来发展其独特的能力,这些资源和能力不能在公司间很自由地流动,其差异性是获取竞争优势的基础。通过持续不断地运用,能力会变得更强,也更难被竞争对手掌握和复制。

并非公司拥有的所有资源都有可能成为竞争优势的基础,只有当资源和能力是有价值的、稀缺的、难以模仿的和不可替代的,这种可能性才会成为现实。资源的价值性是指公司可以靠它来获取外部环境中的机会,应对各种风险;资源的稀缺性是指它只被少数现有的和潜在的竞争对手拥有;资源的难以模仿性是指与已经拥有该资源的公司相比,其他公司难以获取这种资源或者需要付出高昂的成本才能获得该资源;资源的不可替代性是指不存在结构类似的资源。为了获得能力,单个资源经常相互整合在一起,而整合后的能力才有可能具备上述四个特征,成为公司的核心竞争力。总之,该学派认为企业获得超额利润和保持持久竞争优势来源于其所拥有的有价值资源以及在特定竞争环境中对这些资源的配置方式[104]。

3. 核心能力学派

企业核心能力理论起源于传统的企业能力理论,最早可以追溯到 18 世纪早期亚当·斯密的企业分工理论。1957 年,社会学家 Selzmck 在研究企业相比其他竞争者表现更为优异时,第一次用企业独特的竞争能力来解释这一现象。接着到 20 世纪 60~70 年代,Richardson 在研究企业和市场的协调制度时,提出了组织经济活动的知识基础理论,进一步推动了企业成长论的发展。到 80 年代,能力学派得到学者的广泛关注而蓬勃发展起来。1984 年,Wernerfelt 提出企业的内部资源是企业获利以及维持竞争优势的重要来源,即企业的资源基础论[105]。资源基础论逐渐分化成两个分支,一个是强调资源作用的学派,另一个是核心能力学派,以 Prahalad 等为代表,强调整体能力观和核心能力观,强调企业内部行为和过程所体现的特有能力经过后来学者的发展均已形成较为完整的体系。核心能力学派经过对众多世界优秀企业的研究发现,竞争优势的真正源泉在于"管理层将公司范围内的技术和生产技能合并为使各业务可以迅速适应变化机会的能力"。这种能力是源于企业内部资源的,企业本质上是一个能力的集合体,应围绕企业内部的生产经营及其过程中的独特能力,制定和实施竞争战略,以培养和提升核心能力开拓市场[106]。

总体来说,目前企业核心能力说的主要观点就是企业的长期发展优势主要来自于企业本身所有的和培育出的异质性资源与独特能力。

4.4.2　战略群组与企业绩效相互关系机理分析

1. 战略群组存在性和稳定性的机理分析

1)战略群组的存在性分析

战略群组是指某一行业内强调相似战略维度并采用相似战略的一组企业。它相当于对行业内竞争格局的一种描述,实质上是一种以移动壁垒为边界的行业结构要素。而移动壁垒来源于企业与企业之间的差异因素,如分销渠道、市场定位、产品质量、技术领先、用户服务、价格政策、广告政策及促销等方面存在诸多的不同。企业想要在激烈的竞争环境中谋生存、谋发展,通常会对内部与外部两方面情况综合分析,即研究外部环境,企业可以决定需要做什么;研究内部环境,企业可以了解自己能做什么。有了这些信息之后,企业就可以在顾客认为有价值的方面寻求与竞争对手产品的差异,以获得竞争优势。因此,尽管移动壁垒的来源因素很多,本书认为其实际上是由企业面对外部环境所制定的不同策略和企业内部拥有的不同资源组成的,即移动壁垒由竞争战略和企业资源方面的差异组成。

(1)竞争战略的差异。竞争战略是企业做出的关于如何在单个产品市场上进行竞争的一系列选择,用来描述如何在外部市场开展竞争的核心战略。外部市场中最重要的影响因素便是顾客,顾客是企业竞争战略成功的基础。企业首先需确定提供服务的目标顾客;然后分析目标顾客有哪些需求,根据需求的不同,对顾客进行分类。根据需求划分顾客的过程称为市场细分,这一过程将会把需求相同的顾客划分成一个单独的、可识别的群体;最后在确定了服务对象及其具体需求之后,企业就要决定采取何种竞争战略来更好地满足这些需求。竞争战略的目的是在企业与竞争对手的定位之间形成差异。为了形成这种定位间的差异,企业必须决定是否要与众不同地采取行动或者采取与众不同的行动,即"选择与竞争对手不同的行动或者以不同于竞争对手的方式采取行动"。因此,目标群体不同,不同企业采取的竞争战略也不同。

(2)企业资源的差异。在明确市场的要求——做什么后,企业需要认真分析自己拥有的资源和能力,以整合生产过程中的投入要素配合战略的实施。只有企业资源与竞争战略相匹配时,企业才能获得战略竞争力和超额利润。企业将单一的有形资源与无形资源相结合来创造能力,而能力又被用来完成组织的任务,如生产、分销以及售后服务,从而为顾客创造价值。能力一般是以企业的人力资本对信息和知识的开发、传播和交流为基础来进行塑造。没有一种竞争优势是长久不变的,企业在充分挖掘现有竞争优势的同时,还要充分利用资源和能力来形成新的优势,进而在未来的竞争中取得成功,获得持续的收益。核心竞争力是指可以作为战胜竞争对手的竞争优势的来源的一系列资源和能力。它是在组织的长期积累以及学习如何利用各种不同的资源和能力的过程中逐步形成的。作为采取行动的一种能力,核心竞争力是"企业的御宝",反映了企业的独特个性。所以,不同的企业在拥有的资源和能力方面存在很大差异,进一步促进移动壁垒的形成。

通过上述的梳理及分析得出,移动壁垒的产生正是由于竞争战略和企业资源的作用结果,行业内的战略群组是由移动壁垒分隔而成的,那么从移动壁垒的角度划分战略群组比单纯的只由企业战略划分群组更能直接体现实际情况。因此,本书将从移动壁垒的两个组成部分——竞争战略和企业资源中提取战略群组的划分指标。

2)战略群组的稳定性分析

战略群组一旦形成,在以后的一段时间内稳定性相对较高。企业之所以不能自由地从一个群组移向另一个群组,稳定地维持着现存的竞争格局,原因在于移动壁垒的高度,即由模仿而带来的成本和不确定因素。移动壁垒的本质是对复制模仿成本的限制。可以用企业战略维度上的差异大小来衡量两个战略群组移动壁垒的高度。

移动壁垒对于战略群组的作用,相当于产业组织学中进入退出壁垒对于行业的作用。它是一种能保护行业内的企业免遭竞争者入侵的结构因素,对群组外的企业形成一种障碍,使其难以进入该群组,同时也阻止群组内的成员自由出入。总之,移动壁垒是阻碍群组内企业任意改变其竞争位置的结构力量,是战略群组稳定性的基础。

2. 战略群组与绩效的关系机理分析

1)战略群组对绩效的影响

战略群组主要通过移动壁垒对绩效产生影响。移动壁垒即企业从一个群组移向另一个群组所必须克服的壁垒。移动壁垒实际上代表着企业之间竞争优势的差异。拥有独特竞争优势的企业自然产生了一道难以逾越的移动壁垒,它保护群组内的企业免于遭受过度竞争,同时保证企业其赖以生存的竞争优势不被轻易侵蚀,可持续获得超额利润。而没有移动壁垒保护的其他企业则处于激烈的竞争旋涡之中。这种结构性的保护可能源于企业资源或每个企业的独特能力。高移动壁垒的企业比低移动壁垒的企业获得高利润的可能性更大。潜在的、阻碍公司进入的移动壁垒主要有以下几个,接下来将分析它们的存在导致各战略群组的收益水平有差别的原因。

(1)规模经济。规模经济是指随着规模的不断扩大,企业通过经验的积累而使效率不断提高。因此,在一定时期内,随着产品产量的不断增加,单位产品的成本不断下降。新进入者在面对战略群组内现有竞争者拥有的规模经济时,会处于两难的境地。如果规模较小的企业进入市场,将面对自身成本的劣势,因为产量不够大,成本又很高,获得的利润微薄,导致该群组的绩效普遍较差。

(2)产品差异化。随着时间的推移,顾客可能会认为某企业的产品是独特的。这种认知可能来自企业对顾客的服务、有效的广告、率先提供某种产品或服务的行为。新进入者试图在自身的行业内增加市场份额时,需要好好想一想,如何才能战胜该行业成功企业所在群组塑造的品牌形象和顾客忠诚。虽然市场份额的获取需要投入大量资源,但许多企业仍努力获取市场份额。新进入者为了战胜独特性,经常低价销售产品,这种做法会导致公司的利润下降,甚至是亏损。

(3)转换成本。转换成本是顾客转向不同供应商购买产品时产生的一次性成本。购买新的辅助设备,重新培训员工,甚至是结束原有购买关系的精神成本,都会产生转换成本。如果转换成本高,那么新进入者只能利用超低的价格或更好的产品来吸引顾客,这样往往会导致利润不高。

(4)分销渠道的获得。随着时间的推移,行业的竞争者都会各自发展有效的产品分销方式。与分销商建立关系后,企业会细心地培育,以增加分销商的转换成本。分销渠道也会成为新进入者的移动壁垒,尤其是非耐用消费品市场。新进入者必须设法说服分销商经销它们的产品,即在原有销售产品之外增加新进入者的产品,或者替代现有的产品。降价和广告费用补贴经常用来达成这一目的,然而这些做法会降低新进入者的利润。

(5)政府政策。政府通过颁发执照和许可证,可以对行业中存在的企业进行控制。对于酒类零售、广播和电视、银行和运输业,政府的决策和做法就对行业中不同群组的绩效有较大影响。

通过梳理前人的研究,本书认为战略群组的存在对绩效的影响,除了移动壁垒的作用,还有以下两方面。

一是战略群组影响行业竞争的对抗过程。在同一行业内,企业与企业之间是息息相关的。如果企业安于现状,那么产业内的竞争结构就会保持稳定;如果企业想争取更多的市场份额,同时发现利于自身地位改变的契机,如技术上的重大突破、领头企业的衰落、国家政策的导向等,那么企业会采取行动来打破平静,同时加剧行业内的竞争。原本领先的企业为了维持自己的地位和利润水平,往往会和自身群组内的企业联盟或者达成某种共识,来抑制格局变化的产生,即企业为了制止竞争者入侵自己的市场,会设置种种障碍,甚至与同一群组内的企业结成联盟,以限制其地位和收益的变化。

二是战略群组的数量影响行业竞争的激烈程度。群组的数量越多,市场重叠程度越高,采取相似竞争战略的企业向相似的顾客群体销售相似的产品,那么它们之间的竞争程度自然十分激烈,每个企业获得利润的威胁也越大。所以,战略群组的数量与竞争激烈程度成正比。

2)绩效对战略群组的影响

企业找到适合自身发展的道路和目标群组,获得持续成功的机会和利润,对企业经营成败而言至关重要。由于在不同的战略群组,企业面临的波特竞争结构模型中的五种竞争力量存在较大的差异。例如,在汽车行业,规模小的厂家明显缺乏大的生产厂家所具有的对供应商的讨价能力。因此,不同的群组获利能力和面临的竞争结构是不同的,企业需要在不同的战略群组中进行选择,一般来说,为了实现扩张,企业会选择尝试进入那些比自己现在所属群组收益更高、更具发展前景的群组。作为新进入企业,必须识别清楚不同战略群组之间的移动壁垒因素。若想赶超行业内的龙头领先企业,更要分析和了解其竞争优势的来源与构成,并尝试寻找克服这些壁垒的方法。欲越过移动壁垒实现产业内横向扩张,是需要付出一定的成本和代价的,但只要持之以恒,终有实现的可能。

总之,群组间的绩效差异会激励处于劣势群组中的企业努力克服移动壁垒,向优势群组中迈进,从而导致行业内竞争格局的变动,这使得战略群组处于动态变化中。

3. 战略群组与绩效的关系模型及假设的提出

1) 战略群组与绩效的关系模型

基于对相关理论和以往文献的梳理与汇总,为进一步展开本书的实证分析,构建战略群组与企业绩效的关系模型,如图 4.4 所示。

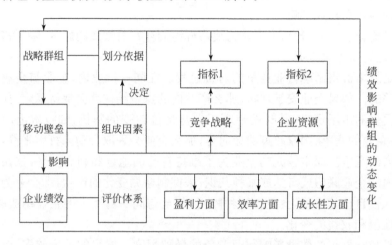

图 4.4　战略群组与绩效关系模型图

该模型分为以下四个部分。

(1) 战略群组的识别。群组间的移动壁垒是战略群组存在的基础,形成移动壁垒的因素有很多,如产品或服务的多样化程度、销售渠道、地理覆盖程度、品牌数目、技术领先程度、研究开发能力、生产能力利用率、所有制结构等。本书将这些因素归纳为竞争战略和企业资源两个方面的因素,并从这两方面的差异中辨认行业中不同的战略群组。因此,战略群组的识别指标将从移动壁垒中提取出来。

(2) 企业绩效的评价体系。只依靠财务报表上的利润估计一个企业的绩效水平太过单薄,本书将结合企业的实际生产效率和未来发展前景,即总共从盈利、效率、成长性三个方面综合考察企业的整体绩效水平。

(3) 战略群组对绩效的影响。企业与企业之间的差异,形成移动壁垒,将行业内的企业分隔成不同的战略群组,参照产业组织理论的"结构-行为-绩效"框架,在不同的战略群组,波特竞争结构模型中的五种竞争力量存在较大的差异,即行业内部的竞争格局使不同群组内的企业受到供应商、行业内顾客、现有竞争者、替代产品、潜在竞争者五种力量的影响是不同的。这些差异的具体体现便是移动壁垒,移动壁垒阻碍其他企业的进入,保护成功企业避免处于过度竞争中,并维持该群组的利润水平,如专利知识产权、国家政策等。因此,战略群组通过移动壁垒影响绩效,使得产业横段面上群组间存在持续的利润差异。

　　(4)绩效反过来也可影响战略群组的动态变化。如果其他的战略群组比现属的战略群组拥有更高的利润和更好的发展前景,将刺激企业克服移动壁垒,千方百计地进入领先群组。同样地,企业如果因经营不善绩效下滑导致破产,也会失去原有群组内的地位,行业内的竞争格局将发生变动。

　　基于以上模型,本书将着重研究前面三部分,即首先对战略群组存在性进行探究,分析行业竞争格局如何,各个战略群组的显著特点是什么;接着设计绩效评价体系;最后分析战略群组对绩效的影响,考察这种群组竞争格局条件下不同的群组间是否有绩效差异,并分析差异的来源。

　　2)假设的提出

　　以往的学者将战略群组定义为一个产业内执行同样或类似战略并具有类似战略特征的一组企业,在探讨某行业内是否存在战略群组时,往往只简单收集相关指标数据,用不同的聚类运算法则进行计算,最后形成一个个群组。有学者指出,这样的做法严谨性欠佳,因为这些聚类方法具有明显的缺陷和局限性,实际上,任何数据通过任何聚类法则的计算,都能够产生聚类。而且,按照战略群组的定义与特点,一个行业内也许只存在一个战略群组,因为所有的企业都采用同一种相似的战略,那么关于战略群组的研究不仅得不到预想的结果,甚至会得到无意义的错误结论。因此,一个行业内是否存在战略群组的判断对于战略群组研究至关重要。本书在进行战略群组的划分前,将先从理论上分析判断该行业是否具备存在战略群组的可能性。

　　根据中国证监会的行业分类统计,中国制造业上市公司包含农副食品加工业,食品制造业,纺织业,石油加工、炼焦及核燃料加工业,汽车制造业,铁路、船舶、航空航天和其他运输设备制造业等 29 个行业。本书从战略异质性和企业资源不可模仿性两方面来判断这些行业能否形成战略群组。通过分析发现,有些行业的顾客需求异质性不足,这导致行业内的企业很难采用差异化战略,行业的特点决定了竞争战略的模式,所有企业被迫提供相同或相似的产品,对整个市场而言,竞争的实质是范围经济和价格。即使少数企业采取了差异化的经营,较低的移动壁垒也会导致竞争对手很快将竞争行为和优势复制过去,所以新的群组即使出现也很难维持,整个行业内的企业都是相似的、无显著差异的。这种现象存在以下几种行业。

　　(1)依赖于特种原材料、自然资源或能源的行业,如黑色金属冶炼及压延加工业、有色金属冶炼和压延加工业、石油加工、炼焦和核燃料加工业等。

　　(2)资本密集型行业,如铁路、船舶、航空航天和其他运输设备制造业、医药制造业、化学原料制造业等。

　　然而,制造业中其他大部分行业面临的市场具有异质性,能够保证各个群组之间足够的战略距离,采取不同的竞争战略;同时,企业拥有的资源和能力方面存在较大差异,较高的移动壁垒能保证战略群组的稳定性。因此,本书提出以下假设。

$H_{4.1}$:中国制造业上市公司中存在战略群组。

战略管理研究中另一个关键的问题就是企业的战略群组身份对企业的业绩是否有影响,即不同战略群组的企业是否存在绩效差异。通过前面的机理分析得出,大多数移动壁垒难以跨越,如技术专利、分销渠道、政府政策、规模经济等,这些差异导致战略群组间持续的利润差异。因此,本书提出以下假设。

$H_{4.2}$:中国制造业上市公司的战略群组间存在绩效差异。

行业的特性影响着行业内企业战略的制定和利润的获取。为进一步分析和比较不同行业内战略群组的绩效情况,本书基于行业生产的产品特性,将中国制造业上市公司分为快速消费品行业和耐用消费品行业两大类。

(1)快速消费品行业。快速消费品行业是指生产使用寿命较短、消费速度较快的消费品的行业,包括个人卫生用品、食品、酒类及烟草和饮料等行业。

它们通常是日常用品,企业依靠消费者高频度的重复使用和消耗以及大规模的市场量来获得利润与实现价值。低成本战略是企业通过有效途径降低成本,使企业的成本低于竞争对手,甚至是在全行业中处于最低水平,从而获取竞争优势的一种战略。采用低成本战略的企业往往瞄准的是宽顾客群体,注重规模经济,即不断提高自己的生产效率来巩固毛利率,稳定收益。在企业生产产品和提供服务的总成本中很大部分来自内部物流(如原料处理、仓储和存货控制)和外部物流(如收集、储存和分销产品),成本领先者在寻求有价值的降低成本的方法时,更倾向于注重内部物流和外部物流这类主要活动的优化。成本领先者还会仔细检查各类辅助活动,以发现进一步减少成本的可能。例如,利用价值链分析来确定运营中的价值增值环节和非价值增值环节。

基于以上分析,本书认为低成本战略与快速消费品行业的特点更加匹配,有利于企业的发展和利润的获取,所以提出以下假设。

$H_{4.3a}$:快速消费品行业上市公司中,实施低成本战略的群组绩效高于差异化战略群组。

(2)耐用消费品行业。与快速消费品概念相对应的是耐用消费品,通常使用周期长,一次性投资较大,包括家用电器、汽车等。耐用消费品具有购买频率低、使用寿命长、价格昂贵等特点,消费者在购买过程中更加谨慎,不仅对产品本身的性能、外观、品质等有要求,同时还注重产品的售后服务、企业的商誉等因素。因此,企业的市场定位和产品差异化至关重要。

差异化战略是指以顾客认为重要的差异化方式来生产产品或提供服务的一系列整合行动。成本领先者服务的是行业内的典型顾客群,而差异化战略瞄准的则是用不同于竞争对手的差异化产品创造价值的顾客群。产品和服务可以从多个方面实现差异化。与众不同的特征、及时的顾客服务、快速的产品创新和领先技术、良好的声誉和地位、不同的口味、出色的设计和功能等,都可以成为差异化的来源。差异化战略能使顾客对于那些他们认为有意义的独特产品更加忠诚,顾客对涨价的敏感度会下降。只要差异化的产品能满足顾客的独特需求,顾客就愿意接受这种产品的价格上涨,因此实施差异化战略的企业通常能够收取额外的费用。如果能以远高于差异化所付出成本的价格销售产品,那么企业便可超越竞争对手,获得超额利润。

基于以上分析,本书认为差异化战略与耐用品消费行业的特征匹配度更高,更能带来超额利润,因此提出以下假设。

$H_{4.3b}$:耐用消费品行业上市公司中,实施差异化战略的群组绩效高于低成本战略群组。

4.5　战略群组对企业绩效影响的实证研究

4.5.1　样本选取与数据来源

1. 样本选取

本章的实证研究选取了中国制造业的上市公司为研究总样本,制造业行业规模较大,企业多,样本相对比较齐全,符合实证研究中的大样本要求。在从理论方面判断哪些行业存在战略群组之后,最终在总样本中选取了满足战略群组存在性条件的 10 个行业,包括农副食品加工业,食品制造业,酒、饮料和精制茶制造业,纺织业,纺织服装、服饰业,造纸及纸制品业,橡胶和塑料制品业,汽车制造业,电气机械及器材制造业,仪器仪表制造业等在内的 10 个行业中的 505 家上市公司。

本章采用 2012～2013 年制造业上市公司的数据来分析战略群组的特性以及其对企业绩效的影响。确定研究样本后,本书对原始数据中的 ST、* ST、SST 和 PT 类财务状况异常的公司予以剔除,最后得到数据样本 478 个。

2. 数据来源

本章实证研究所采用数据来源于国泰安数据库(CSMAR)中的中国上市公司数据库以及巨潮资讯网发布的上市公司年报,采用 SPSS22.0 软件进行数据分析。

4.5.2　战略群组对企业绩效影响的实证设计

1. 变量定义

战略群组是行业内一组在战略与资源上具有双重相似性的企业的集合。本书在参照前人研究的基础上,结合我国制造业移动壁垒的特征,将从竞争战略与企业资源两个维度提取关键变量来具体辨别战略群组,如表 4.1 所示。

表 4.1　划分战略群组的关键变量

维度	变量名称	符号	定义与计算公式
战略	固定资本强度	FCI	固定资产/营业收入
	非金融资产周转率	NAT	销售收入/非金融资产总额
	广告强度	ADV	销售费用/销售收入
	投资强度	INV	研发支出/年末总资产
资源	企业规模	SIZE	总资产的自然对数
	企业能力	CAP	流动资产/流动负债

固定资本强度(fixed capital intensity,FCI)对效率有潜在影响,与低成本战略有关。企业通常试图通过投入大量的资源增加固定资产以取得效率的提高。公式中的分母是营业收入,并非销售收入,因为采用营业收入更利于企业间比较。非金融资产周转率(nonfinancial assets turnover,NAT)可以捕捉企业在资产利用率与运营成本(如为保证送货时间和客户服务质量付出的成本等)之间进行权衡的偏向。非金融资产主要包含固定资产、存货、珍贵物品等。广告强度(advertising intensity,ADV)是测量差异化战略的一个最好的指标。根据波特所提出来的"品牌识别",广告可以用来在客户心中创建一个独特的定位,实施拉动战略或体现不同于其他竞争者的产品设计理念。投资强度(investment intensity,INV)由企业研发投资与总资产的比率体现,与产品创新有正相关关系。

企业规模(size,SIZE)会影响企业把不同数量的资源分配到不同职能领域的能力。尤其对制造业来说企业的规模对其能力和规划有很大影响。Pelham 认为在绩效比较方面,大型企业和小型企业不在同一个等级,因为规模经济在成本结构中发挥着作用,可以获得更大的客户群和更多的生产知识[107]。本章采用企业总资产的自然对数代表企业规模,以体现不同规模增加相同绝对数量资源的难度差异。企业能力(capability,CAP)从理论上是指支持战略实施,以更好地面对行业的机遇与挑战,维持与同行业相一致增长水平的能力。在前人的研究中,诸多学者往往通过财务工具测量企业能力。本章将利用流动性比率表示企业的流动性和偿还债务的能力。

2. 企业绩效的度量指标

从盈利、效率和成长性三个方面考察绩效。首先,选取了常用绩效评价指标 ROA 来衡量每单位资产创造了多少净利润。ROA 特别适合同行业企业之间的比较,能够很好地反映各企业因规模、经营管理水平的不同带来的竞争力的差异。然后,使用人均营收(sales per employee,SPE)作为效率指标来衡量资本利用情况。

SPE 的值为营业总收入与员工人数的比值。最后,在反映企业的可持续发展潜力方面,选择利润增长率(growth,GRO)来测量企业的成长能力。

3. 研究方法

1)相关分析

自然界和人类社会中的各种事物或现象,是在相互联系、相互依赖、相互制约中存在和发展的,一种现象的变动往往受到周围各种现象变动的影响。相关分析是研究现象间是否存在某种依存关系,并对该现象探讨其相关方向以及相关程度的一种统计方法。

Pearson 相关系数适用于测度两数值变量的相关性。设两随机变量为 X 和 Y,则两总体的相关系数为

$$\rho = \frac{\mathrm{cov}(X,Y)}{\sqrt{\mathrm{var}(X)}\sqrt{\mathrm{var}(Y)}} \tag{4.1}$$

式中,$\mathrm{cov}(X,Y)$ 是两变量的协方差;$\mathrm{var}(X)$、$\mathrm{var}(Y)$ 是变量 X 和 Y 的方差。

事实上,总体相关系数一般都是未知的,需要用样本相关系数来估计。设 $X=(x_1,x_2,\cdots,x_n)$,$Y=(y_1,y_2,\cdots,y_n)$ 分布为来自 X 和 Y 的两个样本,则样本相关系数 r 为

$$r = \frac{\sum (x-\bar{x})(y-\bar{y})}{\sqrt{\sum (x-\bar{x})^2 \sum (y-\bar{y})^2}} \tag{4.2}$$

相关系数 r 的绝对值越趋于 1 表示关系越密切,r 的绝对值越趋于 0 表示关系越不密切。

Spearman 等级相关系数的计算公式为

$$r_S = 1 - \frac{6\sum\limits_{i=1}^{n} D_i^2}{n(n^2-1)} \tag{4.3}$$

式中,$\sum\limits_{i=1}^{n} D_i^2 = \sum\limits_{i=1}^{n}(U_i - V_i)^2$,$U_i$、$V_i$ 分别为两变量按大小或优劣排序后的秩。与简单相关系数类似,Spearman 等级相关系数的取值区间也为 $[-1,1]$。$r_S > 0$,两变量存在正的等级相关;$r_S < 0$,两变量存在负的等级相关;$|r_S|$ 离 1 越近,两变量的相关程度越高;离 0 越近,相关程度越低。

本章将同时用 Pearson 系数和 Spearman 系数检验样本各变量的相关性关系。相关系数检验的步骤如下。

第一步,提出检验假设。

原假设 H_0:$\rho=0$(总体两个变量的相关系数等于零,即总体变量之间不存在线性相关关系);

备择假设 $H_1: \rho \neq 0$（总体两个变量的相关系数不等于零，即总体变量之间存在线性相关关系）。

第二步，选择显著性水平 α，α 可以为 0.01、0.05、0.1。

第三步，采用 T 检验的方法，计算 t 统计量 $\left(t = \dfrac{r\sqrt{n-2}}{1-r^2} \sim t(n-2)\right)$ 及其 p 值（即 SPSS 中的 Sig.）与 α 进行比较，做出判断。

若 $p < \alpha$，拒绝原假设 H_0，认为总体变量之间存在线性相关关系。

若 $p > \alpha$，不拒绝原假设 H_0，认为总体变量之间不存在线性相关关系。

2）聚类分析

聚类分析是根据"物以类聚"的道理，对大量样品或指标合理地按各自特性进行分类的一种多元统计分析方法。

以前的学者往往主要依靠经验和专业知识来对战略群组分类，很少利用数学工具进行定量的分类。后来随着对分类的要求越来越高，以致有时仅凭经验和专业知识难以确切地进行分类，于是部分学者逐渐地把数学工具引用到了分析中。本书在理论推导判断一个行业具有战略群组存在的可能性的基础上，将用聚类分析法作为数学工具，对实际数据进行计算分析，以精确地识别行业内确切的战略群组。

假设选取了 n 个样品，每个样品都有 p 个指标，这样样品的不同指标值就构成了一个 $n \times p$ 的数据矩阵，即

$$X = \begin{array}{c} \\ X_1 \\ X_2 \\ \vdots \\ X_n \end{array} \begin{array}{cccc} x_1 & x_2 & \cdots & x_p \\ \begin{bmatrix} x_{11} & x_{12} & \cdots & x_{1p} \\ x_{21} & x_{22} & \cdots & x_{2p} \\ \vdots & \vdots & & \vdots \\ x_{n1} & x_{n2} & \cdots & x_{np} \end{bmatrix} \end{array}$$

式中，$X_{ij}(i=1,2,\cdots,n, j=1,2,\cdots,p)$ 为第 i 个样品的第 j 个指标的观测数据。第 i 个样品 X_i 为矩阵 X 的第 i 行描述，所以任何两个样品 X_K 与 X_L 之间的相似性，可以通过矩阵 X 中的第 K 行与第 L 行的相似程度来刻画；任何两个变量 X_K 与 X_L 之间的相似性，可以通过第 K 行与第 L 行的相似程度来刻画。

在上列矩阵中，每个样品有 p 个指标，故可以把每个样品看成 p 维空间中的一个点，n 个样品就组成 p 维空间中的 n 个点，此时很自然想到用距离来衡量样品间的靠近程度。

X_i 为第 i 个样品的 p 个指标组成的向量，X_{ij} 表示第 i 个样品的第 j 个指标，第 j 个指标的均值和标准差分别记作 $\overline{x_j}$ 和 s_j。用 d_{ij} 表示第 i 个样品和第 j 个样品之间的距离，下面列出几种样品间的距离定义。

（1）布洛克距离（Block distance），两样品 p 个指标值绝对差的总和。

$$d_{ij} = \sum_{k=1}^{p} |x_{ik} - x_{jk}| \tag{4.4}$$

（2）欧几里得距离（Euclidean distance），两样品 p 个指标值之差平方和的平方根。

$$d_{ij} = \left[\sum_{k=1}^{p} (x_{ik} - x_{jk})^2 \right]^{\frac{1}{2}} \tag{4.5}$$

（3）闵可夫斯基距离（Minkowski distance），两样品 p 个指标值绝对差的 q 次幂总和的 q 次方根。

$$d_{ij} = \left[\sum_{k=1}^{p} (x_{ik} - x_{jk})^q \right]^{\frac{1}{q}} \tag{4.6}$$

（4）切比雪夫距离（Chebyshev distance），两样品 p 个指标值绝对差的最大值。

$$d_{ij} = \max_{i \leqslant k \leqslant p} |x_{ik} - x_{jk}| \tag{4.7}$$

（5）马氏距离（Mahalanobis distance），设 $\sum$ 表示指标的协差阵，即

$$\sum (\sigma_{ij})_{p \times p} \tag{4.8}$$

式中，$\sigma_{ij} = \dfrac{1}{n-1} \sum_{a=1}^{n} (x_{ai} - \bar{x_i})(x_{aj} - \bar{x_j})$，$i,j = 1, 2, \cdots, p$；$\bar{x_i} = \dfrac{1}{n} \sum_{a=1}^{n} X_{ai}$，$\bar{x_j} = \dfrac{1}{n} \sum_{a=1}^{n} X_{aj}$；如果 $\sum^{-1}$ 存在，则两个样品之间的马氏距离为

$$d_{ij} = (X_i - X_j)^{\mathrm{T}} \sum{}^{-1} (X_i - X_j) \tag{4.9}$$

样品 X 到总体 G 的马氏距离定义为

$$d^2(X, G) = (X - \mu)^{\mathrm{T}} \sum{}^{-1} (X - \mu) \tag{4.10}$$

式中，μ 为总体的均值向量；$\sum$ 为协方差阵。

在计算一个样品与小类之间的距离时，将单一样品作为一类处理，这样样品与小类间的距离就转换为小类与小类之间的距离。小类是在聚类过程中根据样品之间的靠近程度形成的中间类，小类和样品、小类与小类继续聚合，最终将所有样品都包括在一个大类中。用 X_i 表示第 i 个样品，类 G_i 与类 G_j 的距离用 D_{ij} 表示。类与类之间距离的计算方法如下。

（1）最短距离法（nearest neighbor）：以两类中距离最近的两个样品之间的距离作为类间距离。定义类 G_p 与 G_q 之间的距离为两类最近样品的距离，即 $D_{pq} = \min\limits_{x_i \in G_p, x_j \in G_q} d_{ij}$。设类 G_p 与 G_q 合并成一个新类别为 G_r，则任一类 G_k 与 G_r 的距离为

$$D_{kr} = \min_{x_i \in G_k, x_j \in G_r} d_{ij} = \min \left\{ \min_{x_i \in G_k, x_j \in G_p} d_{ij}, \min_{x_i \in G_k, x_j \in G_q} d_{ij} \right\} = \min\{D_{kp}, D_{kq}\} \tag{4.11}$$

（2）最长距离法（furthest neighbor）：以两类中距离最远的两个样品之间的距离作为类间距离。定义类 G_p 与 G_q 之间的距离为两类最远样品的距离，即 $D_{pq} =$

$\max\limits_{x_i \in G_p, x_j \in G_q} d_{ij}$。设某一步将类 G_p 与 G_q 合并为 G_r，则任一类 G_k 与 G_r 的距离最长公式为

$$D_{kr} = \max\limits_{x_i \in G_k, x_j \in G_r} d_{ij} = \max\left\{ \max\limits_{x_i \in G_k, x_j \in G_p} d_{ij}, \max\limits_{x_i \in G_k, x_j \in G_q} d_{ij} \right\} = \max\{D_{kp}, D_{kq}\}$$

(4.12)

(3)中间距离法：采用介于两者之间的距离定义类与类之间的距离。如果在某一步将类 G_p 与类 G_q 合并为类 G_r，任一类 G_k 和 G_r 的距离公式为

$$D_{kr}^2 = \frac{1}{2} D_{kp}^2 + \frac{1}{2} D_{kq}^2 + \beta D_{pq}^2, \quad -\frac{1}{4} \leqslant \beta \leqslant 0$$

(4.13)

(4)类平均法：用两类元素两两之间的平均平方距离来定义两类间的距离平方，即

$$D_{kr}^2 = \frac{n_p}{n_r} D_{kp}^2 + \frac{n_q}{n_r} D_{kq}^2$$

(4.14)

(5)重心法(centroid clustering)：从物理的观点来看，一个类用它的重心(该类样品的均值)作为代表比较合理，类与类之间的距离就用重心之间的距离来表示。若样品之间采用欧氏距离，设某一步将类 G_p 与类 G_q 合并为类 G_r，它们各有 n_p、n_q、$n_r(n_r = n_p + n_q)$ 个样品，它们的重心用 $\overline{X}_p$、$\overline{X}_q$ 和 $\overline{X}_r$ 表示，显然有

$$\overline{X} = \frac{1}{n_r}(n_p \overline{X}_p + n_q \overline{X}_q)$$

(4.15)

某一类 G_k 的重心为 $\overline{X}_k$，它与新类 G_r 的距离为

$$D^2(k, r) = (\overline{X}_k - \overline{X}_r)^{\mathrm{T}} (\overline{X}_k - \overline{X}_r)$$

(4.16)

(6)离差平方和法(Ward method)：此方法是由 Ward 提出来的，其统计思想是，如果类分得合理，则同类样品间的离差平方和应当较小，而类与类之间的离差平方和应当较大，按此原则考虑聚类步骤。

假定共有 n 个样品，共分为 g 类：$G_1, G_2, \cdots, G_g$，x_{ij} 表示 G_j 类中第 i 个样品的 p 个指标向量，$\overline{X}_j$ 表示 G_j 的重心坐标，G_j 中共有 n_j 个样品，G_j 中 n_j 个样品的离差平方和为

$$S_j = \sum_{i=1}^{n_j} (X_{ij} - \overline{X}_j)^{\mathrm{T}} (X_{ij} - \overline{X}_j)$$

(4.17)

全部样品类内离差平方和为

$$S = \sum_{j=1}^{n} S_j$$

(4.18)

上述测定亲疏程度的算法中，由于最长距离法和最短距离法容易受到极端个别值的影响，因此本书采用离差平方和法，并选择 z-score 法来对变量进行标准化处理，解决变量单位不统一的问题。

3)方差分析

方差分析是检验多个(两个或两个以上)样本来自总体的平均数之间是否存在显著差异的一种方法。方差分析可以分为单因素方差分析和多因素方差分析两大类。单因素方差分析是研究一个定类或定序变量与一个数值型变量之间的关系,即通过定类或定序变量进行分组,然后比较每个组数值型变量平均数的差异。为了比较群组间的绩效差异,本书将采用单因素方差分析法,其原理如下。

考虑一个因子 A 取 r 个水平,分析这 r 个不同水平对指标 y 的影响。为此,在每个水平 A_i 下重复进行 m 次试验,$i=1,2,\cdots,r$,共得到 $n=r\times m$ 个数据,y_{ij} 表示在 A_i 水平下第 j 次试验结果。

单因素方差分析有两个重要前提。

其一,因变量(本书中为绩效指标)属于正态分布总体。如果因变量明显不符合正态分布,则不能使用单因素方差分析。偏态和峰态就是对分布形状的测量。偏态是对数据分布偏斜方向和程度的测量,也称为偏度。偏度系数是测量数据分布不对称程度的统计量,记作 SK。偏度系数的计算公式为

$$SK = \frac{n \sum (X_i - \overline{X})^3}{(n-1)(n-2) S^3} \tag{4.19}$$

式中,S^3 是样本标准差的三次方;偏度系数 SK 的取值范围为 $-3\sim3$,根据 SK 的取值可判断数据分布偏斜的程度和方向。

峰态是对数据分布平峰或尖峰程度的测量,也称为峰度。峰度系数是测量数据分布峰态的统计量,记作 K。峰态是与标准正态分布相比较而言的,若数据服从标准正态分布,则峰态系数 $K=0$;若数据不服从标准正态分布,则峰态系数 $K\neq0$,表现为数据分布比标准正态分布更尖或更平。峰度系数的计算公式为

$$K = \frac{n(n+1) \sum (X_i - \overline{X})^4 - 3 \left[\sum (X_i - \overline{X})^2 \right]^2 (n-1)}{(n-1)(n-2)(n-3) S^4} \tag{4.20}$$

式中,S^4 是样本标准差的四次方;峰度系数 K 的取值范围为 $-10\sim10$,根据 K 的取值可判断数据分布平峰或尖峰的程度。

其二,样本数据需满足的方差齐性。方差齐性实际上是指要比较的两组数据的分布是否一致。只有各个组总体方差为齐性且经过 F 检验所得多个样本所属总体平均数差异显著,才可以将多个样本所属总体平均数的差异归因于控制变量。

在满足上述假定下,各水平下的平均值 μ_i 可能相同也可能不同。若所有的 μ_i 都相同,就表示各水平下指标值无显著差异,否则就有显著差异,所以提出以下假设。

$$H_0 : \mu_1 = \mu_2 = \cdots = \mu_r$$
$$H_1 : \mu_1, \mu_2, \cdots, \mu_r \text{不全相等}$$

单因子方差分析中的数学模型如下,并用它检验假设,即

$$\begin{cases} y_{ij} = \mu_i + \alpha_i + \varepsilon_{ij}, \quad i=1,2,\cdots,r;j=1,2,\cdots,m \\ \sum_{i=1}^{r} \alpha_i = 0 \\ \varepsilon_{ij} \sim N(0,\sigma^2), \text{且相互独立}, \quad i=1,2,\cdots,r;j=1,2,\cdots,m \end{cases} \tag{4.21}$$

式中,随机变量 ε_{ij} 表示第 i 个水平下第 j 次试验的随机误差;α_i 为因子 A 的第 i 个水平的效应。

为了寻求检验假设 H_0 的检验统计量,可以从分析指标 y_{ij} 的差异入手。方差分析认为不同组的平均数之间的差异来源于两个方面,即总方差＝组内方差＋组间方差,其中组内方差是每个总体内部各观察值之间的差异,这种差异主要是由随机因素导致的,称为随机误差;组间方差是不同总体之间观察值平均数的差异。方差分析中将反映全部观察值的误差称为总误差。总误差可能是不同处理造成的,也可能是随机因素(如抽样的随机性)造成的。前者就是处理误差,后者就是随机误差,如图 4.5 所示。

图 4.5　总方差和总误差组成图

在统计中,数据的误差通常使用离差平方和来表示,记为 SS。反映全部数据总误差大小的平方和称为总离差平方和,记为 SST,它反映全部观察值的离散状况,其计算公式为

$$\text{SST} = \sum_{i=1}^{k} \sum_{j=1}^{n_i} (X_{ij} - \bar{\bar{X}})^2 \tag{4.22}$$

反映同一水平下数据误差的平方称为组内离差平方和,记为 SSE,它只包含随机误差,反映的是每个总体各观察值的离散状况,其计算公式为

$$\text{SSE} = \sum_{i=1}^{k} \sum_{j=1}^{n_i} (X_{ij} - \overline{X_j})^2 \tag{4.23}$$

反映不同水平之间数据误差的平方称为组间离差平方和,记为 SSA,它既包括随机误差,也包括系统误差,反映的是四个总体的样本平均数之间的差异程度,其计算公式为

$$\text{SSA} = \sum_{i=1}^{k} \sum_{j=1}^{n_i} (\overline{X_i} - \bar{\bar{X}})^2 \tag{4.24}$$

总离差平方和、组内离差平方和、组间离差平方和三者之间的关系为

$$SST = SSE + SSA \tag{4.25}$$

　　根据上面介绍的误差、平方和以及均方的概念可以构造方差分析的检验统计量 F,如表 4.2 所示。

表 4.2　方差分析表

误差来源	平方和	自由度	均方	检验统计量 F	显著性水平
随机误差	SSE	$n-k$	$MSE = SSE/(n-k)$	$\dfrac{MSA}{MSE}$	p
处理误差	SSA	$k-1$	$MSA = SSA/(k-1)$		
总误差	SST	$n-1$	—		

　　根据计算出的 F 值及其 p 值(即 SPSS 中的 Sig.)与 α 进行比较,做出判断。若 $p < \alpha$,拒绝原假设 H_0;若 $p > \alpha$,不拒绝原假设 H_0。

4.5.3　实证结果分析

　　1. 战略群组的划分

　　1)描述性统计

　　首先将对各行业进行初步分析,从大量庞杂的数据中提取有效的信息,推断总体特征。选用样本均值来反映样本数据集中的趋势,各行业具体情况如表 4.3 所示。

表 4.3　各行业指标的平均值

行业名称	FCI	NAT	ADV	INV	SIZE	CAP
农副食品加工业	1.596	0.811	0.068	0.018	21.425	3.860
食品制造业	1.507	0.608	0.142	0.024	21.520	4.860
酒、饮料和精制茶制造业	2.593	1.781	0.140	0.058	21.817	2.377
纺织业	1.773	0.445	0.041	0.011	21.459	1.789
纺织服装、服饰业	1.336	0.562	0.135	0.017	21.482	4.208
造纸及纸制品业	3.326	0.272	0.054	0.013	22.043	1.603
橡胶和塑料制品业	1.522	0.569	0.044	0.025	21.433	3.158
汽车制造业	1.290	0.541	0.054	0.017	22.016	2.233
电气机械及器材制造业	2.613	0.645	0.088	0.015	21.414	3.802
仪器仪表制造业	1.127	0.495	0.148	0.012	20.689	7.313

　　从以上战略变量和资源变量的描述性统计可以看出,各行业的指标数据存在明显差异,说明它们的战略定位是不同的,每个行业有各自的战略侧重点。例如,FCI 最小值为 1.127,最大值为 3.326,可以反映出造纸及纸制品业相比于其他行

业,更注重固定资产的投入。ADV 最小值为 0.041,最大值为 0.148,食品制造业、酒、饮料和精制茶制造业、仪器仪表制造业的值分别为 0.142、0.140、0.148,说明这三个行业相比于其他行业,更倾向于通过广告营销来影响消费者的购买行为,从而稳固自己的市场地位。CAP 最小值为 1.603,最大值为 7.313,也从侧面反映各行业的短期偿债能力和财务状况有显著差异。

从整体来看,各行业的战略选择存在显著不同,接下来将对每个行业进行一一分析,试图探究行业内具体的战略特点和战略群组情况。

2)指标的相关性检验

进行聚类分析的首要前提是指标之间不可高度相关,因此本书采用 Pearson 相关系数矩阵法和 Spearman 等级相关系数法对各行业划分战略群组的关键变量进行相关性检验。10 个行业的相关系数表收录在附录中,在此以酒、饮料和精制茶制造业为例,列出其指标的相关系数,如表 4.4 所示。相关性分析的结果显示,各个变量之间的相关系数均小于 0.6,满足聚类指标的使用条件。

表 4.4　相关性检验

指标	FCI	NAT	ADV	INV	SIZE	CAP
FCI	1	−0.253	0.188	−0.077	0.043	−0.166
NAT	−0.401*	1	−0.136	0.149	0.341*	0.014
ADV	0.076	−0.148	1	0.151	−0.180	0.034
INV	−0.003	0.247	0.199	1	0.205	0.184
SIZE	0.005	0.346*	−0.046	0.369*	1	−0.168
CAP	−0.282	0.248	0.077	0.029	−0.075	1

注:①表的右上部为 Pearson 相关系数检验结果,左下部分为 Spearman 检验结果;

②＊表示在置信度(双侧)为 0.05 时,相关性是显著的。

3)聚类结果

本书使用离差平方和层次聚类法,用上述 6 个维度作为划分战略群组的指标进行聚类,其聚类的原则是,聚类过程中使小类内离差平方和增加最小的两小类应首先合并为一类。分类结果如表 4.5 所示。

表 4.5　样本的基本信息与群组数量

行业大类代码	行业大类名称	公司数量	有效样本	战略群组数量
13	农副食品加工业	37	36	3
14	食品制造业	22	22	4
15	酒、饮料和精制茶制造业	35	34	3
17	纺织业	44	39	3

行业大类代码	行业大类名称	公司数量	有效样本	战略群组数量
18	纺织服装、服饰业	30	28	4
22	造纸及纸制品业	28	23	3
29	橡胶和塑料制品业	53	49	4
36	汽车制造业	79	77	5
38	电气机械及器材制造业	154	147	3
40	仪器仪表制造业	23	23	2

各行业战略群组分布的具体情况请参考附录部分,本书以酒、饮料和精制茶制造业为例列出三个战略群组的成员,如表 4.6 所示。

表 4.6　战略群组的识别

组别	企业成员
战略群组 SG1	沱牌舍得,国投中鲁,老白干酒,金枫酒业,皇台酒业,西藏发展,海南椰岛,深深宝,兰州黄河,啤酒花,伊力特,古越龙山,重庆啤酒,燕京啤酒,维维股份,酒鬼酒,水井坊,中葡股份,珠江啤酒,通葡股份
战略群组 SG2	泸州老窖,五粮液,贵州茅台,张裕酒业,青岛啤酒,洋河股份,金种子酒,山西汾酒,古井贡酒,承德露露
战略群组 SG3	莫高股份,惠泉啤酒,青青稞酒,黑牛食品

由此可见,中国上市公司制造业中是存在战略群组的。下面将对农副食品加工业、食品制造业、纺织业、造纸及纸制品业等 10 个行业内的战略群组的特点进行归纳和分析。

(1)农副食品加工业。

如表 4.7 所示,农副食品加工业中存在 3 个战略群组,分别是以康达尔为代表的低成本战略群组 1、以金字火腿为代表的差异化战略群组 3 和以洽洽食品为代表的混合型战略群组 2。总体来说,群组 1 包含的 26 家企业规模最大,NAT 最高,为 0.9060,而在 ADV 方面最低,仅为 0.0567,说明该群组主要采用低成本战略。群组 2 中共有 7 家企业,该群组的 FCI 最低,为 0.9247,在 NAT、ADV、INV、SIZE、CAP 等方面处于三个群组的中间水平,总体来说该群组各方面均衡,在战略选择方面比较灵活。群组 3 含有 3 家企业,该群组的 INV 最小,而在 ADV 和 CAP 方面分别为 0.1526、23.3863,远远高出其他两组,说明采用的是差异化战略,不仅很注重产品的广告宣传,还具有良好的偿债负债能力。

表 4.7　各群组均值与标准偏差(农副食品加工业)

指标	群组 1	群组 2	群组 3
FCI	1.2875	0.9247	5.8319
	(1.2104)	(0.6055)	(6.1915)
NAT	0.9060	0.7316	0.1765
	(0.7467)	(0.4431)	(0.1294)
ADV	0.0567	0.0714	0.1526
	(0.0461)	(0.0372)	(0.0834)
INV	0.0197	0.0176	0.0144
	(0.0231)	(0.0134)	(0.0143)
SIZE	21.5139	21.3505	20.8310
	(0.9742)	(0.5564)	(0.5907)
CAP	1.3014	4.9970	23.3863
	(0.4848)	(0.9968)	(26.7971)

(2)食品制造业。

如表 4.8 所示,食品制造业中存在 4 个战略群组,分别是以贝因美为代表的聚焦差异化战略群组 1、以克明面业为代表的传统保守型战略群组 2、以汤臣倍健为代表的差异化战略群组 3 和以光明乳业为代表的低成本战略群组 4。群组 1 的 SIZE 处于行业中的中下游水平,FCI 最低,为 1.1674,NAT 和 ADV 最高,说明该群组的企业处于竞争战略转型阶段,试图通过大量的营销宣传为自己的产品打开一片市场,具有很高的成长性。群组 2 的 FCI 在四组中最高,为 1.8532,企业规模较大,而 NAT 和 ADV 最低,竞争战略的定位不明确,属于传统保守型企业。群组 3 的 SIZE 最小,但 INV 和 CAP 最高,分别为 0.0307、21.1000,同时也很注重广告的投入,属于典型的差异化战略。群组 4 的企业规模最高,为 22.4638,FCI 和 NAT 较高,在投资强度方面最低,说明该群组采用的是低成本战略。

表 4.8　各群组均值与标准偏差(食品制造业)

指标	群组 1	群组 2	群组 3	群组 4
FCI	1.1674	1.8532	1.3019	1.7078
	(0.5900)	(0.9946)	(0.7161)	(1.0994)
NAT	0.6654	0.5418	0.5529	0.6117
	(0.4195)	(0.5644)	(0.2452)	(0.3616)

指标	群组 1	群组 2	群组 3	群组 4
ADV	0.1930	0.0839	0.1385	0.1278
	(0.1561)	(0.0938)	(0.0475)	(0.0795)
INV	0.0235	0.0258	0.0307	0.0212
	(0.0126)	(0.0062)	(0.0191)	(0.0176)
SIZE	20.9841	21.0963	20.8195	22.4638
	(1.0536)	(0.5874)	(0.5295)	(0.7123)
CAP	1.9548	5.5793	21.1000	0.9509
	(0.9296)	(2.2561)	(7.9115)	(0.2247)

(3)酒、饮料和精制茶制造业。

如表 4.9 所示,酒、饮料和精制茶制造业中存在 3 个战略群组,分别是以兰州黄河为代表的无清晰战略定位的群组 1、以泸州老窖为代表的低成本战略群组 2 和以莫高股份为代表的差异化战略群组 3。

表 4.9　各群组均值与标准偏差(酒、饮料和精制茶制造业)

指标	群组 1	群组 2	群组 3
FCI	2.6351	0.7652	6.9491
	(14.5198)	(0.9268)	(7.8038)
NAT	1.2266	3.0015	1.5041
	(0.5565)	(0.7880)	(0.6438)
ADV	0.1351	0.1216	0.2140
	(0.0531)	(0.628)	(0.0520)
INV	0.0505	0.0646	0.0823
	(0.0343)	(0.0357)	(0.0866)
SIZE	21.4159	22.9209	21.0661
	(0.9168)	(1.1184)	(0.1790)
CAP	1.6350	2.0552	6.8899
	(0.8804)	(0.6110)	(1.3964)

群组 1 的企业规模中等,NAT 最低,为 1.2266,INV 最低,为 0.0505,说明企业产品研发投入很少,规模效应一般,战略定位不明确。群组 2 的成员与其他组比较,SIZE 最大,为 22.9209,产品具有深厚的历史文化底蕴,在市场竞争中具有强大的文化优势和品牌优势,属于龙头企业。NAT 最高,为 3.0015,说明该群组企业能充分利用资源,采取的是低成本竞争战略。总体来说,群组 3 中的 SIZE 最小,但

ADV 和 INV 最大,分别为 0.2140 和 0.0823,企业偿还债务能力强,说明企业特别注重营销宣传和新产品的研发,善于捕捉市场动态,积极开发新品,树立品牌形象,并灵活运用财务资源和人力资源等,采取的是差异化竞争战略。

(4)纺织业。

如表 4.10 所示,纺织业中存在 3 个战略群组,分别是以中纺投资为代表的无清晰战略定位的群组 1、以鲁泰纺织为代表的低成本战略群组 2 和以罗莱家纺为代表的差异化战略群组 3。

表 4.10　各群组均值与标准偏差(纺织业)

指标	群组 1	群组 2	群组 3
FCI	1.4216	3.0329	0.9375
	(0.7254)	(0.8326)	(0.6315)
NAT	0.4696	0.2750	0.6646
	(0.4471)	(0.0596)	(0.3756)
ADV	0.0406	0.0243	0.0795
	(0.0493)	(0.0195)	(0.0790)
INV	0.0105	0.0101	0.0136
	(0.0165)	(0.0117)	(0.0080)
SIZE	21.2254	21.9358	21.6297
	(0.7781)	(0.7341)	(0.7095)
CAP	1.6647	0.9256	4.1099
	(0.6283)	(0.2677)	(0.9452)

群组 1 的 SIZE 最小,FCI 强度、NAT、ADV、INV 等指标均不突出,说明该群组的企业并未有明确的战略定位。群组 2SIZE 和 FCI 最大,分别为 21.9358 和 3.0329,同时 ADV 和 INV 最低,分别为 0.0243 和 0.0101,该群组比较注重固定资本和设备的投入,通过规模效应来追求超额利润,采取的是低成本战略。群组 3 与群组 2 刚好相反,ADV 和 INV 最高,分别为 0.0795 和 0.0136,而 FCI 最低,为 0.9375,说明企业富有创新精神并侧重广告宣传来强化自身品牌在消费者心中的独特形象,从而影响消费者的选择,是典型的差异化战略。

(5)纺织服装、服饰业。

如表 4.11 所示,纺织服装、服饰业中存在 4 个战略群组,分别是以浪莎为代表的聚焦低成本战略群组 1、以七匹狼为代表的低成本战略群组 2、以乔治白为代表的聚焦差异化战略群组 3 和以森马服饰为代表的差异化战略群组 4。

表 4.11 各群组均值与标准偏差(纺织服装、服饰业)

指标	群组 1	群组 2	群组 3	群组 4
FCI	1.9228	1.1227	0.9338	0.8079
	(1.3346)	(0.8383)	(0.8793)	(0.7186)
NAT	0.3917	0.5381	0.8510	0.6555
	(0.2215)	(0.4315)	(0.4060)	(0.2276)
ADV	0.1243	0.1438	0.1351	0.1453
	(0.1048)	(0.1062)	(0.0971)	(0.0825)
INV	0.0177	0.0059	0.0398	0.0084
	(0.0193)	(0.0041)	(0.0228)	(0.0103)
SIZE	20.8798	22.8458	20.9363	21.6771
	(0.6969)	(1.1171)	(0.4750)	(0.8016)
CAP	3.0055	1.6198	5.1733	8.1943
	(0.6312)	(0.6337)	(0.5011)	(1.2915)

总体来说,群组 1 的 SIZE 最小,FCI 最高,为 1.9228,NAT 和 ADV 最低,分别为 0.3917 和 0.1243,说明该群组的企业起步较晚,尝试通过加大固定资本和研发的投入来追赶行业中的其他群组,属于聚焦低成本战略。群组 2 不仅企业规模最大,为 22.8458,而且 FCI 也高,但 INV 最低,为 0.0059,说明该群组内的企业发展较为成熟,已经树立了自身的品牌形象,在战略的选择上侧重采用低成本战略来扩大规模效应和获取持续利润。群组 3 的 INV 为 0.0398,差不多是其他群组的三倍,足以说明该群组企业重点在于研发创新,以突出自身产品的品质和特色,且企业偿债能力很高,能很好地支撑聚焦差异化战略的实施。群组 4SIZE 中等偏上,CAP 和 ADV 最高,分别为 8.1943 和 0.1453,FCI 最低,为 0.8079,采取的是差异化战略。

(6)造纸及纸制品业。

如表 4.12 所示,造纸及纸制品业中存在 3 个战略群组,分别是以晨鸣纸业为代表的低成本战略群组 1、以安妮股份为代表的差异化战略群组 2 和以恒丰纸业为代表的传统保守型战略群组 3。

表 4.12 各群组均值与标准偏差(造纸及纸制品业)

指标	群组 1	群组 2	群组 3
FCI	5.4926	1.8377	3.0728
	(1.3311)	(0.7176)	(0.1809)
NAT	0.1442	0.3796	0.2611
	(0.0495)	(0.1456)	(0.0627)

指标	群组 1	群组 2	群组 3
ADV	0.0545	0.0642	0.0388
	(0.0229)	(0.0389)	(0.0168)
INV	0.0080	0.0194	0.0111
	(0.0074)	(0.0137)	(0.0041)
SIZE	22.5809	21.3114	22.4451
	(1.5982)	(0.3810)	(0.6598)
CAP	0.9080	2.5657	1.0594
	(0.1269)	(0.9925)	(0.3303)

　　群组 1 的 FCI 最高,为 5.4926,且整体 SIZE 最大,INV 最低,为 0.0080,是低成本战略群组。群组 2ADV 和 INV 最高,分别为 0.0642 和 0.0194,虽然 SIZE 最小,但是企业偿债能力和对资金运用的能力最高,属于差异化战略。群组 3 各项指标均不显著,企业规模中等,属于传统保守型。

　　(7)橡胶和塑料制品业。

　　如表 4.13 所示,橡胶和塑料制品业中存在 4 个战略群组,分别是以青岛双星为代表的低成本战略群组 1、以海螺型材为代表的混合型战略群组 2、以国风塑业为代表的聚焦差异化战略群组 3 和以金利科技为代表的差异化战略群组 4。

表 4.13　各群组均值与标准偏差(橡胶和塑料制品业)

指标	群组 1	群组 2	群组 3	群组 4
FCI	1.8338	1.5472	1.0844	1.9175
	(1.9175)	(1.0520)	(0.6148)	(0.8271)
NAT	0.3869	0.5472	0.7986	0.4337
	(0.1251)	(0.4809)	(0.6431)	(0.2264)
ADV	0.0398	0.0431	0.0425	0.0608
	(0.0164)	(0.0376)	(0.0248)	(0.0551)
INV	0.0127	0.0283	0.0351	0.0238
	(0.0092)	(0.0210)	(0.0261)	(0.0295)
SIZE	22.2395	21.3671	20.9682	20.6698
	(0.7550)	(0.8249)	(0.3244)	(0.3541)
CAP	1.1134	4.3151	1.8650	10.4178
	(0.4155)	(1.1622)	(0.4988)	(2.9811)

群组 1 整体 SIZE 最大,为 22.2395,FCI 较高,ADV 和 INV 最低,分别为 0.0398 和 0.0127,属于低成本战略群组。群组 2 与群组 3 的 SIZE 属于行业内的中游水平,群组 2 的 NAT、ADV、INV、SIZE 和 CAP 均排名第二,群组 3 的 NAT 和 INV 最高,分别为 0.7986 和 0.0351,群组 2 是混合战略。群组 4 规模最小,但是 ADV、CAP 指标的数值最大,属于差异化战略群组。

(8)汽车制造业。

如表 4.14 所示,汽车制造业中存在 5 个战略群组,分别是以广汽集团为代表的混合型战略群组 1、以万向钱潮为代表的低成本战略群组 2、以中国汽研为代表的差异化战略群组 3、以金马股份为代表的无清晰战略定位的战略群组 4 和以京威股份为代表的聚焦差异化战略群组 5。

表 4.14　各群组均值与标准偏差(汽车制造业)

指标	群组 1	群组 2	群组 3	群组 4	群组 5
FCI	0.7675	1.0741	1.3393	3.2449	1.7732
	(0.6151)	(0.4434)	(0.8519)	(1.1040)	(0.9424)
NAT	0.9204	0.4923	0.4412	0.2368	0.3981
	(0.5052)	(0.2311)	(0.1722)	(0.0996)	(0.2011)
ADV	0.0637	0.05523	0.0460	0.0319	0.0508
	(0.0313)	(0.0350)	(0.0147)	(0.0230)	(0.0209)
INV	0.0169	0.0155	0.0179	0.0212	0.0215
	(0.0120)	(0.0139)	(0.0216)	(0.0178)	(0.0143)
SIZE	24.1771	21.6726	21.3548	21.0530	20.9175
	(0.8942)	(0.8085)	(1.0972)	(0.8641)	(0.6949)
CAP	1.2808	1.4290	3.9498	1.6698	8.8914
	(0.4413)	(0.4851)	(0.4952)	(0.4482)	(2.0030)

群组 1 包含广汽集团、上汽集团等在内共有 15 家企业,该群组 SIZE 最大,为 24.1771,属于行业中的龙头企业,该群组 FCI 最小,为 0.7675,NAT 和 ADV 最大,分别为 0.9204 和 0.0637,属于混合战略。群组 2 中有 42 家企业,总体 SIZE 较大,大多属于汽车零部件生产商,该群组的 INV 最小,为 0.0155,基本采用低成本战略。群组 3 由中国汽研、八菱科技等 7 家企业组成,这些企业主要提供汽车零部件和科研技术,SIZE 在整个行业内属于中等,为 21.3548,可以根据客户的需求灵活设计产品,属于差异化战略。群组 4 有 7 家企业,整体指标的数值不显著,无明确的战略定位。群组 5 由远东传动、京威股份在内的 6 家企业组成,该群组 SIZE 在五个群组中最小,INV 最高,为 0.0215,企业能力最好,采用聚焦差异化战略。

（9）电气机械及器材制造业。

如表 4.15 所示，电气机械及器材制造业中存在 3 个战略群组，分别是以许继电气为代表的低成本战略群组 1、以佛山照明为代表的差异化战略群组 2 和以万力达为代表的混合型战略群组 3。

表 4.15　各群组均值与标准偏差（电气机械及器材制造业）

指标	群组 1	群组 2	群组 3
FCI	1.3275	0.8295	11.8484
	(1.0315)	(0.5320)	(44.1482)
NAT	0.6997	0.6687	0.3650
	(0.8397)	(0.6179)	(0.1933)
ADV	0.0776	0.0955	0.1156
	(0.0666)	(0.0720)	(0.0756)
INV	0.0141	0.0179	0.0152
	(0.0140)	(0.0157)	(0.0105)
SIZE	21.7015	21.1986	20.6695
	(1.0719)	(0.6968)	(0.5125)
CAP	1.6687	4.2901	11.7131
	(0.5538)	(1.1243)	(4.2834)

群组 1SIZE 和 NAT 最大，分别为 21.7015 和 0.6997，而 ADV 和 INV 最低，属于低成本战略。群组 2SIZE 中等，INV 最高，为 0.0179，其他各指标数据相比其他 2 组处于中等水平，故群组 2 属于差异化战略。群组 3 企业规模最小，但 FCI 和 ADV 最高，分别为 11.8484 和 0.1156，属于混合战略。

（10）仪器仪表制造业。

如表 4.16 所示，仪器仪表制造业中存在 2 个战略群组，分别是以威尔泰为代表的低成本战略群组 1 和以新天科技为代表的差异化战略群组 2。

表 4.16　各群组均值与标准偏差（仪器仪表制造业）

指标	群组 1	群组 2
FCI	1.2228	1.0233
	(0.6617)	(0.6217)
NAT	0.4164	0.5815
	(0.1882)	(0.3806)
ADV	0.1345	0.1617
	(0.0858)	(0.1011)

续表

指标	群组 1	群组 2
INV	0.0103	0.0140
	(0.0102)	(0.0183)
SIZE	20.9246	20.4325
	(0.7956)	(0.4513)
CAP	2.9448	12.0778
	(1.5217)	(4.6817)

　　群组 1 的 FCI 和 SIZE 较高,分别为 1.2228 和 20.9246,属于低成本战略。群组 2ADV 和 INV 分别为 0.1617、0.0140,远比群组 1 高,说明群组 2 侧重采用差异化战略。

　　2. 战略群组对企业绩效的影响分析

　　1)数据预检验

　　单因子方差分析研究一个因子的不同水平是否对指标产生显著影响。在进行方差分析时,对数据有 2 个基本假设,即满足正态性和方差齐性。所以,本书将对战略指标与绩效指标进行检验,是否符合正态分布和方差稳定。

　　(1)正态分布检验。

　　如表 4.17 所示,本书以酒、饮料和精制茶制造业为例,列出战略变量和绩效变量的正态分布检验结果,其他行业的具体结果请参考附录 C。

表 4.17　战略变量和绩效变量的正态分布检验

指标	偏度	峰度
FCI	2.812	8.297
NAT	0.883	0.549
ADV	0.925	1.854
INV	1.484	3.584
SIZE	0.535	0.055
CAP	1.960	3.395
ROA	0.727	−0.181
GRO	−1.395	3.153
SPE	0.278	0.351

　　根据 Mcnamara 的研究,当变量的偏度绝对值<3,且峰度绝对值>10,则可认为整体符合正态分布[108]。从表 4.17 中可以看出,所有的数值符合该判定条件,所

以该样本总体符合正态分布。

（2）方差齐性检验。

如表4.18所示，本书列出酒、饮料和精制茶制造业的方差齐性检验，其他行业的方差齐性检验结果参考附录。

表4.18　酒、饮料和精制茶制造业方差齐性检验

指标	Levene 统计	第一自由度	第二自由度	显著值 Sig.
FCI	2.135	2	31	0.135
NAT	0.334	2	31	0.719
ADV	0.654	2	31	0.527
INV	2.567	2	31	0.067
SIZE	3.099	2	31	0.059
CAP	1.459	2	31	0.248
ROA	1.288	2	31	0.290
GRO	2.437	2	31	0.123
SPE	0.327	2	31	0.723

Sig. 系数全都大于 0.05，满足方差齐次的原假设，即样本总体方差稳定，可以进行 ANOVA 方差分析。

2）组间绩效差异的整体分析

在证实绩效变量满足正态分布和方差齐性的要求后，本书采用 ANOVA 分析法来检验制造业上市公司中战略群组对企业绩效的作用效果，即组间绩效是否存在显著差异。以战略群组为控制变量，三个绩效指标分别为因变量的单因素方差分析结果如表4.19所示。

表4.19　方差分析结果

行业名称	指标		平方和	自由度	均方差	F 值	显著值 Sig.
农副食品加工业	ROA	组间	0.089	2	0.044	6.283	0.005
		组内	0.233	33	0.007		
		总计	0.322	35			
	GRO	组间	142.353	2	71.176	4.481	0.019
		组内	524.198	33	15.885		
		总计	666.551	35			
	SPE	组间	1708	2	8538	0.714	0.497
		组内	3946	33	1196		
		总计	5654	35			

续表

行业名称	指标		平方和	自由度	均方差	F 值	显著值 Sig.
食品制造业	ROA	组间	0.034	3	0.011	3.168	0.050
		组内	0.065	18	0.004		
		总计	0.100	21			
	GRO	组间	205.063	3	38.354	0.475	0.703
		组内	2589.080	18	143.838		
		总计	2794.143	21			
	SPE	组间	32630887029.949	3	10876962343	0.546	0.657
		组内	358254905044.921	18	19903050280		
		总计	390885792074.869	21			
酒、饮料和精制茶制造业	ROA	组间	0.194	2	0.097	27.365	0.000
		组内	0.110	31	0.004		
		总计	0.304	33			
	GRO	组间	3.187	2	1.593	1.611	0.216
		组内	30.655	31	0.989		
		总计	33.842	33			
	SPE	组间	4.651	2	2.325	5.309	0.010
		组内	13.578	31	0.438		
		总计	18.228	33			
纺织业	ROA	组间	0.027	2	0.014	4.706	0.015
		组内	0.104	36	0.003		
		总计	0.131	38			
	GRO	组间	122.484	2	61.242	0.808	0.454
		组内	2729.840	36	75.829		
		总计	2852.323	38			
	SPE	组间	49225479212.071	2	24612739606	0.681	0.512
		组内	1300429258833.738	36	36123034967		
		总计	1349654738045.809	38			
纺织服装、服饰业	ROA	组间	0.012	3	0.004	3.681	0.026
		组内	0.026	24	0.001		
		总计	0.038	27			
	GRO	组间	183.034	3	61.011	0.738	0.540
		组内	1984.848	24	82.702		
		总计	2167.882	27			
	SPE	组间	483566922016.089	3	16118897400	1.273	0.306
		组内	3038690567925.795	24	12661210699		
		总计	3522257489941.884	27			

续表

行业名称	指标		平方和	自由度	均方差	F 值	显著值 Sig.
造纸及纸制品业	ROA	组间	0.033	2	0.017	3.694	0.043
		组内	0.090	20	0.005		
		总计	0.123	22			
	GRO	组间	220.958	2	110.479	0.947	0.404
		组内	2332.279	20	116.614		
		总计	2553.238	22			
	SPE	组间	17224854224.654	2	8612427112	0.555	0.583
		组内	310484623688.429	20	15524231184		
		总计	327709477913.082	22			
橡胶和塑料制品业	ROA	组间	0.027	3	0.009	2.926	0.044
		组内	0.140	45	0.003		
		总计	0.167	48			
	GRO	组间	175.358	3	58.453	0.415	0.743
		组内	6332.180	45	140.715		
		总计	6507.538	48			
	SPE	组间	16038339930258.86	3	53461331008	1.119	0.351
		组内	21491675290967.83	45	47759278443		
		总计	2852.323	38			
	SPE	组间	49225479212.071	2	24612739606	0.681	0.512
		组内	1300429258833.738	36	36123034967		
		总计	1349654738045.809	38			
汽车制造业	ROA	组间	319.904	4	79.976	4.234	0.004
		组内	1359.973	72	18.889		
		总计	1679.876	76			
	GRO	组间	24915.421	4	6228.855	0.189	0.943
		组内	2367680.719	72	32884.454		
		总计	2392596.141	76			
	SPE	组间	28959631611421.03	4	7239907902855.25	2.054	0.096
		组内	253758828903422.1	72	3524428179214.19		
		总计	282718460514843.1	76			

续表

行业名称	指标		平方和	自由度	均方差	F 值	显著值 Sig.
电气机械及器材制造业	ROA	组间	265.720	2	132.860	5.344	0.006
		组内	3580.231	144	24.863		
		总计	3845.951	146			
	GRO	组间	1027.334	2	513.667	3.133	0.047
		组内	23608.179	144	163.946		
		总计	24635.513	146			
	SPE	组间	536439081739.37	2	26821954086	3.226	0.043
		组内	11972215401407.5	144	83140384731		
		总计	12508654483146.8	146			
仪器仪表制造业	ROA	组间	89.600	1	89.600	5.402	0.030
		组内	348.295	21	16.585		
		总计	437.89	22			
	GRO	组间	11.113	1	11.113	0.183	0.673
		组内	1274.804	21	60.705		
		总计	1285.917	22			
	SPE	组间	542353620.6	1	542353620.6	0.104	0.751
		组内	109911255824.5	21	5233869325		
		总计	110453609445.1	22			

由表 4.19 可知,10 个行业的战略群组在 ROA 方面 Sig. 值均小于 0.05,即每个行业内各战略群组在盈利能力存在显著差异。而在效率和成长方面有些行业群组间存在显著差异,有些行业则差异不大。总体来说,中国制造业上市公司的战略群组间存在绩效差异。

3)多重比较研究

为了进一步分析行业中竞争战略的选择与绩效之间的关系,本书对各战略群组进行多重比较研究。对指标进行标准化处理,主坐标轴衡量 ROA、GRO、SPE,次坐标轴衡量战略群组中的企业数量。10 个行业的战略群组与绩效差异情况如图 4.6~图 4.15 所示。

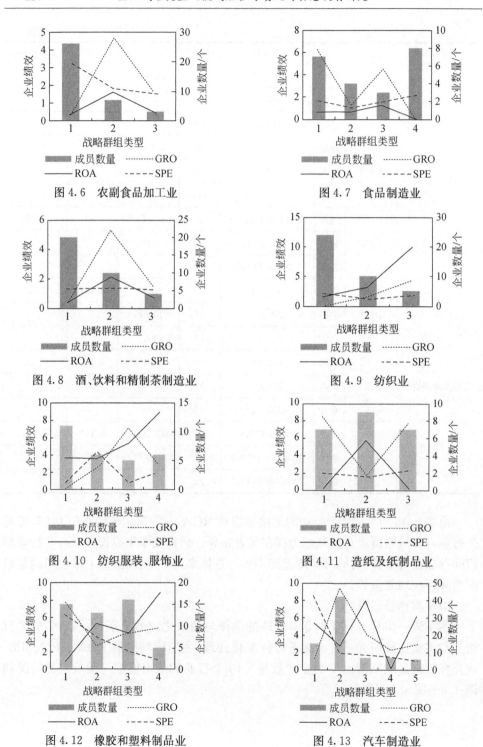

图 4.6　农副食品加工业

图 4.7　食品制造业

图 4.8　酒、饮料和精制茶制造业

图 4.9　纺织业

图 4.10　纺织服装、服饰业

图 4.11　造纸及纸制品业

图 4.12　橡胶和塑料制品业

图 4.13　汽车制造业

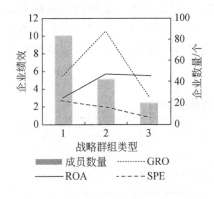
图 4.14　电气机械及器材制造业

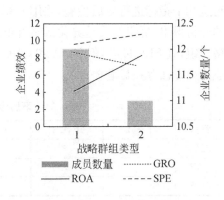
图 4.15　仪器仪表制造业

从图 4.6~图 4.15 中可以看出,每个行业中企业选择的竞争战略类型不同,导致企业在盈利方面、效率方面和成长性方面的水平有高有低,各具特点。这些绩效差异是由哪些关键因素决定的？行业特性是否影响企业的战略制定与利润获取？针对以上问题,本书首先将样本分为快速消费品行业和耐用消费品行业,然后对行业战略群组的划分指标进行 ANOVA 分析;最后结合前面绩效指标方差分析的结果,对于存在显著差异的指标进行事后检验及群组间多重比较。

(1)快速消费品行业。

农副食品加工业,食品制造业,酒、饮料和精制茶制造业,纺织业,纺织服装、服饰业,造纸及纸制品业,橡胶和塑料制品业等 7 个行业属于快速消费品行业。

农副食品加工业中,FCI、ADV、CAP、ROA、GRO 的值均小于 0.05,说明显著性大。所以,将对这几个指标进行事后检验,采用最小显著性差异(least significant difference,LSD)方法,结果如表 4.20 所示。根据前面战略群组的分析已知,群组 1 为低成本战略群组,群组 3 为差异化战略群组,群组 2 各方面均衡,属于混合战略群组。关键战略变量为 FCI、ADV 和 CAP,结果导致群组 2 的 ROA 和 GRO 最好,群组 1 的总体绩效最差。

表 4.20　事后检验结果(农副食品加工业)

指标	1 vs. 2	1 vs. 3	2 vs. 3
FCI		<	<
ADV		<	<
CAP		<	<
ROA	<		
GRO	<		

注:只显示统计水平为 5% 的两两比较结果。

食品制造业中,SIZE、CAP 和 ROA 值均小于 0.05,说明显著性大。所以,将对这几个指标进行事后检验,采用 LSD 方法,如表 4.21 所示。根据前面战略群组的分析得出,群组 3 为差异化战略群组,其 ROA 和 GRO 最优,群组 4 为低成本战略群组,其 SPE 最高,但 ROA 和 GRO 最低。两者在关键战略变量企业规模和企业能力方面存在显著差异。

表 4.21 事后检验结果(食品制造业)

指标	1 vs. 2	1 vs. 3	1 vs. 4	2 vs. 3	2 vs. 4	3 vs. 4
SIZE			<		<	<
CAP	<			<	>	>
ROA						>

注:只显示统计水平为 5% 的两两比较结果。

酒、饮料和精制茶制造业中,NAT、ADV、SIZE、CAP、ROA、SPE 和 GRO 均有显著差异。为了更进一步了解组间的差异,进行事后检验,对群组进行两两比较,如表 4.22 所示。该行业中,关键战略变量为 NAT、ADV、SIZE、CAP。群组 2 为低成本战略,ROA、GRO 和人均营收最优,群组 3 为差异化战略,整体绩效水平第二,而群组 1 因无明确的战略定位,绩效最差。

表 4.22 事后检验结果(酒、饮料和精制茶制造业)

指标	1 vs. 2	1 vs. 3	2 vs. 3
NAT	<		>
ADV		<	<
SIZE	<		>
CAP		<	>
ROA	<	<	>
SPE	<		>
GRO	<		>

注:只显示统计水平为 5% 的两两比较结果。

纺织业中,FCI、SIZE、CAP 和 ROA 值均小于 0.05,说明显著性大。所以,将对这几个指标进行事后检验,采用 LSD 方法,如表 4.23 所示。该行业中关键战略变量为 FCI、SIZE、CAP。根据前面战略群组的分析得出,群组 3 为差异化战略群组,ROA 和 GRO 最高;群组 2 为低成本战略群组的整体绩效水平较差。

表 4.23 事后检验结果(纺织业)

指标	1 vs. 2	1 vs. 3	2 vs. 3
FCI	<		>
SIZE	<		

续表

指标	1 vs. 2	1 vs. 3	2 vs. 3
CAP	>	<	<
ROA		<	<

注:只显示统计水平为 5% 的两两比较结果。

　　纺织服装、服饰业中,NAT、INV、SIZE、CAP 和 ROA 值均小于 0.05,说明显著性大。所以,将对这几个指标进行事后检验,采用 LSD 方法,如表 4.24 所示。该行业中关键战略变量为 NAT、INV、SIZE、CAP。根据前面战略群组的分析得出,群组 3 为聚焦差异化战略群组,ROA 和 GRO 最高;群组 2 为低成本战略群组,人均生产效率最高,但整体绩效水平不及群组 3。

表 4.24　事后检验结果(纺织服装、服饰业)

指标	1 vs. 2	1 vs. 3	1 vs. 4	2 vs. 3	2 vs. 4	3 vs. 4
NAT		<				
INV				<		>
SIZE	<			>	>	
CAP	>	<	<	<	<	<
ROA			<			

注:只显示统计水平为 5% 的两两比较结果。

　　造纸及纸制品业中,FCI、NAT、SIZE、CAP 和 ROA 值均小于 0.05,说明显著性大。所以,将对这几个指标进行事后检验,采用 LSD 方法,如表 4.25 所示。该行业中关键战略变量为 FCI、NAT、SIZE、CAP。根据前面战略群组的分析得出,群组 1 为低成本战略群组,ROA 最低,但 GRO 最高,具有很强的成长性;群组 2 为差异化战略群组,ROA 绩效水平最好。

表 4.25　事后检验结果(造纸及纸制品业)

指标	1 vs. 2	1 vs. 3	2 vs. 3
FCI	>	>	<
NAT	<	<	>
SIZE	>		<
CAP	<		>
ROA	<		

注:只显示统计水平为 5% 的两两比较结果。

橡胶和塑料制品业中,INV、SIZE、CAP 和 ROA 值均小于 0.05,说明显著性大。所以,将对这几个指标进行事后检验,采用 LSD 方法,如表 4.26 所示。该行业中关键战略变量为 INV、SIZE、CAP。根据前面战略群组的分析得出,群组 1 为低成本战略群组,ROA 最低;群组 4 为差异化战略群组,ROA 远远高于群组 1,整体盈利水平最好。

表 4.26　事后检验结果(橡胶和塑料制品业)

指标	1 vs. 2	1 vs. 3	1 vs. 4	2 vs. 3	2 vs. 4	3 vs. 4
INV		<				
SIZE	>	>	>		>	
CAP	<		<	>	<	<
ROA	<		<			

注:只显示统计水平为 5% 的两两比较结果。

通过分析发现,在快速消费品行业中,只有酒、饮料和精制茶制造业中低成本战略群组的绩效高于其他群组,而在农副食品加工业、食品制造业等 6 个行业中,差异化战略群组的绩效远远高于低成本战略群组,说明原假设 $H_{4.3a}$ 不成立。

(2)耐用消费品行业。

电气机械及器材制造业、汽车制造业、仪器仪表制造业属于耐用消费品行业。

汽车制造业中,FCI、NAT、SIZE、CAP 和 ROA 值均小于 0.05,说明显著性大。所以,将对这几个指标进行事后检验,采用 LSD 方法,如表 4.27 所示。该行业中关键战略变量为 FCI、NAT、SIZE、CAP。根据前面战略群组的分析得出,群组 3 为差异化战略群组,ROA 最高;群组 5 为聚焦差异化战略群组,ROA 水平位于第二。群组 2 为低成本战略群组,在 GRO 方面最好,而 ROA 和 SPE 远远低于其他群组。

表 4.27　事后检验结果(汽车制造业)

指标	1 vs. 2	1 vs. 3	1 vs. 4	1 vs. 5	2 vs. 3	2 vs. 4	2 vs. 5	3 vs. 4	3 vs. 5	4 vs. 5
FCI			<	<		<	<	<		>
NAT	>	>	>	>		>				
SIZE	>	>	>	>						
CAP		<			<	<		>	<	<
ROA			>			<		>		<

注:只显示统计水平为 5% 的两两比较结果。

电气机械及器材制造业中,FCI、ADV、SIZE、CAP、ROA、GRO 和 SPE 值均小于 0.05,说明显著性大。所以,将对这几个指标进行事后检验,采用 LSD 方法,如

表 4.28 所示。该行业中关键战略变量为 FCI、ADV、SIZE、CAP。根据前面战略群组的分析得出,群组 1 为低成本战略群组,ROA 最低;群组 2 为差异化战略群组,ROA 和 GRO 最高,整体盈利水平最好。

表 4.28 事后检验结果(电气机械及器材制造业)

指标	1 vs. 2	1 vs. 3	2 vs. 3
FCI		<	<
ADV		<	<
SIZE	>	>	>
CAP	<	<	<
ROA	<	<	
GRO	<		>
SPE		>	

注:只显示统计水平为 5% 的两两比较结果。

仪器仪表制造业中,CAP 和 ROA 值均小于 0.05,说明显著性大。由于只存在 2 个战略群组,组数低于 3 不能进行事后检验。本书根据两组的平均值进行比较,结果如表 4.29 所示。该行业群组 2 采用的是差异化战略,群组 1 为低成本战略群组,差异化战略群组的整体盈利水平更好。

表 4.29 均值比较结果

指标	1 vs. 2
FCI	>
NAT	<
ADV	<
INV	<
SIZE	>
CAP	<
ROA	<
GRO	>
SPE	<

通过上述分析得出,耐用消费品行业,如汽车制造业、电气机械及器材制造业、仪器仪表制造业中,实施差异化战略群组的绩效高于低成本战略群组,原假设 $H_{4.3b}$ 成立。

4.6　结　论

本章根据制造业移动壁垒的特性从竞争战略和企业资源两个维度提取相应的变量指标,在进行战略群组划分的实证研究前,先从理论上分析判断制造业中哪些行业具备存在战略群组的条件及可能性,通过剔除不符合条件的行业,最终得到包含农副食品加工业,食品制造业,酒、饮料和精制茶制造业,纺织业,纺织服装、服饰业,造纸及纸制品业,橡胶和塑料制品业,汽车制造业,电气机械及器材制造业,仪器仪表制造业在内的 10 个行业共 478 家企业,并利用 2012～2013 年的财务数据与年报数据进行了战略群组与绩效关系的实证分析,得到以下主要研究结论。

(1)制造业上市公司中的确存在战略群组,并且每个行业的竞争格局和战略群组的特点有很大差异。有的行业竞争激烈,企业为了抢夺市场份额纷纷采用不同的竞争战略,整个行业呈现多元化的局面;有的行业竞争格局则比较稳定和单一。例如,在汽车制造业中存在五个战略群组,分别是混合型、低成本、差异化、无清晰战略和聚焦差异化战略;而在仪器仪表制造业中只有低成本和差异化两个战略群组。

(2)制造业上市公司的战略群组间存在显著的绩效差异,但战略群组对绩效的影响需要差别分析。本章以 ROA、GRO 和 SPE 为指标,分别从盈利、成长和效率三个方面考察企业绩效。三个指标中,只有代表盈利能力的 ROA 指标在各行业的战略群组之间均存在显著差异,GRO 和 SPE 指标在有的行业中显著,有的行业中不明显。说明尽管各战略群组在 FCI、NAT、ADV、INV、SIZE 和 CAP 等战略维度上存在或大或小的差别,但这些战略上的差异并未影响各群组的利润增长能力和生产能力。例如,食品制造业和纺织服装、服饰业中的低成本战略群组虽然 ROA 最低,但往往 SPE 很高,说明这些群组在生产效率方面具有很大的优势。

(3)战略群组的定位与类别对绩效的高低有显著影响。本章不仅横向地分析了各行业中战略群组与绩效的具体情况,同时还对 10 个行业进行纵向对比,将其分为快速消费品行业和耐用消费品行业两大类。结果发现,即使从理论分析上来看,低成本战略最贴切快速消费品行业的大规模制造等特点,但在实际的市场竞争中,快速消费品行业中的差异化战略群组绩效水平远远高出低成本战略群组。在耐用消费品行业中同样也是差异化战略群组的整体绩效最优。选择进入哪种战略群组将影响企业未来的绩效水平。

基于战略群组与企业绩效关系的机理分析,本章通过理论与实证研究,形成了以下几点启示,为企业制定与实施竞争战略提供依据。

(1)企业应有明确的战略定位,以提高竞争优势。目前,大部分的企业仍在传统保守型和无清晰战略定位之间徘徊,绩效水平很不理想。企业要想在激烈的市场竞争中取胜,就必须根据自身情况制定明确的竞争战略,获得核心竞争力,才能在竞争市场中立于不败之地。

(2)加快企业转型升级,坚持战略资源的长期投入。根据实证结果可以看出,无论是快速消费品行业还是耐用消费品行业,采用差异化战略的企业虽然规模不及传统老牌企业,但其盈利能力和企业成长性远远超过平均水平。说明中国制造用廉价劳动力和原料以量取胜换取经济发展的时代一去不复返,现在的市场更注重创新和高端制造。传统的制造业企业需要由劳动密集型向知识密集型进行转型升级,以创新链为引导,增强企业自主创新能力,提升产品质量,培养核心竞争力,走差异化路线来求生存求发展。同时,要坚持战略资源的长期投入。企业采取的竞争战略对于短时间内利润水平的提高见效快,而在改善生产效率和未来成长性方面短期内效果不明显,所以需要企业长期持续地投入方能收到预期回报。

(3)注重分析行业环境与竞争结构,清楚自身所在战略群组及竞争对手。目前,大多数管理者只注重行业与企业自身的特征对企业运行结果的影响,忽略了战略群组这一层次。行业是由一群生产类似产品的企业组成的,但是从市场细分的角度考虑,每个企业还是有自己的目标市场,并非每种产品都有替代性。如果只是把一个行业作为整体来研究,便会忽略各个企业自身的风格特色,而如果把每一个企业都作为离散的点来研究,又会使战略制定者很难准确把握企业的定位。因此,管理者应充分利用战略群组理论分析自身所在群组的战略特征以及群组中其他竞争对手的战略实力,以选择本企业的竞争战略和战略开发方向,预测市场变化或发现战略机会。同时,识别关键影响因素,克服战略群组间的移动壁垒,向更具盈利优势的群组迈进。

第 5 章　竞争战略影响企业绩效的时滞效应研究

5.1　引　　言

竞争战略与企业绩效的关系研究是企业界和学术界关注的焦点。目前,国内外关于竞争战略与企业绩效关系的实证研究主要集中在两个方面。一方面,借助回归、相关分析等工具研究竞争战略与企业绩效水平之间的直接关系。另一方面,分析行业特征、组织结构等调整因素对战略绩效关系的调节作用。然而,现有研究并没有分析竞争战略提升企业绩效水平的具体时间,也没有进一步探讨不同类型竞争战略提高企业绩效水平的持续时间。尽管随着"战略期权"概念的提出,极少数学者开始认识到时间维度在战略管理中的重要性,但少有学者从实证角度来研究竞争战略影响企业绩效的滞后性和持续性。所以,本书通过 CFA 和向量自回归(vector autoregression,VAR)模型分析竞争战略影响企业绩效的时滞效应既有一定的理论价值,又有一定的实践意义。

绩效水平可以反映企业战略的实施状况,现有研究主要分析战略执行期的绩效水平,但是由于时滞效应的存在,企业无法评价当前战略实施状况的优劣,更无法进行整体战略的改进。竞争战略时滞效应的分析不仅为人们提供了评价竞争战略的工具,更为人们提供了一套帮助企业改善绩效水平的方法与手段,可以帮助企业清晰地认识到寻求每一步改进的方法,实现企业竞争战略的目标,同时可以为企业的利益相关者提供更多的相关信息,帮助利益相关者更好地监督和决策,促进上市公司的持续健康发展。因此,研究竞争战略影响企业绩效的时滞效应具有重大的现实意义。

5.2　文献综述与评价

5.2.1　竞争战略研究现状

竞争战略又称业务层战略,主要研究企业如何在特定产品/市场上实现可持续竞争优势,其重点是改变企业的市场竞争位势。竞争战略是企业发展所需的重要战略之一,始终处于战略研究领域的前沿阵地。为了提高企业产品竞争力,培养企业的竞争优势,国内外学者展开了大量的研究,竞争战略理论研究不断推陈出新,呈现百家争鸣之势。竞争战略的分类问题是竞争战略研究的基础性问题,目前关于竞争战略的分类方式主要有 Miles 等的四种战略类型、波特的基本竞争战略分类以及 Mintzberg 的差异化战略三类。

Miles 等将企业分为防御者、探索者、分析者、反应者四种战略类型,这种分类方法认为企业战略主要取决于企业如何管理市场份额、如何执行解决失业问题的方案以及如何架构以适应解决前两个问题的需要等基本性问题。Miles 指出特定的战略模式并不能使企业取得成功,企业只要选择与自己所处环境、技术、结构相吻合的战略就可以取得成功。

20 世纪 80 年代,波特基于产业组织理论"市场结构-市场行为-市场绩效"这一范式对企业的竞争优势进行了研究。波特进一步对企业的基本竞争战略进行归类,将其划分为成本领先战略、差异化战略以及目标集聚战略三种。

Mintzberg 指出差异化战略是将公司提供的产品或服务标新立异,形成一些在全产业范围内具有独特性的内容,企业实现差异化战略的方式多样,可以通过品牌形象、技术特点、外观特点、客户服务、经销网络及其他方面的独特性来建立企业的差异化。因此,Mintzberg 在波特基本竞争战略的基础上提出了自己的战略观点,将价格这一特性作为公司的差异化部分,表明低成本战略也是差异化战略的一个组成部分,即价格差异化。

5.2.2　企业绩效研究现状

企业绩效是企业经营状况的直观反映,对企业来说至关重要,始终是企业界和学术界研究的重点。通过梳理企业绩效的现有研究可以发现,企业的绩效水平除了受到战略类型的影响外,还会受到其他因素的干扰。因此,在研究竞争战略影响企业绩效的滞后效应时,必须控制影响企业绩效的因素。

企业绩效的影响因素是指在企业生产经营中影响其绩效提升的一些主要因素,学者一般通过选取控制变量研究企业绩效。鲍新中等在探讨竞争战略、创新研发与企业绩效关系时选取企业规模、企业年龄、市场份额、资产负债率作为控制变量[109];张露等采用企业规模、营业收入年增长率、资产负债率、自由现金流作为其研究企业绩效的控制变量[110]。通过文献梳理,可以发现学者在分析企业绩效水平时,主要选取以下控制变量。

(1)企业规模。规模经济理论指出当产品产量维持在一定范围内时,企业生产的固定成本不会出现大的变动,扩大生产规模即可分担更多的固定成本,从而使总成本下降,当企业规模扩大到平均成本下降,就存在规模经济;刘世全通过回归分析和相关分析证实了企业规模与企业绩效之间存在正相关关系[111],故分析企业绩效水平时需要考虑公司规模对绩效水平的影响。

(2)现金流量。现金流量是企业的血液,决定着企业的兴衰存亡,可以衡量企业经营状况是否良好。封铁英利用现金流量这一变量分析资本结构与绩效关系，发现现金流量与净资产收益率、总资产收益率正向相关[112]。

(3)资产负债率。又称财务杠杆，是公司治理的重要组成部分，影响并决定着公司治理结构，进而影响并决定了企业行为及企业价值。修正的 MM 理论(由美国的 Modigliani 和 Miller 教授提出，简称 MM 理论)认为资本结构与企业绩效呈正相关关系。董黎明的研究也证明了资产负债率与企业绩效呈正相关[113]；Tian 也进行了相关研究，并得出了相反的结论[114]。虽然关于资产负债率对企业绩效的影响这一问题并没有得出一致的结论，但现有研究表明资产负债率与企业绩效密切相关。

(4)市场占有率。学习曲线理论指出具有较高累计产出水平的企业将获得较低的成本，企业生产方面的经验可能是成本优势的来源，故企业为了获得较低的成本，会一心一意追求更高的市场份额。企业市场占有率越高，销售额越高，公司的绩效水平也越高。

企业绩效是企业经营成果，可以表明企业在一定经营期间内运营状况，包括经营者业绩和经营绩效两部分。学术界多将企业经营绩效作为研究企业绩效水平的核心。经营绩效主要体现为经营者在企业成长、公司发展、正常运营过程中的贡献，包括偿债能力、运营能力、盈利能力以及发展能力。企业经营绩效评价体系是企业管理的一部分，目前关于企业经营绩效评价大致可以分成两类。一类是综合多种评价指标构建企业绩效评估体系，如 Koo 等通过总利润、总收益、员工成长率、资产负债率、规模成长率衡量企业绩效[115]；Acquaah 比较分析了非洲新兴经济体的战略选择和绩效，借助净收益增长率、生产增长率、资产回报率、销售回报率及销售增长率测量其经济绩效[116]。另一类则是研究单个要素与企业绩效的关系，如 Spanos 等采用 ROE 衡量企业的绩效水平[117]；杨鑫等通过资产收益率、托宾 Q 值衡量企业绩效，分析战略群组与企业绩效之间的关系[118]。

5.2.3　竞争战略影响企业绩效的研究现状

Hambrick 最早研究了战略类型对公司绩效的影响，指出 Miles 和 Snow 的四种分类模式不能预测哪种战略类型在何种环境下可以达到最高绩效[119]，四种战略类型对绩效方差的解释力非常小。与四种分类模式相比，Dess 认为波特的基本竞争战略分类是现存业务层战略分类模式中最完整、最成熟的代表，适用于经验研究的划分[120]，大多数学者的实证研究也采用了波特的分类模型。因此，本书采用波特的竞争战略分类方法分析竞争战略绩效的时滞效应。

竞争战略是关于如何在市场和产业中获取更多绩效的理论，战略理论良莠不齐，研究战略理论就是研究在不同竞争环境中如何实现卓越绩效的各种备选理论。竞争战略与企业绩效水平关系密切，大量实证研究表明实施竞争战略可以提升企业的绩效水平。目前,竞争战略与绩效关系的研究重点已经从"竞争战略是否可以改善企业绩效"过渡到"何种竞争战略可以更有效地提高企业绩效水平"。纵观文献,现有研究大致可以分为两类。一类研究直接分析竞争战略与企业绩效之间的关系,借助实证方法探究不同竞争战略对企业绩效水平的影响,另一类研究则分析环境、组织特征等因素对企业竞争战略与绩效之间关系的调节作用。现有研究通过不同的方法和技术分析不同发展阶段和不同环境下的企业绩效,取得了丰硕的成果,但由于研究样本、时间、调节变量等因素的差异,得出的结论不尽相同。

　　部分学者认为差异化战略可以更快地提升企业的绩效水平,Kim 等指出在数字化时代,公司采用差异化战略较实施低成本战略的企业而言可以获得更高的绩效水平[121]。也有部分学者认为实施低成本战略可以为企业带来更高的绩效水平,Kumar 等通过对比波特的三种竞争战略发现,实施成本领先战略的医院绩效表现最好[122];Acquaah 等的研究表明,在制造行业中低成本竞争战略对企业绩效影响显著[123]。波特于 1980 年提出了"夹在中间理论",指出差异化战略和成本领先战略相互对立,两者好比连续轴的两端,采用成本领先战略会导致企业没有精力实施差异化,采取差异化战略又会导致产品成本上升[124]。成本领先战略和差异化战略对一个企业来说就好比天平的两端,企业若想同时实施两种战略,就需要对其进行同样的投入。但是由于规模、劳动、资金、能力、运输、原材料供应等方面的限制,投入到两种战略中的资源可能都达不到竞争者的规模和市场的要求,结果可能两种战略都失败。随着研究的深入,学者对"夹在中间理论"产生了质疑,并提出了基于竞争战略的整合模型,认为企业的全部经营活动不只是围绕"低成本或差异化"进行,而应该在充分考虑竞争环境与企业自身资源优劣势的条件下,在企业整体价值链的局部环节创造"低成本"优势,在其他环节创造"差异化"优势,最终达到低成本与差异化均优。John 等通过分析经理对其公司的战略和绩效水平的评价,得出整合战略既可能带来次等绩效,也有可能带来优秀绩效[125]。韵江的研究表明,竞争战略的融合可以为企业带来竞争优势[126]。

5.2.4　时滞效应研究

　　孙敬水在《计量经济学教程》一书中指出时滞效应是管理心理学专业术语,主要是指由于管理、决策等多种因素滞后于形势发展的重要性而产生不良后果的现象[127]。他还指出在现实经济活动中,由于经济主体的决策与行动均需要一个过程,加之人们生活习惯的延续,制度或技术条件的限制以及与经济有关的预期效应等因素的影响,经济变量往往存在滞后现象[127]。滞后现象主要来自于变量自身、决策者心理、技术、制度四个方面。

　　变量自身原因:战略对企业绩效的影响存在一定的延续性,而企业的绩效水平有很强的继往性,当期的绩效与前期水平关系密切。

决策者心理原因:由于心理定势,决策者不能迅速调整自己的行为,使其适应新的环境,这导致管理过程中出现决策滞后。由于信息不对称性,下属员工对新情况反应迟钝,进一步产生了滞后效应。

技术原因:改变竞争战略需要更换或改造生产设备,更新生产工艺,追加投资,学习新的知识和技能。在这些要素的改变过程中,原有要素仍发挥作用,这导致时间上的滞后。

制度原因:制度和契约在一定时期内,对经济活动和资源、要素有较强的约束力,制度的变更使得其作用表现出一定的滞后特征。

时滞效应是经济学的普遍研究问题之一,广泛应用于货币汇率变动、政策实施等方面,在战略管理领域的研究相对较少。随着研究视角的扩大,部分学者开始意识到战略管理领域的时滞效应。Kester 首次把期权思想与战略管理联系起来,提出了战略期权这一概念,将时间维度引入战略管理领域。该理论认为指出战略的选择与实施应该建立在未来绩效水平折现的基础上[128]。徐冬林等采用实证研究分析科研投入的直接效应和间接效应,指出其动态变化过程需要一定的时间来逐步显现其作用[129]。战略期权理论从一定程度上考虑了战略的滞后性,但并没有明确提出时滞效应。雷辉等在研究中明确指出竞争战略影响企业绩效存在一定的滞后效应[130];陈收等进一步指出差异化战略对绩效的影响先被削弱然后被加强,而低成本战略对绩效的影响仅在转型初始阶段得到加强[131]。

纵观与时滞效应相关的文献,可以发现目前关于时滞效应的研究大致可以分为定性和定量两种。定性研究主要分析时滞效应的原因及运行机理,如张萍等通过滞后效应的机理分析探索我国在吸纳金融创新过程中存在的时滞效应[132]。定量研究则是借助数理推导、线性回归模型、分布滞后模型以及 VAR 模型等工具进行分析,如张亚莉等在分析具有时滞效应的连续动态多商品蛛网模型时建立了广义微分不等式[133];李博进行了固定资产投资效果与滞后效应分析,采用拟合回归分析滞后效应[134]。然而,简单的理论研究和回归分析并不能让我们清晰地了解滞后效应的实际情况,学者尝试采用更加简单明了的方式来分析滞后效应。其中邱冬阳等借助自回归模型分析公开募股首日溢价率的滞后影响[135];杨华贵利用 VAR 模型分析人民币汇率变动对就业的影响,在此基础上建立了脉冲函数,以此来模拟汇率变动后就业的变化[136]。

5.2.5　国内外研究现状评述

通过梳理竞争战略分类、企业绩效研究、战略与绩效关系、时滞效应研究的相关文献,可以得出以下结论。

波特的基本竞争战略分类方式成熟、完整,是国内外学者进行竞争战略研究主要采取的分类方式,故本节采纳波特的分类方法,将竞争战略划分为差异化战略、低成本战略以及目标集聚战略。考虑到目标集聚战略是针对一定地区或某一消费群体的低成本战略或差异化战略,本书将其定义为混合战略,仅对低成本战略和差异化战略进行研究。

随着竞争的日益激烈,企业赖以生存的环境急剧变化,企业战略实施受到产业环境特征的影响,组织绩效很大程度上取决于战略与环境的匹配程度。Hambrick指出应当在不同环境背景下展开更多关于竞争战略类型与企业绩效问题的研究[119]。齐志博等的研究表明,在跨行业背景下,差异化战略可以对绩效产生更大影响[137]。而王铁男认为不同国家、不同产业的企业都可以采取成本领先战略在竞争中取胜[138]。可见,环境这一要素对于企业战略实施及绩效表现影响重大,在分析战略与绩效关系时,必须考虑企业所处的行业、产业等因素。

通过梳理竞争战略与企业绩效的关系可以发现,尽管竞争战略与企业绩效的关系研究已经日渐成熟,但现有文献并没有分析竞争战略实施后多久可以带来企业绩效水平的提升,也没有比较不同竞争战略之间的持续竞争优势差异。

因此,本书以竞争战略影响企业绩效的时滞效应为切入点,借助上海证券交易所所有上市公司的季度财务数据进行实证分析。基于权变理论的观点,本书引入环境因素分析竞争战略与绩效关系,从行业差异、产业差异及成长性水平出发,探讨竞争战略绩效的时滞效应,以期为企业战略选择和实施提供建议与指导。

本章以分总的方式梳理了竞争战略类型、企业绩效研究、战略绩效关系的相关研究,在此基础上确定了本书的研究基础——波特的基本竞争战略分类方法,在充分考虑竞争战略理论的理论基础上将研究视角聚焦于竞争战略绩效的时滞效应,阐明时滞效应研究的理论和现实意义,为第 3 章中竞争战略影响企业绩效时滞效应的运行机理及模型构建提供理论支持。

5.3　研究内容及方法

5.3.1　研究内容

本书立足于波特的竞争战略分类模型,利用上海证券交易所所有上市公司的季度财务数据进行实证研究,分析竞争战略绩效的时滞效应,探讨不同行业、不同产业以及高科技产业实施竞争战略的时滞效应差异,具体章节安排如下。

第一部分为研究背景与研究意义,又细分为研究背景及研究意义、研究内容及方法两个部分,研究背景及研究意义从宏观和微观层面分析中国的经济形势,提出本书的研究价值。研究内容及方法部分则简要分析本书的章节安排、研究思路及研究方法。

　　第二部分为理论基础和文献综述,主要从理论基础和文献综述两个层面展开,理论基础部分主要分析竞争战略的理论基础、权变理论以及战略期权理论。文献综述部分则以分总形式展开,首先分析竞争战略类型、企业绩效的现有研究,然后分析竞争战略影响企业绩效的研究现状,梳理时滞效应的相关研究,在此基础上进行研究述评,得出本书的研究内容。

　　第三部分为竞争战略影响企业绩效时滞效应的运行机理及模型构建,是文章的研究设计部分,主要分析竞争战略识别模型、VAR 模型及脉冲响应函数的构建机理,并利用上海证券交易所所有上市公司 10 年期季度财务数据进行实证分析,进行描述性统计。

　　第四部分为竞争战略影响企业绩效的时滞效应分析,是本书的实证分析部分,重点分析在没有重大投融资活动等噪声影响的情况下,竞争战略影响企业绩效的时滞效应,分别从行业、产业、高科技产业三个层次进行分析。

　　最后为结论部分,具体从研究结论、政策建议、文章创新、不足与展望四个层次进行阐述。首先,总结研究结论。在此基础上分析文章的创新与不足之处,指明未来的研究方向,具体研究流程如图 5.1 所示。

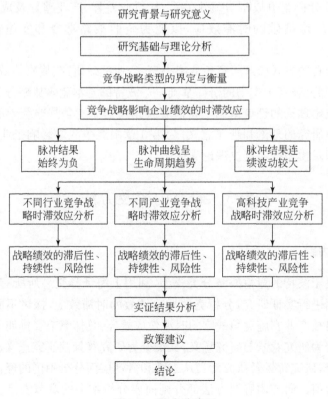

图 5.1　技术路线图

5.3.2　研究方法

为了实现研究目的、完成研究内容,整个研究过程将综合采用定性和定量分析方法。首先,分析和阅读大量文献,通过梳理现有学者的研究提出本书的逻辑研究框架。其次,进行数理建模和实证分析,客观分析战略绩效的时滞效应。根据研究需要,涉及的研究方法如下。

(1)文献研究法。阅读文献,分析现有学者的研究是研究分析的必要手段。文献研究法主要是通过梳理国内外学者的研究内容找出研究重点。本书首先查阅竞争战略分类的相关研究,确定竞争战略的具体类别。然后收集企业绩效的相关研究,找出研究重点、难点。在此基础上进一步分析竞争战略与企业绩效的现有研究,把握战略绩效的最新研究动向,分析研究不足,得出研究问题。

(2)数理建模法。数理建模法可以模拟和分析经济运行状况,本书综合采用验证性因子分析、VAR 模型进行数理分析,首先利用验证性因子分析模型判断企业实施的竞争战略类别,在此基础上构建 VAR 模型,搭建战略、绩效之间的桥梁。

(3)实证研究法。利用上海证券交易所所有上市公司的季度数据验证数理模型,探索竞争战略影响企业绩效时滞效应的内在规律,分析实证研究的结果,比较不同行业、不同产业以及高科技产业实施竞争战略影响企业绩效时滞效应的差异性。

5.4　相关理论基础及分析

5.4.1　竞争战略的理论

竞争战略是战略管理的重要组成部分,从提出至今已经形成了相对完善的研究体系。目前,学术界将竞争战略的理论基础归纳为产业组织基础观、核心能力基础观以及资源基础观三种。

产业组织基础观的代表人物是波特,20 世纪 80 年代波特借助《竞争战略》和《竞争优势》等著作将产业组织理论引入战略管理领域,提出战略定位的观点,实现了产业组织理论和企业战略的创新性兼容。产业组织学派认为产业吸引力由产业竞争结构的五种力量决定,企业应该根据五种力模型选择产业,采取相应行动保护企业的市场地位。陈耀也指出企业的竞争优势主要来源于企业所处的产业吸引力及其相对市场位势[139]。产业结构可以影响企业竞争规则制定和战略形成,产业组织基础观聚焦于产业结构,基于产业环境开发产业结构模型分析环境对企业绩效的作用途径,促进了战略制定与战略实施过程的整合。产业结构基础观强调市场力对企业战略制定和战略选择的影响,填补了战略管理领域的空白,广泛应用于管理学研究,但是由于忽视了企业自身特质及其主观能动性而存在一定缺陷。

随着企业竞争形势的日益严峻,学者开始重视企业内部条件的分析,以普拉哈拉德等为首的核心能力学派应运而生。企业的核心能力是指在企业的长期发展中,依托和利用其资源,形成了难以被其他企业模仿和复制的、使企业在市场竞争中保持竞争优势并取得主动的、能给企业带来持久丰厚利润的独特能力。企业能力转变为核心能力必须具有创造价值且异质,难以模仿和替代,历史依存和相互关联性,投资具有不可还原性和不可交易性等特征。核心能力是企业形成竞争优势的源泉所在。核心能力学派认为企业的本质是能力的集合体,核心能力是企业能力中最关键、最根本的能力,识别、培养、传播和运用核心能力开拓市场可以帮助企业获得长期竞争优势。核心竞争能力战略管理包括企业使命、外部环境评估、内部环境分析、决策分析与选择四个部分。

资源基础观认为竞争优势的源泉是有价值、稀缺、难以模仿的资源。企业既不是一个黑箱,也不是单纯的对市场机制的替代,而是一个资源(或者能力)的集合体。1959 年,Penrose 在其著作中首次提出了资源对于企业的重要性,认为企业是资源的集合体,其成长受到市场竞争状况等外在因素和经营资源、组织能力等内在因素的双重影响,强调了内部资源对于企业战略的重要性[140],将资源与企业战略管理整合在一起。Lippman 等继承了 Penrose 的观点,从竞争性均衡分析资源对于企业竞争战略的影响,并指出要素的不完全流动可以影响企业的持续竞争优势,如果企业无法复制或获取优势企业的资源来源,企业之间将保持持续差异状态[141]。Wernerfelt 在原有学者的理论基础上正式提出了资源基础观,强调了企业内部资源对获得超额利润和维持竞争优势的重要性[142]。Mintzberg 等构造了“资源-战略-绩效”的资源基础理论范式,强调资源差异对于企业竞争力的重要性[143]。

资源基础观以资源要素为企业竞争战略研究的中心,将资源要素视为连接企业竞争优势与成长决策的纽带,关注资源的不可模仿性和不可替代性,认为资源是形成和执行企业战略的关键,企业资源和战略的相互作用会形成企业竞争优势。Peteraf 指出资源要想为企业赢得竞争优势必须满足企业的异质性、不完全流动性,同时对竞争进行事前和事后限制[144]。

产业组织基础观、核心能力基础观和资源基础观分别从企业外部与企业内部分析企业竞争优势的来源,产业组织基础观强调产业结构对企业竞争的影响力,核心能力基础观重点分析核心能力给企业带来的竞争优势,资源基础观将关键、异质资源视为企业竞争优势的源泉,三个学派虽然研究方法和分析重点各有不同,但从实质来说自成一体。企业在实施竞争战略时应该重点分析企业所处的产业结构及特征,重视资源给企业带来的竞争优势,并以此为基础形成企业的核心竞争力,进一步提升企业的竞争优势。

5.4.2　权变理论

权变理论是在经验主义学派基础上进一步发展起来的管理理论,其萌芽产生于 20 世纪 60 年代,是西方组织管理学中以具体情况及具体对策的应变思想为基础而形成的一种管理理论。组织受制于环境的变化,不同的环境对组织要求不同,权变理论聚焦于外部环境,重点研究环境变量与管理变量之间的函数关系,认为不存在一成不变的、普遍适用的管理理论和管理方法,企业应该根据所处的具体环境确定有效的管理理论、方法和技术,其管理优化应该经过了解管理观念、工具和技巧,考虑各方法优劣、适用范围、实施后果,认清环境并了解问题背景及症结所在,分析情势选择合适方法四个阶段。

5.4.3　战略期权理论

1984 年,Kester 提出投资机会是企业未来成长的期权,首次将期权思想引入战略管理领域[128],此后,越来越多的期权思想被应用于战略管理,战略期权理论应运而生。战略的实施存在战略风险,控制和驾驭风险的有效办法是创造应对经营环境各种可能结果的战略期权。战略期权是指企业目前的投资决策要为组织未来的获利行为创造更多的机会,重点研究如何组织期权组合以达到企业价值的最大化,可以分为延迟期权、改变运营规模期权、扩张期权、放弃期权和转换期权五种,企业可以根据组织资源的回顾性意识形成识别期权,并决定执行哪个期权决策。

战略期权具有战略全局性、长远性、整体性、竞争性、不可逆等特点,不可逆环境下的不可逆投资存在机会成本,延迟投资对企业来说是有价值的。战略期权价值由取得增长机会的价值、抵御风险价值和企业增加附加值三部分构成。在战略实施初期应用战略期权,在评估环境不确定性的基础上有选择性地进行投资,可以增强企业应对风险变化的能力。

5.5　竞争战略影响企业绩效时滞效应的运行机理及模型构建

5.5.1　竞争战略影响企业绩效时滞效应的运行机理

竞争战略是企业战略的重要组成部分,对企业的生产和运营至关重要。随着市场竞争的日益加剧和国内外经济环境的恶化,企业的生存压力日益增加。企业绩效是企业的经营成果,是战略执行的直接结果,可从一定程度上反映企业经营状况的好坏。企业战略从制定到执行需要一个漫长的过程,企业技术因素的调整、领导者心理惯性的改变以及公司制度的重新制定都会导致企业绩效水平滞后于竞争战略,即企业的当期绩效无法反映当期的战略执行状况,本书将企业绩效滞后于竞争战略实施的现象称为战略绩效的时滞效应。

　　时滞效应是企业战略实施过程中经常遇到的问题,对企业来说,时滞效应的存在使得企业无法得知战略实施状况,无法进行整体战略改进;对利益相关者来说,战略绩效的滞后使得企业利益相关者无法了解企业的真实经营状况,干扰其进行监督和决策。为此,必须分析竞争战略影响企业绩效的时滞效应。为了进一步分析竞争战略影响企业绩效的时滞效应,需要进一步分析企业绩效滞后于竞争战略实施的具体时间、企业绩效在竞争战略实施多久之后可以实现最大绩效反应以及战略实施后企业绩效的延续时间,故本书从企业绩效的滞后性和持续性两个方面分析战略绩效的时滞效应,借助验证性因子分析、VAR 模型和脉冲响应函数分析竞争战略影响企业绩效的时滞效应。

5.5.2　竞争战略识别模型的构建

1. 低成本战略识别变量的选择与设计

　　波特指出,为了实施低成本战略,企业需要主动建设达到效率规模的生产设备,通过经验积累不遗余力地降低成本,严格控制成本和日常费用,避开利润微薄的客户,最大限度地降低研发、服务、销售队伍、广告等领域的成本[145]。Hambrick等低成本战略的主要测量维度为效率[146],通过测量企业资产的利用效率可以判断企业所实施的战略是否为低成本战略。雷辉等利用员工效率、固定资产周转率以及资产周转率测量企业低成本战略实施状况[130],陈收等也采用总资产周转率等效率指标判断企业采取的战略是否为低成本战略[131]。因此,本书沿用大多数学者的观点,选取总资产周转率、固定资产周转率、员工效率三个指标识别企业的低成本战略。

　　总资产周转率是企业资产的总体周转状况,可以用来衡量企业总体资金利用率,判断企业的经营状况;固定资产周转率是企业固定资产的周转情况,可以从一定程度上体现公司资产的利用率;员工效率是测量公司员工投入产出比的指标,等于营业收入比上员工薪酬。三个指标的数值越大,表明企业低成本水平越高,具体计算公式见表 5.1。

表 5.1　低成本战略的度量指标

变量名称	计算公式
总资产周转率	营业收入/总资产
固定资产周转率	营业收入/固定资产
员工效率	营业收入/员工薪酬

2. 差异化战略识别变量的选择与设计

企业可以通过产品设计或品牌形象、技术、产品特色、客户服务、经销商渠道等实现差异化战略,为了实施差异化战略企业将不可避免地加大科技研发投入,其管理成本也会相应提高。但是由于实施了差异化,客户对其产品的忠诚度提高,产品价格敏感度降低,企业的盈利水平将得以提高。Camejo 等也指出如果企业实施差异化战略,则其研发成本、广告费用等就会显著提高[147]。基于差异化战略的特性,有学者展开了进一步的分析,David 等采用研发倾向、广告及管理费用占销售额比例、相对毛利率、账面市值比四个指标对差异化战略进行测量[148],雷辉等在衡量企业差异化战略时选取了营业毛利率、期间费用率、市值账面价比以及研发费用率四个指标[130],鲍新中等也做了相关研究[109]。通过梳理现有研究,本书选取研发费用率、期间费用率以及营业毛利率三个指标衡量企业的差异化水平。

研发费用率主要测量公司的研究开发费用比,等于研发费用除以营业收入。考虑到我国上市公司并不披露企业的研发费用,本书采用无形资产与营业收入的比值衡量企业的研发费用率。期间费用率是企业营销费用、管理费用及财务费用之和与营业收入的比值,主要测量企业投入的期间费用占比。营业毛利率是衡量企业盈利能力的重要指标,主要测量企业主营业务收入与主营业务成本之比。三个指标的数值越大,企业的差异化程度越高,具体计算公式见表 5.2。

表 5.2　差异化战略的度量指标

变量名称	计算公式
研发费用率	研发费用/营业收入
期间费用率	(营销费用＋管理费用＋财务费用)/营业收入
营业毛利率	(主营业务收入－主营业务成本)/主营业务成本

3. 竞争战略的识别原则

1)识别竞争战略类型的方法和步骤

本书利用 CFAS 构建低成本因子和差异化因子,并依此来识别企业的竞争战略类别。验证性因子分析是一种降维、简化数据的技术手段,利用验证性因子分析识别竞争战略类型的具体实施步骤如下:①利用 KMO 和 Bartlett 检验数据是否适合进行因子分析;②提取公因子,检查 CFA 对变量的解释能力;③进行因子旋转和因子命名,并根据式(5.1)计算企业每期的低成本因子得分和差异化因子得分;④比较各期因子得分的大小,并计算差异化因子得分较高的比例以及低成本因子得分较高的比例;⑤根据制定的识别原则判断企业实施竞争战略的类型。

$$F_{1,t} = \sum_{i=1}^{n} (\alpha_i X_{i,t}), \quad F_{2,t} = \sum_{j=1}^{m} (\alpha\beta_j X_{j,t}) \tag{5.1}$$

式中，$F_{1,t}$ 和 $F_{2,t}$ 分别为差异化因子和低成本因子；α_i 和 β_j 分别代表低成本、差异化因子得分系数；$X_{i,t}$ 和 $X_{j,t}$ 为原始变量的标准化值。

2）识别竞争战略的原则

设 P 为竞争战略观察总期数（以季度为核算单位），P_1 为 $F_{1,t} > F_{2,t}$ 的期数，P_2 为 $F_{2,t} > F_{1,t}$ 的期数，若 P_1 期数达到总期数的 70% 及以上，则将该企业定义为实施差异化战略的企业。若 P_2 期数达到总期数的 70% 及以上，则将该企业定义为实施低成本战略的企业。P_1、P_2 期数均未达到总期数 70% 的企业，则将其定义为实施混合战略的企业。

5.5.3 构建衡量企业绩效时滞效应的模型

1. VAR 模型的构建及其变量的解释

1）VAR 模型的基本概念

VAR 建立在数理统计基础上，构建过程中将每个内生变量视为所有内生变量滞后值的函数，是一种非结构化模型，其具体模型如下：

$$y_t = C + A_1 y_{t-1} + A_2 y_{t-2} + \cdots + A_p y_{t-p} + B x_t + \varepsilon_t \tag{5.2}$$

式中，t 是样本个数，$t=1,2,\cdots,T$；y_t 为 k 维内生变量列向量；C 为常数向量；$k \times k$ 维矩阵 $A_t,\cdots,A_p$ 为内生变量待估系数矩阵，p 为滞后阶数，$k \times d$ 维矩阵 B 为外生变量待估系数矩阵；x_t 为 d 维外生变量列向量；ε_t 是 k 维扰动列向量，它们可以彼此同期相关，但不可以与自己的滞后期及等式右边相关。

2）变量定义

（1）解释变量。本书主要分析竞争战略影响企业绩效的时滞效应，故解释变量为竞争战略。本书参照波特的基本竞争战略模型，将竞争战略分为三类，由于集中战略可以看作特定区域的低成本战略或者差异化战略，本书仅研究低成本战略、差异化战略影响企业绩效的滞后效应，并借助验证性因子分析识别企业的竞争战略类型。

（2）被解释变量。企业绩效是企业战略实施的直观表现。净资产收益率是企业经营净利润与股东权益的比值，可以直观反映公司股东的收益状况，帮助所有者了解企业自有资金的利用效率。相较于其他财务指标，净资产收益率通用性较强，可以综合反映企业的偿债能力、营运能力和盈利能力，被众多学者所采用，如 Spanos 等[117]。因此，本书采用净资产收益率来衡量企业的战略绩效。

（3）控制变量。企业的绩效水平除了受到竞争战略的影响外，还会受到其他因素的干扰。综合现有学者的观点，本书选取企业规模（K_1）、现金流量（K_2）、资产负债率(K_3)和市场份额(K_4)四个变量作为竞争战略影响企业绩效的控制变量,具体计算公式见表 5.3。

表 5.3　控制变量的计算公式

选取四个变量	控制变量	计算公式
K_1	企业规模(size)	企业资产总额的自然对数(千元)
K_2	现金流量(oncf)	经营活动产生现金流入-经营活动产生的现金流出
K_3	资产负债率(ratio)	总负债/总资产×100%
K_4	市场份额(mshare)	某公司营业收入/行业营业总收入

VAR 模型的具体形式如下:

$$\begin{bmatrix} ROE_{1,t} \\ lowcost_{2,t} \\ differ_{3,t} \end{bmatrix} = C + A_1 \begin{bmatrix} ROE_{1,t-1} \\ lowcost_{2,t-1} \\ differ_{3,t-1} \end{bmatrix} + \cdots + A_p \begin{bmatrix} ROE_{1,t-p} \\ lowcost_{2,t-p} \\ differ_{3,t-p} \end{bmatrix} + B \begin{bmatrix} size_{1,t} \\ oncf_{2,t} \\ differ_{3,t} \end{bmatrix} + \begin{bmatrix} \varepsilon_{1,t} \\ \varepsilon_{2,t} \\ \varepsilon_{3,t} \end{bmatrix}$$

式中,ROE 代表实行竞争战略的企业绩效;lowcost 表示低成本因子得分;differ 表示差异化因子得分;size 表示公司规模;oncf 表示企业经营活动中产生的自由现金流。

3)平稳性检验

在实证研究的过程中常常会遇到伪回归问题,其原因主要是建模之前未进行平稳性检验,故在建立 VAR 模型之前应首先进行变量的平稳性检验。设 H_0 为 $a_0 = 0$, H_1 为 $a_1 < 0$,若平稳性检验的检验结果为 $a_0 = 0$,则拒绝 H_1,表明原序列存在单位根,是非平稳时间序列;若检验结果为 $a_1 < 0$,则拒绝 H_0,表明原序列不存在单位根,是平稳时间序列。

2. 竞争战略影响企业绩效的脉冲响应函数

鉴于 VAR 模型变量解释的难度较大,可以借助方差分解和脉冲响应函数分析其动态特征,了解模型中每个内生变量对包括其自身在内的所有内生变量变化所产生的反映。为了更为直观地观察 VAR 模型的动态变化过程,寻找时滞效应规律,本书选用脉冲响应函数分析竞争战略绩效的时滞效应,可以直观反映内生变量随机扰动项变动对所有内生变量的影响。

利用脉冲响应函数分析 VAR 模型的具体实施步骤如下:①利用 Eviews8.0 建立 VAR 模型;②在 VAR 模型的基础上建立脉冲响应函数;③给予内生变量随机扰动项一个标准差冲击,观察变量间动态作用的变化路径;④提取脉冲响应图,并依此来分析不同竞争战略对企业绩效的影响强度和持续时间。

3. 竞争战略时滞效应的类型

竞争战略影响企业绩效的 VAR 模型中包含三个内生变量——低成本因子、

差异化因子及企业绩效,可以产生 9 条脉冲轨迹,即低成本因子对其自身的影响、低成本因子对差异化因子的影响、低成本因子对企业绩效的影响、差异化因子对低成本因子的影响、差异化因子对其自身的影响、差异化因子对企业绩效的影响、企业绩效对低成本因子的影响、企业绩效对差异化因子的影响以及企业绩效对其自身的影响。本书主要探索竞争绩效的时滞效应,且重点研究低成本战略绩效时滞效应和差异化战略绩效时滞效应。因此,本书仅提取低成本因子影响企业绩效的脉冲轨迹、差异化因子影响企业绩效的脉冲轨迹。

通过观察和分析样本企业的脉冲轨迹发现,竞争战略时滞效应大致可以分为以下三类。

1)脉冲轨迹始终为负

任何战略的实施都与风险相伴,无论是低成本战略还是差异化战略均存在战略实施失败的风险。样本企业实施竞争战略后其企业绩效水平始终为负,表明战略并未给企业带来企业绩效水平的提升,反而导致企业连续亏损,战略实施失败。

2)脉冲轨迹连续波动

企业在战略实施的过程中可能进行并购、重大投融资活动等,这些活动可以在一定程度上影响企业的绩效水平,如企业在进行并购重组时,其股价多半会大幅度提高,并购后组织机构的整合及文化磨合可能导致企业绩效水平下滑,企业绩效波动。

3)脉冲轨迹呈生命周期趋势

对大多数企业而言,实施竞争战略后其脉冲轨迹呈生命周期趋势。在战略实施的初期,由于大量沉没成本的投入,企业绩效出现一定时期的下滑;随后竞争战略开始发挥效用,企业绩效水平提升;任何战略都不可能一劳永逸,随着竞争对手的模仿、替代产品的出现,企业绩效水平开始下滑,竞争战略所带来的效用也将逐渐消失。

本书重点分析竞争战略影响企业绩效的时滞效应,故剔除脉冲轨迹连续波动以及脉冲轨迹始终为负的样本,重点分析呈生命周期趋势的脉冲轨迹。通过比较不同产业企业、不同行业企业以及高科技企业的脉冲轨迹,探索竞争战略绩效的时滞效应规律。

5.5.4　模型估计及结果分析

本书采用财务数据分析竞争战略绩效的时滞效应,数据来源为国泰安数据库。由于模型参数需要较长的滞后期才能估算出来,因此选取上海证券交易所上市公司 2005 年 1 季度~2014 年 4 季度 40 期的季度数据进行分析。初始样本量为948,剔除标有 ST 或 *ST 企业、个别数据缺失企业、上市不足 4 年的企业及金融行业企业,最终得到 778 家上市公司 10 年期季度财务数据。

1. 验证性因子分析

验证性因子分析是变量降维的重要工具之一,本书采用 CFA 降低原始变量维度,构建战略因子,并依据战略因子得分判断企业的竞争战略类型。本书主要比较不同产业、不同行业及高科技企业竞争战略影响企业绩效的时滞效应,为了避免模型不稳定造成的结果误差,首先进行稳健性检验:①建立针对所有上海证券交易所上市公司的战略类型识别模型,通过验证性因子分析判断不同产业企业及不同行业企业的竞争战略类别;②建立针对高科技企业的小样本战略类型识别模型,通过验证性因子得分判断企业的竞争战略类别;③比较两种战略类型识别模型的结果是否统一。

1)全样本企业的验证性因子分析

全样本企业在进行 CFA 检验前需要对其进行检验,以判断样本数据是否适合进行 CFA 检验。本书利用 SPSS19.0 进行 KMO 和 Bartlett 检验,分析结果(见表5.4)表明,KMO 值为 0.526,Sig. 值为 0.000,样本数据适合进行因子分析,故可以利用 CFA 对因子进行降维。

表 5.4　KMO 和 Bartlett 检验

取样足够度的 KMO 度量		0.526
Bartlett 球形度检验	近似卡方	9339.010
	自由度	10
	显著值 Sig.	0.000

根据特征值大于 1 的提取原则提取公因子,共提取两个公因子,解释原有变量总方差 54.645%,信息丢失相对较少;进行因子旋转,发现员工效率在两个公因子上的因子载荷较低,故予以剔除,得到表 5.5。观察表 5.5 发现,固定资产周转率和总资产周转率在 F_1 上因子载荷较高,研发费用率、期间费用率和营业毛利率在 F_2 上因子载荷较高,由于固定资产周转率和总资产周转率是衡量低成本战略的重要指标,而研发费用率、期间费用率及营业毛利率三个指标与差异化战略关系密切,本书将 F_1 定义为低成本因子,F_2 定义为差异化因子。

表 5.5　旋转后的因子载荷矩阵

指标	成分	
	F_1	F_2
固定资产周转率	0.760	0.163
总资产周转率	0.710	−0.302
研发费用率	−0.288	0.603

指标	成分	
	F_1	F_2
期间费用率	−0.295	0.522
营业毛利率	−0.115	0.747

比较各期企业的战略因子得分,并依据竞争战略类型识别原则判断企业竞争战略类型,最终得到低成本样本个数为 265,差异化战略样本个数为 321,混合战略样本个数为 192。考虑到混合战略可以视为某个特定区域的低成本战略或差异化战略,本书剔除混合战略样本,仅分析差异化样本和低成本样本的时滞效应,不同产业、不同行业企业的样本分布情况见表 5.6 和表 5.7。

表 5.6 不同产业样本分布

产业类型	低成本战略	差异化战略	总计
第一产业	10	30	40
第二产业	144	187	331
第三产业	111	104	215

表 5.7 不同行业样本分布

行业类型	低成本战略	差异化战略	合计
A 农林牧渔业	3	7	10
B 采掘业	5	18	23
C 制造业	134	150	284
D 电力、煤炭及水的生产和供应业	2	32	34
E 建筑业	12	6	18
F 交通运输仓储业	7	45	52
G 信息技术业	20	10	30
H 批发和零售贸易	57	12	69
J 房地产	18	18	36
K 社会服务业	3	12	15
L 传播与文化产业	2	3	5
M 综合类	2	8	10

注:本书参考了国民经济行业分类(GB/T 4754—2002),并进行了适当的整合,行业标号也进行了相应调整。

2)高科技企业的验证性因子分析

为了进一步分析竞争战略绩效的滞后效应,本书在原始样本的基础上选取"十二五"规划重点支持的企业进行研究,最终得到上海证券交易所高科技企业 151

家。为了保证战略类型识别模型的稳健性,在进行高科技企业验证性因子分析时引入市价账面价比,并用营业毛利率的平方和固定资产周转率的平方替代原有变量。首先,检验高科技样本企业是否适合进行 CFA 检验,观察 KMO 和 Bartlett 球形度检验的检验结果,发现 KMO 值为 0.543,样本数据可以进行验证性因子分析,Sig. 值为 0.000,非常适合进行验证性因子分析;其次,进行 CFA 检验,提取公因子,按照特征值大于 1 的提取原则共提取 2 个公因子,公因子共解释原有变量65.92%,较好地保存了原有变量信息,CFA 结果较为理想;再次,进行因子旋转和因子命名,实证结果表明市价账面价比在 F_2 上因子载荷较低,员工效率在 F_1 上因子载荷较低,剔除这两个因子,最终得到表 5.8。

表 5.8　旋转成分矩阵

指标	成分	
	F_1	F_2
固定资产周转率	0.877	−0.090
总资产周转率	0.885	−0.128
研发费用率	−0.314	0.578
期间费用率	0.011	0.896
营业毛利率	−0.108	0.760

观察表 5.8 发现,固定资产周转率和总资产周转率在 F_1 上因子载荷较高,研发费用率、期间费用率和营业毛利率在 F_2 上因子载荷较高,由于固定资产周转率和总资产周转率与低成本战略关系密切,将 F_1 定义为低成本因子。研发费用率、期间费用率和营业毛利率与差异化战略关系密切,将 F_2 定义为差异化战略。

计算战略因子得分,逐期比较样本企业两个战略因子的大小,如果样本企业某期的差异化因子得分大于低成本因子,则认为该样本企业当期实行差异化战略,反之,则将其定义为低成本战略。根据战略识别原则计算两种竞争战略占比,判断样本企业的竞争战略类型。经判断得出高科技企业共有 58 个低成本样本、80 个差异化样本以及 12 个混合战略样本。

比较全样本企业的战略识别结果与高科技企业的战略识别结果发现,样本企业的战略类别并未发生改变,模型通过了稳健性检验,这表明竞争战略识别模型可以较好判断企业的竞争战略类型,其分析结果可以应用于下面研究。

2. 平稳性检验

为了避免伪回归问题,首先对样本数据进行平稳性检验。

1)低成本样本平稳性检验

逐一检验构建低成本战略滞后效应模型所需变量的平稳性,分析所有检验结果发现,differ、lowcost、ROE、mshare、oncf 的 ADF(augment Dickey-Fuller,ADF)单位根检验结果小于临界值,P 值接近 1%,通过平稳性检验,而 size 和 ratio 的 ADF 检验结果超过临界值,表明 size 和 ratio 为非平稳时间序列,对其进行一阶差分,时间序列平稳,可以建立 VAR 模型。

2)差异化样本平稳性检验

逐一检验构建差异化战略滞后效应模型所需变量的平稳性,分析所有检验结果发现,differ、lowcost、ROE、mshare、oncf 的 ADF 检验结果小于临界值,P 值接近 1%,通过平稳性检验,而 size 和 ratio 的 ADF 检验结果大于临界值,为非平稳时间序列,对其进行一阶差分,时间序列平稳,可以建立 VAR 模型。

3. 建立 VAR 模型及脉冲响应函数

本书主要分析竞争战略影响企业绩效的时滞效应,竞争战略为解释变量,企业绩效为被解释变量,企业规模、现金流量净额、市场份额、资产负债率为控制变量。因此,本书将战略因子 differ、lowcost,企业绩效 ROE 视为 VAR 模型的内生变量,mshare、oncf、size、ratio 四个变量视为 VAR 模型的外生变量,基于此构建 VAR 模型。由于本书最终研究样本为 586 家上海证券交易所上市企业,需要进行 586 次参数估计。根据 AIC 和 SC 准则分析参数估计结果,确定 VAR 模型的最优滞后阶数,剔除实证分析结果不显著的控制变量 mshare,建立样本企业的 VAR 模型。

由于 VAR 模型参数难以估计,结果分析困难,本书引入脉冲响应函数,借助脉冲响应图分析竞争战略影响企业绩效的时滞效应,并根据脉冲响应结果将竞争战略的时滞效应分成三类,剔除脉冲结果始终为负及脉冲轨迹连续波动的样本,仅分析脉冲轨迹呈生命周期趋势的样本,最终得到低成本样本 158 个,差异化样本 143 个。

本节重点阐述时滞效应研究所需模型的运行机理及构建步骤,首先,阐述识别竞争战略类型的原则及基本模型;其次,介绍向量自回归模型的基本构成以及脉冲响应函数的运行机理;再次,对样本企业进行模型估计和结果分析,计算企业的战略因子得分,依据识别原则判断企业的竞争战略类型,在此基础上进行稳健性检验,检验战略识别模型的信度;最后,建立 VAR 模型和脉冲响应函数,划分时滞效应类型,并对实证结果进行描述性统计。

5.6　竞争战略影响企业绩效的时滞效应分析

5.6.1　不同产业竞争战略影响企业绩效时滞效应分析

竞争战略影响企业绩效的时滞效应主要体现在企业绩效滞后于战略实施、战略实施后企业绩效持续两个方面,本节首先分析样本企业选择竞争战略的偏好,揭示不同类型竞争战略的实施风险,在此基础上进一步分析企业绩效的滞后性和持续性,全面分析竞争战略影响企业绩效的时滞效应。

1. 不同产业实施竞争战略的战略偏好与风险

按照传统产业经济理论的分类,本书将企业划分为三大产业,剔除实施混合战略的样本,最终得到第一产业样本 40 个,第二产业样本 331 个,第三产业样本 215 个。观察表 5.9 不同产业竞争战略的分布情况,发现第一产业企业和第二产业企业实施差异化战略的样本比例较高,而第三产业企业实施低成本战略的样本比例较高。以上表明,第一产业企业和第二产业企业在实施竞争战略时更偏向于选择差异化战略,而第三产业企业更偏向于选择低成本战略。

表 5.9　不同产业竞争战略分布

产业类型	低成本战略/%	差异化战略/%
第一产业	25.00	75.00
第二产业	42.68	57.32
第三产业	51.63	48.37

战略实施存在风险,本书在 VAR 模型的基础上建立了脉冲响应函数,根据脉冲响应结果划分时滞效应类型,并以脉冲结果始终为负的样本占总样本的比例衡量战略的实施风险。通过对比不同产业实施竞争战略的风险(见图 5.2),发现差异化战略的实施风险显著高于低成本战略,其中,第一产业实施差异化战略风险高于低成本战略 33.33%,第二产业实施差异化战略的风险高出低成本战略 7.33%,第三产业实施差异化战略的风险高出低成本战略 10.68%。

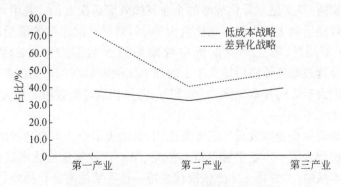

图 5.2　不同产业实施竞争战略的风险比较

分析战略实施风险产生的原因,发现差异化战略实施风险偏高主要是由竞争战略的特性和我国的产业特征所导致。

(1)战略实施特点影响企业的战略实施风险。首先,差异化战略实施前期企业需要投入大量的时间和资金,从而增加资金运营风险,这导致企业的机会成本和时间成本上升;其次,企业实施差异化战略可能导致价格敏感型顾客流失,而产品差异定位不明确可能导致原有顾客持观望态度,从而增加销售环节风险;此外,任何战略的成功实施都会引来大批模仿者,导致企业的利润空间降低。

(2)产业特征影响企业的战略实施风险。第一产业差异化战略的实施风险最高,主要是由于第一产业受自然因素影响较大,一旦实施差异化战略需要较长时间才可以得到绩效提升;第三产业实施差异化战略的风险次之,第三产业是国家和政府大力扶持的朝阳产业,发展态势良好。但是由于我国高新人才匮乏、研发投入偏低,我国的自主创新能力相对较弱,企业实施差异化战略的风险较高;第二产业实施差异化战略的风险最低。

2. 不同产业实施竞争战略影响企业绩效的滞后性分析

在 VAR 模型的基础上建立脉冲响应函数,划分时滞效应类型,剔除脉冲响应结果始终为负的样本及脉冲轨迹连续大幅波动的样本,最终得到低成本样本 158 个,差异化样本 143 个,其中第一产业样本 12 个,第二产业样本 182 个,第三产业样本 107 个。

低成本战略的竞争优势在于低廉的成本费用,差异化战略的竞争优势在于产品或服务的差异化。运行模式的不同可能导致企业绩效滞后期差异,企业可以通过降价促销等方式快速实行低成本战略,而实施差异化战略的企业则需要经过研发新产品、设计特色外观、建立分销渠道、完善服务体系等多个环节,故实施差异化战略的企业绩效滞后期可能长于低成本战略的绩效滞后期。

观察不同产业滞后期的分布情况(见图 5.3)可以发现,企业绩效确实滞后于竞争战略的实施,且实施差异化战略的企业其绩效滞后期更长。其中,第一产业低成本战略绩效滞后期大于 1 的样本比例为 20%,差异化战略绩效滞后期大于 1 的样本比例为 37.5%;第二产业低成本战略绩效滞后期大于 1 的样本比例为 26.51%,差异化战略绩效滞后期大于 1 的样本比例为 43.75%;第三产业低成本战略绩效滞后期大于 1 的样本比例为 26.23%,差异化战略绩效滞后期大于 1 的样本比例为 43.14%。

图中横轴表示企业绩效滞后期分布比例,纵轴表示企业采取的战略类型,低成本 1、2、3 依次代表第一产业实施低成本战略、第二产业实施低成本战略和第三产业实施低成本战略,差异化 1、2、3 依次代表第一产业实施差异化战略、第二产业实施差异化战略和第三产业实施差异化战略。

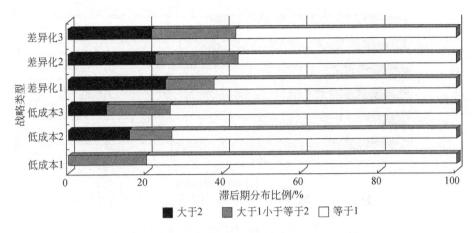

图 5.3　不同产业竞争战略影响企业绩效的滞后期

3. 不同产业实施竞争战略影响企业绩效的持续性分析

资源学派指出资源可以为企业带来竞争优势,但是并非所有的资源都可以为企业创造竞争优势,只有当资源满足超低价格获取、本身稀缺、存在一定价值、不易被替代模仿四个条件时才可以创造竞争优势。低成本战略的竞争优势在于低廉的成本费用,故其战略模仿壁垒较低,竞争对手可以通过迅速采取价格战、促销等方式模仿企业战略,瓜分企业市场份额;由于差异化战略实施前期需要高额的沉没成本,企业在实施差异化战略之前多会进行长期的市场调研,以准确把握市场动向,降低运营风险。除了前期的市场调查外,差异化战略还会建立完善的分销渠道,通过树立品牌形象培养忠实的消费群体。采取跟随战略的企业可以在短期内模仿企业生产运营的某一环节,实现企业绩效水平提升,但无法在短期内模仿一系列的生产环节,如产品研发、外观设计、销售渠道建设以及品牌形象树立。因此,差异化战略的持续期应该长于低成本战略。

观察图 5.4 发现,竞争战略实施后企业绩效水平变化并未马上消失,而是延续了一段时间,这表明竞争战略绩效的时滞效应存在一定的持续性。第一产业低成本战略绩效持续期超过 8 期的样本比例为 60%,差异化战略绩效持续期超过 8 期的样本比例为 37.5%,低成本战略绩效持续期长于差异化战略绩效持续期,与上述分析不符。第二产业低成本战略绩效持续期超过 8 期的样本比例为 37.08%,差异化战略绩效持续期超过 8 期的样本比例为 51.93%,差异化战略绩效持续期长于低成本战略,与上述分析相符。第三产业低成本战略绩效持续期超过 8 期的样本比例为 56.06%,差异化战略绩效持续期超过 8 期的比例为 45.1%,低成本战略绩效持续期长于差异化战略,与上述分析不符。

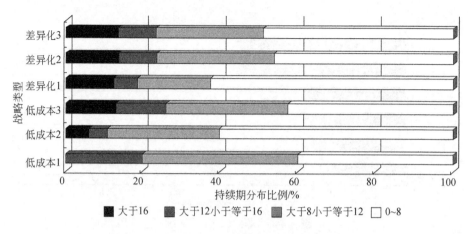

图 5.4　不同产业竞争战略影响企业绩效的持续期

图 5.4 中横轴表示竞争战略影响企业的持续期分布比例,纵轴表示企业实施的战略类型,其中低成本 1、2、3 分别代表第一产业实施低成本战略、第二产业实施低成本战略、第三产业实施低成本战略,差异化 1、2、3 分别代表第一产业实施差异化战略、第二产业实施差异化战略、第三产业实施差异化战略。

第一产业和第三产业实施低成本战略绩效持续期较强,主要是由产业特征和我国特殊国情导致的。第一产业是国家发展的基础产业,从先天条件分析,我国劳动力资源丰富、低廉,拥有实施低成本战略的先天优势;从后天环境分析,国家宏观调控粮油等生活必需品价格,为低成本战略的实施奠定了基础;从消费心理角度分析,第一产业的购买行为多为习惯性购买,具有经常性、习惯性和稳定性等特点,消费者不会耗费较多时间及精力来选择产品,也很少会注意到产品之间的差异,故第一产业实施低成本战略的绩效持续期长于差异化战略。第三产业是我国经济发展的朝阳产业,由于我国的自主创新能力仍相对薄弱,企业通过降低产品价格来弥补差异化战略所带来效用的现象较为普遍。此外,第三产业企业具有生命周期相对较短、更新速度快的特点。企业实施差异化战略只能在短期内取得一定的竞争优势,随着竞争对手的模仿及产品的更新换代,企业的竞争优势也将消失殆尽。因此,从我国目前状况来看,第三产业企业实施低成本战略可以获得更为持久的战略绩效。

5.6.2　不同行业竞争战略影响企业绩效时滞效应分析

本书参考国民经济行业分类(GB/T 4754—2002),将企业划分为 12 个行业,根据数据筛选原则,剔除标有 ST 和 * ST 的样本企业、个别数据缺失样本、数据波动较大的金融业样本以及上市未满 4 年的样本,最终得到 778 家上市公司的季度财务数据。在行业分类中,如果完全采用国标行业分类,部分行业样本数量太少,所以本书适当进行了整合处理,行业标号也进行了调整。其中,农林牧渔行业样本

11 个,采掘业样本 34 个,制造业样本 377 个,建筑业样本 27 个,交通运输仓储业样本 58 个,信息技术业样本 39 个,房地产业样本 66 个,电力、煤炭及水的生产和供应业样本 44 个,综合类样本 13 个,批发和零售贸易业样本 81 个,传播与文化产业样本 9 个,社会服务业样本 19 个。

1. 不同行业实施竞争战略的战略偏好与风险

根据权变理论的内容可知,环境因素是企业战略选择的重要影响因素,为了进一步了解产业环境对竞争战略选择的影响,本节首先分析不同行业企业选择竞争战略的偏好,并在此基础上比较不同类型竞争战略的实施风险,为不同行业企业的战略选择提供现实依据。

本节借助验证性因子分析方法计算战略因子的因子得分,并根据战略识别原则判断企业战略类型,最终得到低成本战略样本 265 个,差异化战略样本 331 个,混合战略样本 192 个,本书剔除混合战略样本、企业绩效始终为负的样本以及企业绩效连续大幅波动的样本,仅分析低成本战略、差异化战略绩效的时滞效应,具体样本分布可见表 5.10。

表 5.10　样本行业分布状况

行业类型	低成本战略		差异化战略		混合战略
	原始样本	剔除样本	原始样本	剔除样本	原始样本
A 农林牧渔业	3	1	7	3	1
B 采掘业	5	2	18	6	11
C 制造业	134	50	150	92	93
D 电力、煤炭及水的生产和供应业	2	0	32	15	10
E 建筑业	12	6	6	5	9
F 交通运输仓储业	7	3	45	27	6
G 信息技术业	20	8	10	4	9
H 批发和零售贸易	57	25	12	5	12
J 房地产	18	10	18	12	30
K 社会服务业	3	2	12	4	4
L 传播与文化产业	2	0	3	2	4
M 综合类	2	0	8	3	3

观察表 5.10 可以发现,大多数行业在进行战略选择时更倾向于选择差异化战略,如农林牧渔业、采掘业、制造业、电力、煤炭及水的生产和供应业、交通运输仓储业、社会服务业以及综合类行业,其原因主要是差异化战略可以降低消费者的价格敏感度,为企业带来高额利润;部分行业企业在选择竞争战略时更加偏向于低成本战略,如建筑业、信息技术业、批发和零售贸易业。究其原因主要是行业的特殊性

导致竞争十分激烈,消费者价格敏感度高,品牌忠诚度低。

机遇与风险总是相伴而生,战略实施在给企业带来利润水平提升的同时也增加了企业的运营风险,竞争战略的实施同样存在运营风险。本书将脉冲结果始终为负的样本视为战略实施失败的样本,失败样本所占比例视为战略实施的风险。通过分析样本行业分布状况图可以发现,除了采掘业、批发和零售贸易业、社会服务业实施低成本战略风险偏高以外,其他 9 个行业实施差异化战略的风险均高于低成本战略。

2. 不同行业竞争战略影响企业绩效的滞后性分析

利用 EViews8.0 建立 VAR 模型,在此基础上建立脉冲响应函数,制作 586 个样本的脉冲响应图,剔除脉冲轨迹始终为负及脉冲轨迹连续波动较大的样本,最终得到 301 个样本企业的脉冲响应轨迹,其中低成本样本 158 个,差异化样本 143 个。由于研究样本量较大,不能逐一展示 301 家企业的脉冲响应结果,本书利用描述性统计分析低成本战略和差异化战略绩滞后期之间的差异。

观察表 5.11 可以发现,低成本战略的最短滞后期为 1 期,最长滞后期为 5 期,平均滞后期为 1~2 期。根据样本数量计算加权平均值,得出低成本战略的平均滞后期为 1.39;观察表 5.12 可以发现,差异化战略的最短滞后期为 1 期,最长滞后期为 6 期,平均滞后期为 1.44~3.38 期。根据样本数量计算加权平均值,得出差异化战略的平均滞后期为 1.87,即差异化战略的绩效滞后期长于低成本战略的绩效滞后期;进一步比较不同行业样本企业的绩效滞后期发现,批发和零售贸易业实施低成本战略的滞后期长于差异化战略,而其余的 11 个行业实施低成本战略的滞后期均短于差异化战略。

表 5.11　低成本战略滞后期的描述性统计

	A	B	C	D	E	F	G	H	J	K	L	M
平均值	1.5	1.67	1.42	1	1.17	1	1.46	1.39	1.38	2	1	1.5
中位数	1.5	1	1	1	1	1	1	1	1	2	1	1.5
标准差	0.71	1.15	0.8	0	0.41	0	0.72	0.85	0.52	0	0	0.71
最小值	1	1	1	1	1	1	1	1	1	2	1	1
最大值	2	3	4	1	2	1	3	3	2	2	1	2
观察数	2	3	84	2	6	4	12	32	8	1	2	2

表 5.12　差异化战略滞后期的描述性统计

	A	B	C	D	E	F	G	H	J	K	L	M
平均值	1.63	1.75	1.66	2.12	3	1.44	2.5	1.29	2	3.38	3	2.6
中位数	1.5	1	1	2	3	1	2.5	1	2	4	3	3

续表

	A	B	C	D	E	F	G	H	J	K	L	M
标准差	0.75	1.29	1.13	1.23	0	0.92	1.38	0.49	1.1	2.07	0	0.89
最小值	1	1	1	1	3	1	1	1	1	1	3	1
最大值	2.5	5	5	4.5	3	4	4	2	4	6	3	3
观察数	4	12	58	17	1	18	6	7	6	8	1	5

3. 不同行业竞争战略绩效的最大响应期

竞争战略实施一段时间后可以带来企业绩效水平的提升,战略的竞争优势会在一定时期内达到最大。观察表 5.13 和表 5.14 可以发现,低成本战略的最大响应期为 2～6 期,加权平均值为 3.01,差异化战略的最大响应期为 2.92～4.69 期,加权平均值为 3.30,差异化战略的最大响应期晚于低成本战略。逐一比较不同行业竞争战略的最大响应期发现,采掘业、制造业、交通运输仓储业、批发和零售贸易业、综合类行业实施差异化战略可以更快发挥战略的最大效用,而电力、煤炭及水的生产和供应业、建筑业、信息技术业、房地产业、社会服务业、传播与文化产业实施低成本战略可以更快发挥战略的最大效用。

表 5.13　低成本战略最大响应期的描述性统计

	A	B	C	D	E	F	G	H	J	K	L	M
平均值	3	3.33	3.22	2	1.17	3.25	2.54	2.89	2.69	3	2.5	6
中位数	3	2	3	2	1	3	2.5	2	2.25	3	2.5	6
标准差	0	2.31	2.54	0	0.41	1.26	0.56	2	1.03	0	0.71	5.66
最小值	3	2	2	2	1	2	2	2	2	3	2	2
最大值	3	6	20	2	2	5	3.5	13	5	3	3	10

表 5.14　差异化战略最大响应期的描述性统计

	A	B	C	D	E	F	G	H	J	K	L	M
平均值	3	2.92	3.09	3.71	3.5	3.17	3.58	2.86	2.92	4.69	3.5	4.3
中位数	3	2.5	3	3.5	3	3.25	3	2.75	5	3.5	4
标准差	0	1.22	1.14	1.16	0	1.1	0.74	0.9	1.11	1.25	0	1.72
最小值	3	2	1	2	3.5	2	3	2	2	3	3.5	2
最大值	3	6	7	6	3.5	6	4.5	4	5	6.5	3.5	6

4. 不同行业实施竞争战略影响企业绩效的持续性分析

竞争战略的实施可以带来企业绩效水平的变化。由于战略惯性等因素的存在,这种变化会持续一段时间。观察表 5.15 可以发现,低成本战略的平均持续期为 7~14.63 期,加权平均持续期为 10.8,最长持续期为 39,最短持续期为 3。观察表 5.16 可以发现,差异化战略的平均持续期为 4~16.25 期,加权平均持续期为 10.87,最长持续期为 39,最短持续期为 1。在此基础上进一步比较不同行业企业的持续期发现,建筑业、房地产业、电力、煤炭及水的生产和供应业、采掘业、信息技术业、批发和零售贸易业、传播与文化产业实施低成本战略可以获得更长的持续期,而农林牧渔业、制造业、交通运输仓储业、社会服务业、综合类行业采取差异化战略可获得更长的持续期。

表 5.15　低成本战略持续期的描述性统计

	A	B	C	D	E	F	G	H	J	K	L	M
平均值	7	12	9.46	11.5	7.67	7.75	13.96	13.36	14.63	7	12.5	11
中位数	7	7	8	11.5	6	8	10	11.5	9.5	7	12.5	11
标准差	4.24	9.54	5.91	0.71	5.32	4.03	10.11	9.6	12.27	0	3.54	4.24
最小值	4	6	2	11	4	3	4	3	4	7	10	8
最大值	10	23	35	12	18	12	34	39	39	7	15	14

表 5.16　差异化战略持续期的描述性统计

	A	B	C	D	E	F	G	H	J	K	L	M
平均值	8.88	8.75	10.73	10.53	4	12.94	9.33	11.14	7.83	16.25	6	11.8
中位数	7	6.5	9	9	4	11	9	10	5.5	14	6	9
标准差	5.78	6.62	6.82	5	0	6.98	2.25	5.55	5.27	10.17	0	5.93
最小值	4.5	1	2	4	4	7	4	4	4	6	6	6
最大值	17	22	33	23	4	30	12	20	18	39	6	20

　　综上可以发现:①农林牧渔业、制造业、交通运输仓储业、综合类行业更倾向于选择战略实施风险较高的差异化战略,战略实施过程中其绩效呈现滞后期长、持续期长的特点;②电力、煤炭及水的生产和供应业、传播与文化产业倾向于选择战略实施风险较高的差异化战略,战略实施过程中其绩效呈现滞后期长、持续期短的特点;③建筑业、信息技术业倾向于采取实施风险较低的低成本战略,战略实施过程中企业绩效呈现出滞后期短、持续期长的特点;④批发和零售贸易业、社会服务业更倾向于选择战略实施风险较高的低成本战略,战略实施过程中企业绩效呈现出滞后期长、持续期长的特点;⑤采掘业倾向于选取战略实施风险较低的差异化战略,战略实施过程中绩效呈现滞后期长、持续期短的特点;⑥房地产业无明显战略选择倾向,由于差异化战略具有实施风险较高、滞后期长、持续期短的特点,企业在进行战略选择时可以选择低成本战略。

5.6.3　高科技企业竞争战略影响企业绩效时滞效应分析

高科技企业是经济发展的支柱型产业,在一定程度上代表着国家的核心竞争力。随着市场竞争的日趋激烈,我国企业的生存压力不断增大。为了进一步分析竞争战略影响企业绩效的时滞效应,了解时滞效应对高科技企业的影响,本书在分析不同产业企业、不同行业企业竞争战略时滞效应的基础上,重点分析"十二五"规划重点支持的高科技企业,根据验证性因子分析结果判断企业竞争战略类别,最终得到 59 个低成本样本,80 个差异化样本。

1. 高科技企业实施竞争战略的战略偏好及风险

根据脉冲响应轨迹划分竞争战略时滞效应类别,剔除脉冲响应结果始终为负及脉冲轨迹连续波动的企业,最终得到低成本样本 40 个,差异化样本 47 个(见图5.5)。观察图 5.5 可以发现,高科技企业倾向于实施差异化战略。

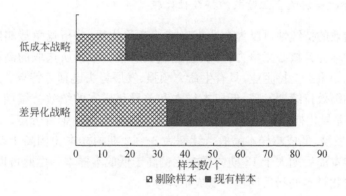

图 5.5　高科技企业样本分布状况

战略的实施存在风险,本书将脉冲响应结果始终为负的企业定义为战略实施失败的企业,并以失败企业占比作为衡量战略实施风险的标准。经计算得出低成本战略的实施风险为 25.86%,差异化战略的实施风险为 32.5%,高科技企业实施差异化战略的风险高于低成本战略。

2. 竞争战略影响企业绩效的滞后性比较

本书在比较不同产业、不同行业竞争战略绩效时滞效应的基础上,进一步分析高科技企业的战略时滞效应。研究发现,竞争战略影响企业绩效存在一定的滞后性。通过对比低成本样本和差异化样本的滞后期分布状况(见图 5.6)发现,低成本样本和差异化样本的滞后期主要集中于 1 期,其中低成本样本滞后期大于 1 期的样本比例为 27%,差异化样本滞后期大于 1 期的样本比例为 41%,这表明低成本战略的绩效滞后期较短,而差异化战略的绩效滞后期则相对较长,与不同产业竞争战略绩效滞后性分析结果相同。

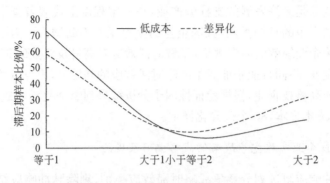

图 5.6　竞争战略绩效的滞后期分布

3. 竞争战略影响企业绩效的持续性比较

企业绩效的持续性可以为企业带来持续竞争优势,分析竞争战略绩效的持续性可以帮助培养其核心竞争力,加快企业成长步伐。本书所选取的高科技企业是"十二五"规划重点支持企业,具有生命力顽强、发展势头迅猛等特点。通过观察高科技样本的绩效持续期发现,低成本样本和差异化样本的绩效持续期主要集中在0~8期,且差异化样本的样本比例高于低成本样本比例一个百分点。进一步分析(见图 5.7)发现,低成本样本绩效持续期为 8~12 期的样本比例高于差异化样本,而差异化样本滞后期大于 12 期的样本比例高于低成本样本。由此可以得出,高科技企业差异化样本的滞后期长于低成本样本。

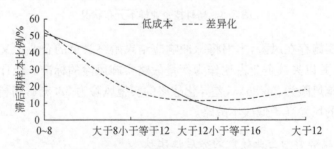

图 5.7　竞争战略影响企业绩效的持续期分布

高科技企业是新兴企业的代表,是我国进行自主创新、改善和优化产业结构的前沿阵地,目前我国高科技企业倾向于选择绩效持续期较长的差异化战略,但差异化战略具有实施风险高、绩效滞后期长的特点,存在一定的缺陷。

5.6.4　政策建议

本书在现有学术研究的基础上分析了竞争战略与企业长期绩效之间的动态关系,通过数理建模和实证分析得出了一些研究成果,根据研究结论,提出如下政策建议。

企业绩效受竞争战略的影响表现出一定的滞后性和持续性,企业应该重视战略绩效的时滞效应,尽可能采取措施缩短战略绩效的滞后期,同时延长战略绩效的持续期。由于时滞效应的存在,企业在实施竞争战略后并不能马上带来企业绩效水平的提升,而是会滞后一段时间。相应地,由于战略实施惯性的存在,竞争战略所带来的绩效水平也会持续一段时间,企业应该充分重视战略绩效的时滞效应,同时尽可能缩短战略绩效的滞后期,延长战略绩效的持续期。具体可以采取以下几点:首先,企业应该重视科技创新,加大科研开发力度,缩短产品研发和投放周期,培养企业的核心竞争力,提高企业的综合竞争实力;其次,企业应该建立完善高效的信息传递系统和信息反馈机制,保证企业信息、客户信息、供应商信息和销售信息的快速传递,最大幅度缩短信息传递过程所导致的时间滞后;再次,企业应该拓展产品销售渠道,建立完善的产品分销渠道,优化销售网络,实现线上平台和线下市场的无缝对接;最后,根据企业发展需要,裁汰冗员,精简组织机构,在降低企业运营成本的同时提高企业的运营效率,扩大企业的盈利空间。

企业应该科学选择竞争战略,根据企业所处的行业环境、产业特征、企业发展目标及竞争战略的特点选择最适合企业发展的战略。差异化战略和低成本战略本身并无优劣之分,但受到外部环境的影响,其绩效表现不尽相同。首先,企业应该根据产业环境及战略特性选择竞争战略。第一产业企业和第三产业企业为了缩短绩效滞后期同时延长绩效持续期应该尽可能选择低成本战略,第二产业企业在进行战略选择时应权衡战略绩效滞后期和持续期之间的关系,当企业资金受限,急需改变运行现状时可以采取低成本战略以迅速摆脱企业运营困境,当企业资金充足,运营状况良好时可以采取差异化战略提高企业的综合竞争力;其次,企业应该根据企业产业特征及发展要求选择竞争战略。从战略实施风险角度分析,采掘业、批发和零售贸易业、社会服务业应该实施差异化战略,建筑业、信息技术业、房地产业、制造业、农林牧渔业、交通运输仓储业、综合类行业、电力、煤炭及水的生产和供应业、传播与文化产业应该实施低成本战略。从战略绩效的滞后期角度分析,批发和零售贸易业应该实施差异化战略,而其余的11个行业应该实施低成本战略。从战略绩效的持续期出发,建筑业、采掘业、信息技术业、批发和零售贸易业、电力、煤炭及水的生产和供应业、房地产业、传播与文化产业应该实施低成本战略,农林牧渔业、制造业、交通运输仓储业、社会服务业、综合类行业采取差异化战略;最后,尽管差异化战略的实施风险高,绩效滞后期较长,高科技企业仍应该实施差异化战略,以获得较长的绩效持续期,建立企业的核心竞争优势。

竞争战略的选择应该与企业的外部环境及发展状况相匹配,企业应该关注竞争战略的实施状况,根据产业政策、企业现状等内外因素及时调整其竞争战略。随着我国产业结构升级速度的加快,加强和巩固第一产业、改造和提升第二产业、大力发展第三产业的要求日益迫切。研究发现,第一产业发展势头良好,但发展方式有待改变。我国第一产业企业多为劳动密集型,研发能力偏低,由于长期处于生产链的始端,其路径依赖性强,产品附加值低,企业往往形成低端锁定。虽然目前企业依靠低成本战略可以获得较短的绩效滞后期和较长的绩效持续期,但是,随着农用耕地的不断减少,粮食安全问题日益凸显,低成本战略的比较优势将慢慢消失,第一产业的企业应该迅速转型,积极发展产品深加工,通过延长产业链等方式增加产品的附加价值,实现产业结构的优化升级。第二产业呈现出大而不强的状况,虽然我国被称为"世界工厂",但由于自主研发能力有限,以制造业为代表的第二产业始终处于价值链的末端,高投入、高消耗、高排放的传统经济增长方式严重制约着我国产业结构的优化升级,转变经济增长方式,寻求经济的长期可持续发展成为我国经济发展的重中之重。第二产业的企业选择低成本战略可以获得较短的滞后期,实施差异化战略又可以获得相对持久的竞争优势,可谓进可攻、退可守,但从经济的可持续发展角度考虑,实现产业结构由低技术含量、高劳动密集型的模式向高技术含量、低劳动密集型的产业转型才是企业发展的重点,竞争战略的选择也应该根据产业的发展状况进行适当调整。第三产业是朝阳产业,但是由于起步较晚其对经济和就业的拉动作用还没有完全展现,短期内第三产业的企业可以通过实施低成本战略缩短绩效的滞后期,提高企业的竞争优势,但从长期考虑,企业应提高服务业的技术水平,加大科技创新的力度,尽快实现低附加值的劳动密集型产业向高附加值的技术密集型产业转型,推动我国由高技术产品贸易大国向贸易强国的转变。

本章主要从竞争战略实施偏好和实施风险、战略绩效的滞后性和持续性角度分析战略绩效的时滞效应,探索不同产业企业、不同行业企业及高科技企业的时滞效应规律。①不同产业企业战略绩效时滞效应不同。第一产业企业和第二产业企业更加倾向于实施差异化战略,第三产业企业更加倾向于实施低成本战略;差异化战略的实施风险略高于低成本战略;不同产业企业实施差异化战略的滞后期长于低成本战略的滞后期;第一产业和第三产业实施低成本战略的绩效持续期较长,第二产业实施差异化战略的绩效持续期较长。②不同行业企业战略绩效时滞效应不同。首先,不同行业战略选择偏好不同,农林牧渔业、采掘业、制造业、电力、煤炭及水的生产和供应业、交通运输仓储业、社会服务业以及综合类行业更加倾向于选择差异化战略,建筑业、信息技术业、批发和零售贸易业在进行战略选择时更加倾向于选择低成本战略;其次,不同行业不同类型竞争战略实施风险不同,采掘业、批发和零售贸易业、社会服务业低成本战略的实施风险较高,其他行业企业采取差异化战略失败风险较高;再次,不同行业企业战略绩效滞后期不同,其中批发和零售贸易业企业实施低成本战略滞后期较长,其余 11 个行业企业实施差异化战略滞后期较长;最后,不同行业企业战略绩效持续期不同,其中采掘业、信息技术业、电力、煤炭及水的生产和供应业、批发和零售贸易业、建筑业、传播与文化产业以及房地产业实施低成本战略可以获得较长的绩效持续期,而农林牧渔业、制造业、交通运输仓储业、社会服务业、综合类行业采取差异化战略可以获得更长的绩效持续期。③高科技企业战略绩效时滞效应:高科技企业更加倾向于选择差异化战略,差异化战略的实施风险高于低成本战略,其绩效滞后期和持续期均长于低成本战略。

5.7　结　　论

随着全球经济进入后金融危机时代,企业所面临的外部环境越发动荡,市场竞争日趋激烈,选择并实施合适的竞争战略对企业来说至关重要。本章在传统研究的基础上引入时间维度,借助验证性因子分析识别企业的战略类型,通过 VAR 模型建立战略绩效关系模型,借助脉冲响应函数直观分析战略绩效的时滞效应,比较不同产业企业、不同行业企业及高科技企业竞争战略的选择偏好、实施风险、战略绩效的滞后性和持续性,并利用上海证券交易所全部上市企业 2005 年 1 季度～2014 年 4 季度的季度财务数据进行了实证研究。

通过实证研究分析,得出如下研究结论。

(1)从产业角度进行分析:第一产业企业和第二产业企业在进行战略选择时更加倾向于实施差异化战略,第三产业企业在进行战略选择时更加倾向于实施低成本战略;企业实施差异化战略的风险均高于低成本战略;不同产业企业实施差异化战略均需要面临较长的绩效滞后期;第一产业企业和第三产业企业实施低成本战略可以获得较长的绩效持续期,第二产业企业实施差异化战略可以获得较长的绩效持续期。

(2)从行业角度进行分析:农林牧渔业、采掘业、制造业、电力、煤炭及水的生产和供应业、交通运输仓储业、社会服务业以及综合类行业企业在进行战略选择时更加倾向于选择差异化战略,建筑业、信息技术业、批发和零售贸易业在进行战略选择时更加倾向于选择低成本战略;采掘业、批发和零售贸易业、社会服务业低成本战略的实施风险较高,其他行业企业实施差异化战略风险偏高;批发和零售贸易业实施低成本战略将面临较长的绩效滞后期,而其余的 11 个行业实施差异化战略将面临较长的绩效滞后期;采掘业、建筑业、房地产业、电力、煤炭及水的生产和供应业、信息技术业、传播与文化产业以及批发和零售贸易业实施低成本战略可以获得较长的绩效持续期,而农林牧渔业、制造业、交通运输仓储业、社会服务业、综合类行业采取差异化战略可以获得更长的绩效持续期。

　　(3)从行业成长性角度分析:高科技企业更加倾向于采取差异化战略;高科技企业实施差异化战略将面临更高风险;高科技企业实施差异化战略可以获得更长的绩效滞后期和绩效持续期。

第6章 连锁董事对创新战略的影响研究

6.1 引　言

随着竞争全球化的到来,环境日益多变,组织的创新能力越来越成为决定组织能否取得成功的关键因素之一。企业的创新能力决定了企业技术投资的有效性,是创造新产品或服务的基础。而企业创新能力的大小又在很大程度上取决于其创新战略程度。企业本身所具有的资源是企业提高创新战略程度的基础,对资源的充分利用以及不断更新升级,是企业创新战略有效实施的关键。随着社会网络的不断进化,企业之间网络关系的竞争愈演愈烈,企业连锁董事也逐渐成为一种普遍现象,成为企业获取外部资源的重要途径之一。

6.2 理论基础

6.2.1 传统企业

传统企业指采用传统技术、运用传统方法进行生产或以劳动密集型和资本密集型组织生产经营的各类企业,传统企业涉及第一、第二、第三产业,包括农业、传统制造业、能源工业、传统服务业等。实证研究中,选择全部传统企业比较困难,因此本书选择其中的纺织业、化学原料及化学制品制造业、普通机械制造业、造纸业、塑料制造业、橡胶制造业、电器机械及器材制造业等几大企业。

6.2.2 高新技术企业

高新技术企业是指在国家重点支持的高新技术领域内,通过不断研究开发与技术成果转化,使企业拥有核心自主知识产权,继而开展经营活动的知识技术密集的经济实体。它包含以下相关领域:①资源与环境技术;②航空航天技术;③新能源及节能技术;④新材料技术;⑤高技术服务业;⑥生物与新医药技术;⑦电子信息技术;⑧改造传统产业。

实证研究中,严格地按照上述标准来选择高新技术企业存在一定困难,因此本书选取高新技术上市公司时,参照了高新技术企业的基本特征,主要考虑选择生物医药制造业、信息技术业、电子三大企业。

6.2.3 连锁董事相关概念

1. 连锁董事

连锁董事是指同时在两家或两家以上企业董事会出任董事职位的成员。例如，当任职于企业 A 的董事 O，被企业 B 也聘任为董事，那么 O 就是连锁董事。这种方法可以使得企业 A 和企业 B 之间拥有联结关系，这种联结关系可以帮助企业进行信息资源的交流。实际上，一人担任多个公司的董事的现象无论是国外还是国内都并不罕见。

2. 连锁董事网络

由连锁董事关系可以形成三类网络，董事-企业之间的网络、董事-董事之间的网络以及企业-企业之间的网络。其中董事-企业之间的网络表示连锁董事与企业之间的隶属关系，董事-企业之间关系的网络如图 6.1 所示，其中圆形表示的是连锁董事，三角形表示的是企业。董事-董事之间的网络表示的是通过在同一董事会任职，连锁董事之间形成的个人关系网络，董事-董事之间关系的网络如图 6.2 所示，其中董事与董事之间直接的连线表示的是董事在同一企业任职。企业-企业之间的网络表示的是不同企业通过连锁董事关系，企业-企业之间形成的网络如图 6.3 所示，其中连线表示的是连线两端的企业至少有一个共同的董事。本书将企业与企业之间通过连锁董事关系形成的连锁董事企业网络，称为连锁董事网络。

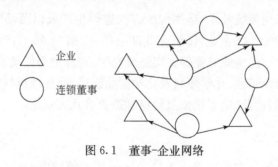

图 6.1　董事-企业网络

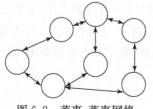

图 6.2　董事-董事网络

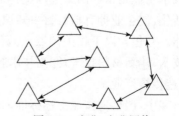

图 6.3　企业-企业网络

3. 连锁董事网络位置

企业网络位置是指企业在与其他企业通过某种关系形成的网络中的位置。企业在网络中的位置在一定程度上决定了企业的影响力和资源的获取能力等,越处于核心位置的企业,获得重要资源,如资金、经验、技术等的能力就越强,对群体的影响力也就越大[149]。由于连锁董事关系的存在,企业与企业之间形成了连锁董事网络。本书将连锁董事网络位置定义为连锁企业在所形成的连锁董事网络图中的位置。

6.2.4　创新战略

创新战略是指为企业创造新产品或服务进行的整体谋划。创新可以通过两种方式实现,即开创性地提出新的创意、发明或利用并提炼已有的经验、知识等,如何在这两种方式之间进行选择是制定创新战略时面临的一个核心问题。由于创新战略数据很难获取,本书借鉴 Olson 等的研究,选择创新投入作为创新战略的代理变量[150],主要表现为企业的研发(research and development,R&D)强度。

6.3　研究内容及方法

6.3.1　研究内容

本章对连锁董事和创新战略之间的关系进行研究。从存在连锁董事关系的企业是否存在创新战略相似性以及企业在连锁董事网络中的位置对创新战略的影响两个方面进行展开。首先,通过对连锁董事、连锁董事网络位置、连锁董事与企业绩效以及创新战略等相关研究文献的归纳总结,提出本书研究的问题以及研究意义。其次,基于文献的回顾和研究问题现状,提出研究假设,并把其作为展开后续研究的基础。再次,结合研究假设,利用 Moran 方法对连锁董事关系与创新战略的相似性进行研究;运用 Ucinet 软件构建 A 股上市公司的连锁董事网络,获得网络中心度等相关指标,并用 Matlab 编程,构建 BP 神经网络模型,对点度中心度、中间中心度和接近中心度与创新战略的关系进行实证分析。最后,根据实证分析结果,得出结论。

6.3.2　研究方法

(1)理论分析研究方法。通过对有关连锁董事、连锁董事网络位置以及连锁董事与企业绩效等有关文献进行总结,了解连锁董事与创新战略研究的有关现状,并据此确定本书的研究重点。

（2）实证分析研究方法。通过空间自相关分析中的 Moran 方法，研究连锁董事关系对创新战略的影响。同时，本书利用 Ucinet 软件获取网络中心度等相关指标，并通过 Matlab 构建 BP 神经网络，对企业在连锁董事网络中的位置与创新战略的关系进行实证分析。

（3）对比分析研究方法。由于传统企业和高新技术企业存在较大差异，本章分别对两类企业的样本公司在连锁董事网络中的位置对创新战略程度的影响进行分析。

6.4　连锁董事网络相关理论及文献综述

6.4.1　连锁董事网络相关理论

董事会是公司治理机制的核心，其作为一种符合市场经济原则的内生组织或制度，承担着提供创造性思维、为公司战略分配资源以及建立与外界联系的任务。它通过所拥有的人力资本和社会资本来帮助公司制定战略决策。

个人的行为嵌入在社会网络中，行动者在做出相应的决策时，也是在与社会网络其他成员的交流互动中完成的。而连锁董事网络作为一种特殊的社会网络，网络中的企业也可以通过连锁关系进行信息交流，并受到其所处群体网络的影响。Adler 等认为连锁董事网络可以让企业有更大的机会接触有用的信息资源，且花费较低的成本[151]。那么，连锁董事的成因是什么？本节通过以下理论来说明。

1）共谋理论

共谋理论主要体现在不同企业通过建立某种联结关系提高对市场的控制能力，以便谋取更多的利润。即两个企业通过某种联结，对商品的制造、流通进行限制，继而在某种程度上抑制市场竞争，通过达成共识来获得超额利润。例如，拥有战略联盟的两家企业，通过限制商品的生产和价格来控制产品市场等。市场集中度比较高的企业中，相互联结的企业之间可以通过沟通交流产品的广告、价格和研发等，获取更大的利益。

2）资源依赖理论

资源依赖理论的主要观点是资源是制约与影响企业成长发展的重要因素，而企业是否具有核心竞争力可能是由某些稀缺资源决定的。这与资源基础观的观点类似，资源基础观认为，是否具有有价值、稀缺、不可模仿和难以替代的资源是判断一个企业能否取得持久竞争优势的主要依据[152]。而连锁董事关系的建立，则可以帮助企业引进外来资源，克服资源获取的不确定性。例如，缺乏资源的企业，通过与资源丰富的企业建立连锁董事关系，可以更好地应对资源的匮乏问题，提高企业的生产能力和经营绩效[153]。

3）监督控制理论

监督控制理论认为，某一企业通过向另一企业派驻有影响的利益相关者，如银行家、机构投资者和顾客等董事，继而保证资金的安全，实现对目标企业的监督和控制，特别是当目标企业的经营绩效不理想时，监督控制的作用更加明显。例如，银行为了降低债务风险，可能会派某一董事担任其他公司董事，继而形成了该银行与其他企业的连锁。除此之外，非金融性质的企业也会因为监督控制产生连锁董事的联结。Caswell 研究发现，企业常派一些代表到其拥有股权的目标企业的董事会中，以加强对其投资对象日常运营以及资金使用等的监督[154]。

4）金融控制理论

金融控制理论是强调在企业融资方面金融机构的重要影响，也可以看成监督控制理论的一个特例。金融控制理论源于对由不同性质行业的企业构成的连锁董事网络，金融机构往往具有较高的网络中心度，有较大的影响力和控制力，能够对融资企业施加较大影响。从融资公司来看，其资金的流通性好，有便利的资金来源，使得其业务容易拓展，便于绩效的提升。但作为债权人的金融机构来讲，由于信息不对称，面临着融资公司的违约风险，为了降低这种风险，其常派驻董事对融资公司进行财务监督和控制。

5）合法性理论

合法性理论认为某一企业被其他企业认可和支持是其生存与发展的必要条件。某些企业特别是小型企业出于此原因与大型企业建立连锁董事关系，以便更好地被社会赞同和认可。例如，成长初期的企业常常通过任命大企业中具有良好声誉具有较大影响力的董事，同时采取与联结企业相似的商业战略和决策，向投资者传递其合法性信号[155]。

6.4.2　连锁董事网络

企业连锁董事已经成为一种普遍的现象，其在经济活动中发挥的作用开始受到管理、经济、社会等领域的广泛关注。

连锁董事是由个人担任多家企业的董事会成员形成的经济现象。两家或者多家企业通过拥有共同的董事个体建立的彼此直接或间接联结关系的集合形成了董事网络。国内外的研究发现，连锁董事网络对企业治理有着重要影响，已有研究主要探索连锁董事对于企业行为、制定或选择战略、高管激励和企业绩效及成长性是否有潜在的影响。Shropshire 的研究认为，连锁董事在组织间的信息传播和战略学习方面扮演着重要的角色[155]。连锁董事有利于组织间重要资源的配置和利用。企业间的联结关系促进企业行为的一致性和战略模仿。连锁董事能够促进企业组织间的合作与联结[156]，这也是影响企业决策的重要结构因素和社会因素。

1. 连锁董事网络的特征

社会网络流派认为,网络体系中的位置体现了企业的控制力和影响力,将影响企业对信息和资源的获取效率,从而影响企业绩效。不同上市公司通过拥有共同的董事,形成联结关系,这些公司及连锁关系的集合就构成了连锁董事网络。同其他社会网络相似,连锁董事网络中的上市公司不仅具有独立性,也会受到网络结构和特征形态的限制。连锁董事网络特征主要是通过网络位置,如连锁董事网络中心度来描述。

企业网络位置研究的微观领域关注点为个体中心网络,研究网络内核心节点与邻居节点行为对中心网发展的影响。个体中心网关注个体的关系以及哪些因素会影响关系,因此对中心网的衡量主要指标集中在度数、有效规模、效率、强弱联系等指标上。

对连锁董事网络来说,衡量企业在网络中的位置的指标通常是中心度。网络中心度是衡量社会网络节点即个体行动者重要程度的变量,测量了企业充当网络中心枢纽的程度,表示了企业在所在网络中占据位置的优劣程度,是从企业所处环境和网络位置的角度来考察连锁董事网络对企业治理和企业行为等的影响。企业的网络中心度能反映企业在连锁董事网络中的位置情况,中心度越高,越能为企业带来话语权优势以及资源优势,继而提高企业的竞争能力与地位。网络中心度表明了企业对资源获取与控制的程度,已经成为企业竞争优势的重要组成部分。连锁董事网络中心度采用社会网络分析法计算,西方学者提出了多种方法,主要包括点度中心度、中间中心度、接近中心度等[157]。

点度中心度(degree centrality):点度中心度反映单个企业与社会网络中多少企业直接相连,表示该企业与网络中其他企业直接交流能力的强弱。如图 6.4 所示,企业 O 在网络中与 6 个公司直接连接,故其点度中心度为 6,并且相比于其他公司,其处于更有利的位置,可以更便捷地获得所需资源。

中间中心度(betweenness centrality):中间中心度以网络中的某个企业处于其他任意两个成员企业之间的程度作为衡量指标,用以考察网络中企业的中间位置,指网络中包含节点 i 的所有最短路的条数占所有最短路条数的百分比,反映节点对网络信息流的控制能力,较高的中间中心度说明该节点作为知识在网络中传播的媒介作用较为明显。如图 6.4 所示,企业 A、B 之间不能直接连接,只能通过企业 O 连接,那么企业 O 就起到了中间桥梁

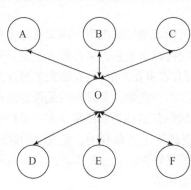

图 6.4　网络图

的作用,比较来说也具有较高的中间中心度。

接近中心度(closeness centrality):接近中心度以企业与网络中其他成员企业的"距离"长短作为衡量指标,用以测量网络中信息流动速度。接近中心度越小,企业越有可能获得更多资源。如图 6.4 所示,在与企业 C 联系的距离上,企业 O 比企业 A 要更有优势。

2. 连锁董事研究现状

部分学者从不同角度考察了连锁董事对企业绩效和企业行为等方面的影响,并把社会学和管理学紧密结合在一起,为企业治理方面的研究开创了一个新的视角。陈运森发现连锁董事网络从管理层监督和政策建议制定两个方面对企业治理有效性产生影响[158]。Kaczmarek 等提出连锁董事网络在构建企业社会关系网络的同时还进一步影响着企业的治理结构作用的发挥[159]。Han 等认为连锁董事关系网络有利于董事会资源提供职能的行使,进而提高董事会治理效率[160]。随着信息技术和网络分析技术的推进,与连锁董事及连锁董事网络相关的研究也逐渐增多。不少研究学者将连锁董事网络与自己所研究领域相结合进行定量或定性研究,在企业治理领域,部分学者主要研究连锁董事网络与企业绩效的关系。

1)连锁董事影响企业途径

连锁董事网络作为一种重要的企业间网络关系,是指多家(两家及以上)企业通过拥有共同的董事,而形成的企业间相互联结的关系网络。其中,不同企业拥有的相同的董事,称为连锁董事。连锁董事对所在连锁董事网络关系的稳定性具有重要意义。Bellenzier 等通过意大利 1998~2011 年间企业间连锁董事网络的演变,发现随着时间的转移,网络的稳定性是企业间兼任多个职位的董事即连锁董事维持的[161]。

由于连锁董事关系到两家及以上企业董事会的构成,因此对企业的治理有重要影响。通过连锁董事关联的企业可以通过某种互惠交易的安排为双方带来利益。连锁董事网络主要通过两个方面来影响企业治理。

首先是资源影响,环境、资源和人是企业战略制定与选择的三大影响因素,企业可以通过建立连锁董事关系帮助企业扩大其信息与视野的范围,通过间接促进企业的沟通和协调,减少资源及环境的不确定性,继而可以降低风险,为提高企业的经营绩效和效率奠定基础。与搜索网络和阅览杂志相比,通过连锁董事获得的行业发展趋势等信息更具有无偏性、丰富性和及时性[155]。企业与其他企业的联系使得董事会成员可以利用自己的个人声誉获得企业发展所必需的外部资源。连锁董事流行的一个重要原因在于它是企业之间的可靠而又低成本的信息和交流渠道。

其次是社会影响,企业某类模糊性决策或已存在的战略决策可能通过连锁董事影响被连锁的企业。陈仕华等通过实证研究发现,在选择律师事务所方面有连锁董事关系的企业具有一致性[162]。Useem 认为连锁董事网络能够促进组织间的合作与联结,也是影响企业决策重要的社会因素和结构因素[156]。

2)连锁董事与企业绩效

连锁董事的企业间联系以及由此联系构成的企业间的连锁董事网是企业面临的一个重要的社会镶嵌。从网络层面来看,连锁董事之所以会影响企业治理绩效,是因为连锁董事把企业嵌入一个企业网络——连锁董事网中。

董事会是企业的决策机构,引入连锁董事可对其优化并提升企业的治理效率,研究表明连锁董事的数量对企业绩效产生积极作用。Wincent 等在对 53 家中小型企业的董事会进行纵向研究时发现,董事会的一些特征能影响企业的创新能力,他提出了董事会中存在的连锁董事对技术创新有较强的推动作用,且董事会的异质性、董事会成员的受教育水平对企业创新能力都有一定的推动作用[163]。吴俊杰等从企业家社会网络的达高性、广泛性、异质性及关系强度等四大方面分析,论述企业家社会网络的特征对技术创新绩效存在积极的影响作用[164]。

然而,部分学者认为连锁董事网络的形成不利于企业绩效。Fligstein 等发现连锁董事联结对企业绩效具有负面作用[165]。点度中心度和特征向量中心度对企业价值产生负面影响,董事选择担任多个企业的董事职务是出于个人动机,是为了追逐个人利益。所以,连锁董事没有使企业治理更有效从而引起其价值降低。一般来说,过高的董事联结(尤其是拥有的连锁董事兼任三个以上董事会职务)将对企业价值产生不利影响。连锁董事工作任务繁忙,决策质量下降,进而影响企业绩效的提升;Fich 等选取 1989～1995 年的 500 个美国大企业为样本,通过研究表明董事存在于多个董事会,会对企业价值产生不利影响,这可能是因为连锁董事任职过多会恶化治理质量[166]。另外,一人担任多个董事会的董事太过忙碌,难以正常承担其所任职企业的职责,对企业价值不利。

还有部分学者认为连锁董事关系与企业绩效没有影响,或者连锁董事对企业绩效的影响并不确定。Rosenstein 等认为连锁董事关系与金融类企业和非金融类企业的业绩与价值都没有显著相关性。连锁董事关系与股本回报率无关,对企业的平均营业利润率只有轻微的正向影响。无论理论上还是经验上,企业中的连锁董事现象对经济绩效的影响是有争议的,可能是正面的,但也可能是负面的[167]。

6.4.3　创新战略相关文献综述

由于信息技术的不断发展,组织的创新能力越来越成为决定组织能否取得成功的关键因素之一。而企业创新能力的大小又在很大程度上取决于其采用的创新战略。随着市场竞争日益激烈,创新已经成为企业获取竞争优势、扩大市场份额和增加企业绩效的关键战略之一,企业必须不断地进行产品和服务创新才能带来持续的竞争优势。

有关研究表明,中国企业创新绩效低的原因之一是创新战略的选择不当。在2011 年温州企业倒闭潮的背后体现的便是对创新战略的认识不足,自主知识产权和研发投入的严重缺失。显然,创新战略的有效制定关系到企业的核心竞争力和创新绩效的提高。

企业的创新战略通常被视为影响企业长期发展的重要影响因素。企业制定合适的创新战略还有利于其传统管理系统的改革,使其在激励机制、内部交流体系以及组织架构等方面表现出特色。

知识是最有价值的无形组织能力与资源的基础组成元素,是企业最关键的创新战略资源之一,需要企业进行战略性管理。知识的来源可以分为内部资源和外部资源。对单个企业来说,很难占据自身发展所需的全部知识及智力资源,获得外部知识就成了企业创新的重要途径之一。根据 Cohen 等的研究,外部的知识资源对于创新过程往往是很关键的,可获得的知识和学习的成本可能受到知识类型的影响[168]。因此,企业要及时捕捉根本性创新的机会,并提高创造或捕捉所需要资源的能力,继而获得进行高效的产品创新的能力。

社会网络,如连锁董事网络的形成,为企业获得外部资源提供了重要途径。Amakawa 等基于 5 个产业的 95 家企业 8 年的面板数据研究发现,企业加入的探索型合作联盟数量显著影响其绩效水平[169]。连锁董事可能带给企业一些竞争优势,如资源、客户、声誉、传播创新知识和有效的方法等,并积极影响企业所处的环境。Mazzola 等选取 2006～2010 年间的 1758 个生物制药公司为研究样本,结果表明企业间的网络可以带给企业补充和合法性信息,一个突出的连锁董事网络可以对连锁企业新产品开发产生积极影响[170]。Wincent 等研究表明,高质量的连锁董事会对企业与研发产品相关的创新绩效产生积极影响[163]。Koka 等研究认为,当位于网络中重要的位置时,产品经理人可以获得更多与产品研发相关的特殊性信息和知识[171]。然而也有例外,Mazzola 等研究表明,企业在连锁董事网络中一些突出的结构性嵌入位置会对企业的新产品研发产生积极影响,但是结构洞位置似乎对企业的新产品研发没有影响[172]。

6.5　理论分析和研究假设

6.5.1　理论分析

由于连锁董事关系到两家及以上企业董事会的构成,对企业的治理有重要影响。根据共谋理论,通过连锁董事关联的企业可以通过某种互惠交易的安排为双方带来利益。连锁董事关系会为与创新有关的组织行为提供良好的信息传递平台。

　　企业拥有的连锁董事不同,在连锁董事网络中的位置不同,获取资源的能力及对战略决策的影响也不同。已有研究指出,企业的网络位置对于企业的治理产生重要影响。

　　企业若在企业网络中处于更中心的位置,可以获得相对于其他企业更多的创新优势。Tsai通过研究发现,处于网络中心位置的企业创新产出能力也相对较高,在连锁董事网络中的中心度越高的企业,有更多机会获得信息资源,采用创新型商业策略的概率越大[173]。Hackbarth等认为,处于中心位置的企业更有可能拥有参加相似的项目投资决策、拥有同类的经验的董事,继而帮助企业做出更好的决策[174]。中心位置的企业可以通过直接联系获取有价值的信息,拥有更大优势和更多市场竞争机会。Paruchuri使用中心度等指标探究企业在联盟网络中的位置对企业创新活动的影响[175]。在社会网络分析中,一般用点度中心度、中间中心度和接近中心度三个指标来衡量行动者在网络中的位置和影响力。所以,基于资源依赖理论和国内外相关研究,本章认为点度中心度、中间中心度和接近中心度对高新技术企业的创新战略程度具有重要影响。

6.5.2　研究假设

1. 连锁董事关系与创新战略

　　引进连锁董事可改进企业的董事会结构,并对董事会的战略参与产生影响。连锁董事关系作为重要的信息传递机制,通过影响董事会决策,来帮助企业避免资源获取的不确定性,继而提高企业的绩效。有些学者指出存在某种联结的企业,有战略模仿的倾向。Ellison等根据社会网络理论,企业的行为是嵌入在社会网络中的,某企业会由于与战略制定相关的信息的模糊性,很难做出精确的决策。而此时比较理性的做法并不是研究调查,而是直接从网络中其他成员的交流中获取与制定战略决策等相关的信息[176]。

　　企业间高管联结也会对并购溢价行为产生影响。陈仕华等学者的研究表明,存在高管联结的企业在慈善行为上表现出一致性,存在连锁董事关系的企业在企业责任报告披露行为上存在模仿行为[177]。根据前人的研究可知,组织间模仿行为的发生依赖于两个方面,一是模仿动因,即为什么要模仿;二是信息渠道,即如何接触到模仿源。复制外部参照物或模仿所获取的信息,可以降低决策过程中的不确定性和模糊性。企业的政策制定与国家政策等环境息息相关,而环境的日益多变,也使得企业的决策拥有更大的不确定性,面临着更大的风险。这种决策环境的不确定性是企业模仿的重要动因。组织间的模仿除了要有动力之外,还要有信息渠道,这才能使得组织模仿真正发生。与其他信息传递途径相比,连锁董事是更为可靠、快速、低成本的信息传递机制,可以提高企业对信息资源以及商业机会的掌控能力。Fracassi 研究表明,当企业在社会网络中拥有的联结关系越紧密,投资水平也越相似[178]。

创新战略的制定是否合适会对企业的成长性以及绩效的提高产生决定性作用,然而创新的市场环境具有不确定性,很难把握市场需求的基本特征。企业对创新活动的投资,能否带来收益,带来多少收益以及带来收益的时间都是不确定的,因此企业投资创新活动的收益率在一定程度上具有很大的模糊性。但若因此减低企业的研发投入,势必会影响企业的成长。在这种情况下如何降低企业创新的不确定性和风险变得尤为重要。随着科学技术的不断发展以及资源禀赋和要素成本的变化,研发累计以及持续投入变得越来越重要,一个企业单单靠自己的资源与能力已经很难适应创新需求。

在这种情况下,通过连锁董事联结,获取与创新相关的资源和信息,在现实情境中寻找参照物,模仿相联结企业的创新战略决策,能够使得企业更好地迎合市场需求、政策需求,将其市场不确定性降低。董事联结形成的信息渠道较为可靠,联结的连锁董事曾亲自参与过创新战略决策的制定过程,在目标企业面临相似的决策时,联结的董事会给出相应方案作为参考,通过连锁董事联结的企业是目标企业的参照模仿对象。基于上述分析,提出以下假设。

$H_{6.1}$:具有连锁董事关系的企业,在制定创新战略方面具有相似性。

2. 连锁董事网络位置与创新战略

点度中心度衡量了企业在连锁董事网络中核心的中心位置的程度。董事所在企业对其行为决策产生重要影响,会影响其看待问题及处理问题的方式。当某企业没有连锁董事时,其内部董事会逐渐同化,思考问题的方式将逐步趋于相似。这种相似的认知可以增加团队的凝聚力,但也会使董事会缺乏活力,故当企业没有连锁董事时会对企业创新产生阻碍。相反,某企业拥有的来自不同企业的连锁董事会为企业带来不同的思维方式和视角,思维碰撞、认知冲突会为企业激发新的活力并克服决策偏差,提高决策质量。同时,学习效应的存在可以使不同企业的信息和专业知识通过连锁董事网络渠道相互传播。因此,连锁董事不仅可以为企业带来创新思维,还可以带来创新资源。新思维的引进及学习效应的存在会使拥有连锁董事数目较多的企业具有捕获新观念及获得创新资源的优势。因此,提出以下假设。

$H_{6.2}$:在连锁董事网络中,企业的点度中心度对创新战略点度有正向影响。

中间中心度衡量了企业在连锁董事网络中处于“媒介人”即“桥梁”位置的程度,即衡量了企业控制其他企业之间交往的能力。企业的中间中心度大,会使得其在联结其他两个企业时获得非冗余信息。企业拥有这样的位置越多,越有可能成为信息的集聚中心,通过控制信息的传播对网络的影响力越大,企业的创新能力也越可能增强,采取创新战略的强度也可能越高。因此,提出以下假设。

　　H$_{6.3}$:在连锁董事网络中,企业的中间中心度对创新战略程度有正向影响。

　　接近中心度衡量了企业在连锁董事网络中与其他企业的亲近程度或关系远近。某企业与其他企业连接的距离越短,它们之间的亲近程度越高。创新战略程度主要受到创新资源的影响,并不需要对网络中与企业相联结的直接关系进行考察。但间接关系会影响创新资源的获取数量、速度和质量。企业与其他企业相关联且连接的路径较短,即信息传递经过的中介越少,信息资源越能够较快传递,防止信息的失真,该企业获取信息的品质越高。因此,提出以下假设。

　　H$_{6.4}$:在连锁董事网络中,企业的接近中心度对创新战略程度有正向影响。

6.6　连锁董事对创新战略的影响模型构建

6.6.1　研究样本选择及数据来源

　　本节所使用的样本来自于我国在 A 股市场的上市公司。在样本的选择中,剔除了 ST、* ST 企业、董事数据信息不全的企业以及不具有连锁董事的企业,最终确定 2340 家企业为初始研究样本,即具有连锁董事的企业。需要说明的是,在建立连锁董事网络进行相关变量选取与分析时,选取了全部 2340 家上市公司,这样可以保证连锁董事网络关系的完备性。在进行连锁董事网络位置与创新战略之间的关系研究时,为了保证数据的可靠性和真实性,考虑到行业性质的不同,很难对所有的企业进行一一分析和归类,为此,选择了几个代表性行业。在选取高新技术上市公司时,根据科技部、财政部、国家税务总局 2008 年联合颁布的《高新技术企业认定管理办法》,并以 2001 年 4 月 4 日中国证监会颁布的《上市公司行业分类指引》中所确定的行业分类为指导,筛选行业分类中的生物药品制造业、信息技术业、电子等高新技术行业。同时根据样本企业实际的主营业务是否符合高新技术企业的认定条件做出相应调整。在选取非高新技术行业时,为了尽可能体现市场化程度,选择了纺织业、化学原料及化学制品制造业、普通机械制造业、造纸业、塑料制造业、橡胶制造业、电器机械及器材制造业等行业。

　　在剔除了数据缺失的企业后,共剩下 1212 家企业,即最终研究样本为 1012 家企业。其中高新技术企业和传统企业分别剩下 422 家和 590 家企业。

　　本书需要的数据有三类。第一类是企业的具体信息,如董事数目、总资产、总负债、董事简历等,主要来源于 CSMAR 数据库;第二类是 R&D 费用,是通过巨潮资讯网收集企业年报获取;第三类是企业在连锁董事网络中的点度中心度、中间中心度和接近中心度,通过 Ucinet 软件构建连锁董事网络获得,具体过程如下。

　　在建立连锁董事网络时,首先通过收集每个样本企业 2011～2013 年的董事数据,包括董事的性别、教育经历、职能、年龄等,来确定该董事是否存在 2 个及以上企业的董事会,即该董事是否为连锁董事。由于董事的每届任期不得超过 3 年,因此可以以 3 年为时间窗口来构建董事网络。通过筛选,共得到 2652 个连锁董事,2340 个企业。通过构建这些连锁董事与企业之间的二模关系矩阵,导入 Ucinet 软件可以得到这 2340 家企业之间的一模关系矩阵,继而得到连锁董事网络。在生成的连锁董事网络中,点表示存在连锁董事的企业,连线表示两个企业之间存在共同的董事,即连锁董事。通过 Ucinet 软件还可以获取连锁董事中各个企业的点度中心度、中间中心度和接近中心度。

6.6.2　变量定义

1. 被解释变量

本节的研究目的是确定连锁董事网络位置对企业创新战略程度的影响,因此被解释变量为反映创新战略程度的变量。创新战略程度表征了企业采取创新战略的强度。创新战略是指一个企业对新产品或服务创造的全局策划,通常被视为影响企业长期发展的重要影响因素。然而,创新战略程度难以直接衡量,本书选择 R&D 强度作为创新战略程度的代理变量,该指标能较大程度上反映企业的创新程度。并借鉴 Laursen 等的研究,用 ln(1+研发投入(万元))测量[179],其值越高,企业创新战略程度越大。考虑到存在战略滞后效应,这里的 R&D 费用取滞后一年即 2014 年的数据。

2. 解释变量

1)连锁董事关系

主要依据陈仕华等的做法,对董事联结进行测量[162]。

企业间是否存在连锁董事关系,即企业间是否拥有共同的董事在董事会任职而产生直接连锁关系,如果是则为 1,否则为 0。

2)连锁董事网络位置

本章的解释变量是点度中心度、中间中心度和接近中心度。这三种中心度又都可以分别分为绝对中心度和相对中心度。后者是前者的标准化,消除了网络规模的影响,可以对来自不同网络中的节点的中心度进行比较,本书采用相对中心度。

(1)点度中心度。点度中心度测量的是与行动者直接联系的其他行动者的数量的指标,主要用于无方向数据。点度中心度指的是连锁董事网络中一个企业通过连锁董事与其他企业直接连接关系的数量与图中最大可能的度数之比,以下用 Degree 表示点度中心度,即

$$\text{Degree}_i = \sum_j X_{ji}/(n-1) \tag{6.1}$$

式中，i 为某个企业；j 为连锁董事网络内除了企业 i 的其他企业；n 为网络规模；X_{ji} 表示企业 j 与企业 i 之间是否有联结，若企业 j 与企业 i 至少有 1 个连锁董事，则 X_{ji} 为 1，否则为 0。

（2）中间中心度。中间中心度是指网络中的节点 i 所拥有的其他任意两个节点的联结的最短路径的数目与所有最短路径的百分比。它测量的是一个行动者在成为"中间桥梁"或者控制其他行动者的程度大小，表示行动者对网络信息流等资源的控制程度。中间中心度指的是连锁董事网络中一个企业通过连锁董事连接其他不同企业的能力，它可以增加企业的发展机会并加快企业的运行效率，以下用 Betweenness 代表中间中心度，计算公式如下：

$$\text{Betweenness}_i = \frac{\sum_{j<k} g_{jk}(n_i)}{g_{jk}(n-1)(n-2)} \tag{6.2}$$

式中，g_{jk} 为企业 j 和企业 i 相联结的最短路径数；$g_{jk}(n_i)$ 为企业 j 和企业 k 经过企业 i 的最短路径数；$(n-1)(n-2)$ 则用来消除网络规模的影响。

（3）接近中心度。接近中心度测量的是一个点与网络中所有其他点的距离。接近中心度表示该企业通过比较短的路径与其他许多企业相连。以下用 Closeness 代表接近中心度，计算公式如下：

$$\text{Closeness}_i = \left[\sum_{j=1}^{g} d(i,j)\right]^{-1} \tag{6.3}$$

式中，$d(i,j)$ 为企业 i 到企业 j 的最短距离。

3. 控制变量

本章研究包括企业规模、董事会规模、企业的成长性，还是采用前一年度绩效、连锁董事比例、资产负债率和股权集中度等因素在内的 7 个控制变量，如表 6.1 所示。

（1）企业规模。企业规模反映的是企业市场开发能力及经济状况。企业规模在一定程度上体现了企业拥有资源的多少以及资源的获取能力。有关企业规模与绩效及创新能力的研究成果很多，Pavitt 等发现 R&D 强度与企业规模之间存在 U 形关系，企业规模对不同类型企业的创新能力影响不同[180]。Acs 等研究发现，企业规模与企业创新活动有负相关关系[181]。Dalziel 等认为创新与企业规模存在正相关关系，企业规模正向影响其企业绩效[182]。因此，本章认为企业规模对创新战略存在显著影响，并将其作为控制变量，用总资产的自然对数衡量。

（2）董事会规模。董事会规模越大，企业资源的来源渠道越多，越有可能获取更多的创新资源。但根据群体规模的有关研究，群体越大，越难管理，群体利用资源的效率可能较低。本章认为董事会规模会影响资源的来源及使用效率，继而可能对创新战略程度产生影响,因此把董事会规模作为创新战略程度的控制变量,用董事会成员总数的自然对数表示。

(3)企业的成长性。一般来说,高成长性的企业为创造更多的成长机会,管理者更有动机增加对研发活动的投资。Andriopoulos等发现,高成长性的企业比低成长性的企业有更大的动机增加企业的创新力度[183]。本章采用主营业务收入增长率来衡量企业的成长性。

(4)前一年度绩效。创新离不开资金,绩效好的企业可以将更多的资金用于创新。本书预期企业前一年度的绩效会影响企业的创新战略,用前一年度的资产报酬率来衡量前一年度绩效,并控制其对创新战略的影响。

(5)连锁董事比例。连锁董事比例能够评估连锁董事在董事会中的相对影响。连锁董事可以为企业引进外来资源,为企业的创新提供更多的可能性,连锁董事比例正向影响企业技术创新投入。但由于连锁董事任职于两个以上企业,其对单个企业付出的时间、精力受限,贡献也可能降低。本章认为连锁董事比例会影响创新战略。本章采用企业的连锁董事人数与董事会总人数的比值来衡量。

(6)资产负债率。该指标反映企业的偿债能力。一般来说,当该指标上升时,每年支出的利息也上升,企业负债压力加大,企业越倾向于减少 R&D 支出。同时,只有当企业拥有足够的资金时,才能进行研发投资。因此,本章选择将资产负债率作为控制变量,来控制其对创新战略的影响。

(7)股权集中度。企业经营管理者持股水平与企业技术创新投入呈正相关关系。Ke 等认为企业股权集中度越高,大股东对高管的监督控制力度越大,进而避免股权太过分散造成的监督控制力度不够的问题[184]。大股东拥有的股权越高,越能监督和控制高管的自利性行为。因此,选择股权集中度作为控制变量,并用前十大股东持股数量与企业总股本的比值衡量。

表 6.1 对控制变量指标的定义进行了说明。

表 6.1　对控制变量指标的定义说明

变量名称	符号	意义
企业规模	Size	企业年末总资产的自然对数
董事会规模	BoaS	董事会成员总数的自然对数
企业的成长性	Growth	主营业务收入增长率
前一年度绩效	ROA	前一年度总资产报酬率
连锁董事比例	Indep	连锁董事人数占董事会总人数比例
资产负债率	Lev	负债总额/资产总额
股权集中度	Stock	前十大股东持股比例

6.6.3　模型设计与实证方法

1. 连锁董事关系与创新战略的相似性

社会网络分析者对关系数据的表达主要利用数学领域中的两种工具——矩阵表和网络图。作为社会网络的一种表现形式,对连锁董事网络来说,通过矩阵表或网络图可以得到连锁企业之间的位置关系等。

连锁企业之间的关系矩阵是正方阵,因为正方阵的行和列排列顺序相同,矩阵中的元素是二值的——(0,1),代表了连锁企业之间的关系,其中"0"表示行与列对应的企业没有共同的董事,即两者之间没有通过连锁董事形成的关系,"1"表示行和列对应的企业之间存在连锁董事关系。

在 Ucinet 软件中,可以通过导入连锁企业之间的关系矩阵,获得连锁企业网络图。由连锁董事关系形成的网络图,同其他一般网络图类似,由点和线构成,其中点表示的是企业,线表示的是企业与企业之间拥有共同的董事,即企业与企业之间有连锁关系,且这种关系是双向的。

每个企业都会对应网络图中的一个空间位置,研究连锁董事关系对创新战略相似性的影响,即对空间位置邻近的企业来讲,其创新战略是否相似。而全局空间自相关反映空间邻接或空间邻近位置单元的属性值的相似性,主要用于分析研究区域的总体空间关联和空间差异程度。因此,可以通过全局空间自相关统计量来判断连锁董事关系对创新战略决策是否具有相似性。

2. 连锁董事网络位置与创新战略

创新战略程度受诸多因素的影响,在探讨企业在连锁董事网络中的位置与创新战略程度的关系时,也需要将其他影响因素,如企业规模、董事会规模、企业的成长性、企业以往绩效、连锁董事比例、资产负债率和股权集中度等因素考虑在内。但这些因素(包括网络位置指标)之间并不是独立无关的,在构建模型时,必须要考虑它们之间的联系。由于它们之间的联系并不是简单的线性关系,这就更增加了数据的多变性、控制性和复杂性,很难用简单的数学关系式进行表达和分析。因此,必须找到一种切实有效而又能精确统计、分析数据,同时能够求得它们之间的相互关系的算法。而 BP 神经网络算法则可以满足这些要求,该算法非线性映射能力很强、精度高且不需要人为地设定权重,网络可以通过"自学习",用训练样本找出输入变量和输出变量之间的关系,并通过检验样本检测该关系的合理性。因此,可以选取 BP 神经网络模型进行创新战略程度影响因素和创新战略程度之间关系的拟合。

BP 神经网络是一种多层前馈神经网络,主要特点是信号前向传递、误差反向传播。在前向传递中,输入信号由输入层、隐含层到输出层,递层处理,下层神经元状态受上层神经元的影响。若输出层的预测输出与期望输出相差很大,达不到目标误差,则转向反向传播,以设定的预测误差为根据,调整网络阈值和权值,从而使预测输出与期望输出不断靠近。将输入层和输出层看作自变量和因变量,BP 神经网络就表达了自变量到因变量的非线性函数映射关系。

作为目前研究最为成熟的人工神经网络之一,BP 神经网络得到了较为广泛的应用。该算法可以通过信号前向传递、误差反向传播,并根据预测误差调整网络权值和阈值,最终使得输出值与期望值不断逼近,实现非线性拟合。在该非线性映射关系中,创新战略程度的影响因素即自变量为输入层,反映创新战略程度的变量即因变量为输出层。

6.7　连锁董事对创新战略的影响实证分析

6.7.1　连锁董事的基本概况

1. 上市公司连锁董事数量特征描述

1)连锁董事在中国上市企业广泛存在

经过统计分析,作者发现连锁董事并不是个别现象,而是在我国上市企业中广泛存在。拥有连锁董事的上市企业占有比例相当高。在 2866(非 ST)家 A 股上市公司中,2340 家上市公司有连锁董事,约占 81.6%。从数字可知,连锁董事并不是个别企业的专利,而是广泛存在的,这也意味着 A 股上市企业的董事会已经形成一个基于连锁董事而形成的网络。

2)上市公司拥有连锁董事人数的统计

图 6.5 是对 2340 家拥有连锁董事的上市公司的连锁董事数目情况的统计,并分别对其中的 422 家高新技术企业以及 590 家非高新技术企业的连锁董事数目情况进行了统计。1212 家企业平均拥有 3 名连锁董事。从总体趋势看,企业连锁董事的数目集中在 1~6 名,且无论是传统企业还是高新技术企业都是如此。

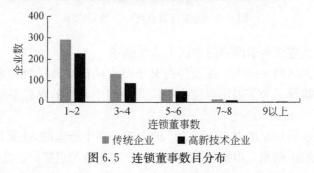

图 6.5　连锁董事数目分布

　　2. 连锁董事网络特征描述

　　本节主要是对连锁董事网络特征的统计分析,通过手工筛选董事数据获得连锁董事与企业的对应信息,并将其转换成董事-企业之间二模关系矩阵。运用Ucinet软件可以将董事-企业之间的二模关系矩阵,转换成企业-企业的一模关系矩阵和董事-董事的一模关系矩阵。企业-企业矩阵衡量的是上市公司之间的关系,但由于董事-董事矩阵衡量的是两个董事之间关系,与研究问题关系不大,在此不进行太多探讨。

　　在网络特征方面,连锁董事网络的中心度可以分为点度中心度、中间中心度和接近中心度。这三者有一定联系,但是也有区别,为了表示它们之间的区别,在此,本章以点度中心度和中间中心度为例进行说明。

　　1)企业所在连锁董事网络的点度中心度描述

　　连锁董事网络的点度中心度表示的是某企业通过连锁董事直接连接的其他企业的个数。例如,企业 A 仅有两个连锁董事 a 和 b,除企业 A 之外,董事 a 和 b 分别属于 2 个公司和 3 个公司,且互不相同,那么,企业 A 的点度中心度为 5。若除企业 A 之外,董事 a 和 b 还同为 1 个公司的董事,那么,企业 A 的点度中心度为 4。图 6.6 为连锁董事点度中心度对比图,从图中可以看出,无论是传统企业还是高新技术企业,点度中心度主要分布在 1~6。说明,对某个公司来说,通过连锁董事形成联结的企业数一般为 1~6。

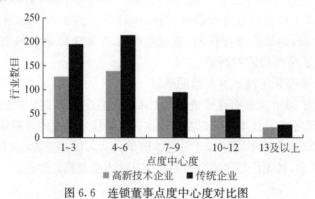

图 6.6　连锁董事点度中心度对比图

　　2)企业所在连锁董事网络的中间中心度描述

　　连锁董事网络的中间中心度以经过某个节点的最短路径数目来刻画,更描述节点重要性的指标。为了表示点度中心度与中间中心度的存在差别,用一些图形来进行说明。

　　图 6.7 表示的从点度中心度同为 5 的上市公司中所选取 30 家企业,它们的中间中心度组成的折线图。由图可知,虽然这 30 家企业的点度中心度同为 5,但它们

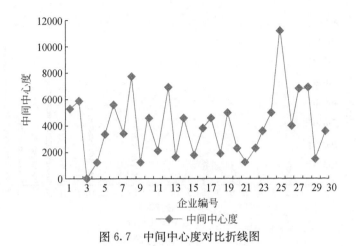

图 6.7　中间中心度对比折线图

的中间中心度起伏不定。最为特殊的是企业 3 的中间中心度为 0,这是因为以上公司 3 为中心的 5 个企业,两两之间也可以通过连锁董事相互联结。由于点度中心度为 5,而中间中心度为 0 形成的关系网络较为复杂,这里以点度中心度为 2、中间中心度为 0 形成的网络图为例说明这种情况。如图 6.8 所示,企业 O 的点度中心度为 2,企业 A 和 B 虽然可以通过企业 O 间接联系,但是企业 A 和 B 有更短的路径,即直接相连,故企业 O 的中间中心度为 0。对点度中心度为 1 的企业来说,其程度中心度一定为 0,但对点度中心度越大的企业来说,中间中心度为 0 要求的条件越苛刻,其中间中心度为 0 的可能性越低。由本章所选取的样本可知,在所选的企业中点度中心度为 6 及以上,中间中心度数值皆大于 0。

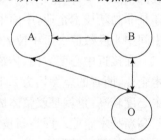

图 6.8　点度中心度说明图

　　选取 22 个点度中心度完全不同的企业,它们的中间中心度情况如图 6.9 所示。由图可知,虽然整体趋势看似随着点度中心度的增加,中间中心度也不断增加。但看细节处,点度中心度大的企业,其中间中心度未必比点度中心度相对较小的企业大。例如,图 6.9 中,某点度中心度为 8 的企业的中间中心度要比某点度中心度为 9 的企业大。

3. 高新技术企业和传统企业连锁董事网络特征对比

　　为了更进一步比较不同性质的企业的创新战略情况,分别对所选样本中的传统企业和高新技术企业的解释变量进行描述性统计分析。

　　由表 6.2 可见,高新技术企业的点度中心度的平均值和中位值分别为 6.51 和 6,而传统企业的点度中心度的平均值和中位值分别为 5.49 和 5。比较可知,无论

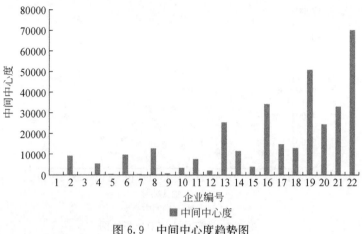

图 6.9　中间中心度趋势图

是点度中心度的平均数还是中位数,高新技术企业都要高于非高新技术企业,这可能是因为高新技术企业更偏向于董事之间的直接联系,以便获取所需创新资源。

　　与传统企业的中间中心度相比,高新技术企业的中间中心度的平均值和中位数都稍高一些,但差距并不显著,分别为 91.66 和 108.44。但无论是高新技术企业还是非高新技术企业,中间中心度的平均数都大于中位数,且相差较大,由此可知,中间中心度数值大于中位数的与小于中位数的相差较大。

　　在接近中心度方面,传统企业的接近中心度的平均数和中位数均高于高新技术企业,两者的差额均为 2.14。由此可知,与高新技术企业相比,传统企业的接近中心度较高,也就是就整体情况来看,传统企业与其他企业相连接的最短距离要大于高新技术企业。即高新技术企业要比传统企业处于更核心的地位,不受其他公司控制的能力越强。

表 6.2　网络中心度的差异:高新技术企业与传统企业的比较

变量	高新技术企业		传统企业		高新技术企业-传统企业	
	平均数	中位数	平均数	中位数	平均值之差	中位数之差
点度中心度	6.51	6	5.49	5	1.02	1
中间中心度	5181.21	2869.46	5089.55	2761.02	91.66	108.44
接近中心度	0.36	0.40	2.50	2.54	−2.14	−2.14

6.7.2　连锁董事关系与创新战略的相似性

　　在研究连锁董事关系与创新战略的相似性时,主要用到连锁企业之间的关系矩阵和连锁企业及其所对应的创新战略值所形成的向量。本章通过 Ucinet 软件获得空间自相关 Moran's I 指数的值为 0.006,显著性为 0.3。

通过结果可知,连锁董事关系与创新战略决策制定有很弱的正相关性,在统计上并不显著。这可能是因为企业的研发状况关系到企业的核心竞争地位,企业的专利信息大都具有保密性。虽然连锁企业可能通过共同的董事获取部分有关创新战略的信息,但这些信息都没有涉及企业创新战略的核心。同时,创新战略决策并不像企业的慈善行为、社会责任报告披露行为以及并购溢价决策行为等具有很高的可模仿性,其有着高度的保密性和难以模仿性。

6.7.3　连锁董事网络位置与创新战略

1. 模型构建

1)BP 神经网络的模型结构

(1)输入层。输入层是进行 BP 神经网络的第一步,要探讨企业在连锁董事网络中的位置对创新战略程度的影响,就要保证考虑影响企业创新战略程度因素的全面性。输入层即创新战略程度的影响因素指标,影响企业创新战略程度有诸多因素,如企业规模、董事会规模、企业的成长性、企业以往绩效、连锁董事比例、资产负债率和股权集中度等,本章将这些具有代表性的指标作为控制变量,主要探究企业在连锁董事网络中的位置对企业创新战略程度的影响。

(2)输出层。本章中输出层输出的数值即系统仿真的反映创新战略程度的变量的大小。在对反映创新战略程度的变量预测中,首先定性分析了创新战略程度的影响因素,而后通过 BP 神经网络模型定量输出预测结果即反映创新战略程度的变量值,可见它是一个定性与定量相结合的过程,且输出单元数为 1。

(3)隐含层。隐含层的单元数目选择是一个非常复杂的问题。若数目太少,网络训练时收敛速度较慢甚至不收敛;若数目太多,会增加训练时间,但误差未必减小。在此,可以选择经验公式 $h=\sqrt{n+m}+a$(其中 n,m 分别为输入、输出神经元个数,a 为[1,10]的整数),确定隐含层神经元数目的范围为[5,14],通过在 Matlab 中反复调试,综合比较该范围内隐含层神经元数所训练次数及误差来选择最优的隐含层神经元数为 9。

综上可知,选取的 BP 神经网络模型的拓扑结构为 7-9-1,如图 6.10 所示。

2)BP 神经网络的函数选择

本章选取正切 S 形函数 tansig 为隐含层节点的传递函数,因为该函数可以使得网络具有较优的收敛功能。输出层节点的传递函数可选取线性函数或非线性函数(sigmoid 函数或双曲正切函数)。由于线性函数即 purelin 函数的输出值可以取任意值,因此本章选择线性函数为输出节点的传输函数。选取基于贝叶斯算法的 trainlm 函数作为训练函数,可在很大程度上增加网络的泛化能力。

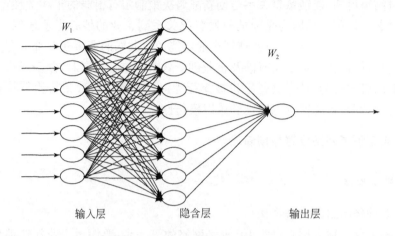

图 6.10　BP 神经网络预测模型

2. 实证分析

为了进一步深化上市公司网络位置对公司创新战略的研究,探讨传统企业与高新技术企业两类上市公司在网络位置对创新战略的影响差异,本章分别对两类样本进行分析。

1)传统企业

(1)仿真结果。对传统企业进行创新战略与其影响因素之间的关系研究,首先要选取训练样本和检验样本。本书利用 Matlab 软件从 590 个样本中随机抽取 540 个样本作为训练样本,构建 BP 神经网络模型,并利用剩余 50 个样本对模型进行检验。检验样本的预测结果 A 与实际反映创新战略程度的变量值比较得出仿真结果如图 6.11 所示。

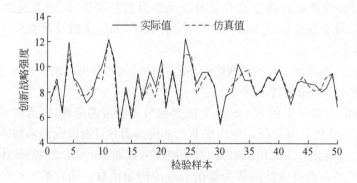

图 6.11　传统企业创新战略实际值与仿真值

从图 6.11 中可以看出,该 BP 神经网络模型较好地实现了传统企业创新战略模型预测的功能,曲线拟合度较高。

通过 Matlab 编写相应程序可以得到检验样本的仿真值,选取部分结果如表 6.3 所示。

表 6.3 传统企业创新战略检验样本仿真值与实际值比较

编号	实际值	仿真值	相对误差/%
1	7.5806	7.1411	5.7977
2	8.8815	9.1697	3.2449
3	6.4842	6.7267	3.7399
4	11.9862	11.338	5.4079
5	9.1375	8.8141	3.5393
6	8.4888	7.7845	8.2968
7	7.2335	7.721	6.7395
⋮	⋮	⋮	⋮
48	9.5734	9.5643	0.0951
49	6.8387	7.4615	9.1070
50	9.8175	9.537	2.8571

从所得结果可以看出,仿真值与期望输出值即实际值非常接近。比较相对误差的绝对值,最大为 9.1070%,最小为 0.0951%,这说明预测较精确、模型是比较合适的。

在完成神经网络的建立与训练的基础上,通过检验与分析,验证了模型的正确性与可用性。当研究只以预测为目的时,无须知道 BP 神经网络的具体模型,但这里要研究各个中心度指标对创新战略程度的影响,因此找出自变量与创新战略程度的关系模型就显得尤为重要。

(2)网络位置对创新战略程度的影响倾向。根据传递函数,可以得到由输入层到输出层的函数映射关系,即

$$A_1 = \text{tansig}(W_1 P, B_1) \tag{6.4}$$

$$A_2 = \text{purelin}(W_2 A_1, B_2) \tag{6.5}$$

其中,tansig 函数为

$$\text{tansig}(u)=\frac{2}{1+\mathrm{e}^{-2u}}-1 \tag{6.6}$$

$$u=W_1P+B_1 \tag{6.7}$$

A_1 表示的是输入层到隐含层的输出，A_2 表示的是隐含层到输出层的输出目标值即创新战略程度值，W_1 表示输入层到隐含层的权值矩阵，W_2 表示隐含层到输出层的权值矩阵，P 表示创新战略程度各个影响因素值的矩阵，即 $P=[P_1\quad P_2\quad P_3\quad P_4\quad P_5\quad P_6\quad P_7\quad P_8\quad P_9\quad P_{10}]$，$P_j$ 表示第 j 个影响因素值，影响因素依次为企业规模、董事会规模、企业的成长性、企业以往绩效、连锁董事比例、资产负债率、股权集中度、点度中心度、中间中心度和接近中心度，B_1 表示输入层到隐含层的阈值，B_2 表示隐含层到输出层的阈值。通过 Matlab 编程，可得

$$W_1=\begin{bmatrix} 1.3884 & 1.7731 & 10.0347 & -14.6215 & -11.7905 & 8.1097 & 1.5963 & 5.0664 & 2.6104 & -4.2836 \\ 36.9102 & 44.8953 & -63.6695 & -40.7238 & 73.9497 & 19.9666 & 5.2821 & 55.3388 & -32.3047 & -32.5554 \\ -53.3564 & 37.9483 & -4.2342 & -49.1215 & -1.2266 & -5.2831 & -11.5951 & 47.3893 & 5.2556 & 2.2712 \\ -1.3442 & -0.9773 & 0.6106 & 0.4381 & -0.9003 & -3.1018 & 0.1363 & -0.3674 & 0.3112 & 2.2523 \\ 1.9497 & -3.2007 & 1.7651 & -1.8137 & -1.8600 & -1.0500 & 0.7131 & -2.3323 & -0.4967 & 3.1035 \\ 52.0375 & 19.3460 & -37.3775 & -52.5168 & -10.2075 & 144.9355 & -25.0937 & 30.6300 & -28.4559 & -7.2727 \\ -91.4801 & -24.4423 & 82.4360 & 1.8963 & -70.1790 & 6.0068 & 19.2341 & 42.7486 & -59.3566 & 7.7939 \\ -9.3087 & 45.3211 & -31.4134 & -21.4528 & 8.4665 & 10.5459 & -10.6285 & -5.0455 & 8.9771 & 7.2935 \\ -14.2219 & -5.3398 & -18.2640 & 47.5738 & 2.5512 & 4.6090 & -6.7853 & 76.7616 & 5.1642 & 55.2427 \end{bmatrix}$$

其中行代表输入的不同影响因素变量；列代表每个输入变量即创新战略程度影响因素的神经元权值。

$W_2=[0.5421\quad -0.1133\quad -0.1979\quad -0.8301\quad 0.2902\quad -0.1005\quad 0.1108\quad 0.1436\quad 0.1464]$

由式(6.4)~式(6.7)可得

$$A_2=\frac{2W_2\mathrm{e}^{2B_1}}{\mathrm{e}^{2B}+\mathrm{e}^{-2W_1P}}-W_2+B_2 \tag{6.8}$$

由于式(6.8)比较复杂，很难直接看出创新战略程度值随各个影响因素的变化情况。为此，对式(6.8)中的各个自变量分别求导可得

$$\frac{\mathrm{d}(A_2)}{\mathrm{d}(P_j)}=\frac{4W_{1j}+W_2\mathrm{e}^{2B_1-2W_1}}{\mathrm{e}^{2B_1}+\mathrm{e}^{-2W_1P}} \tag{6.9}$$

式中，P_j 表示第 j 个自变量；W_{1j} 表示第 j 个变量对应的输入权值，即 W_1 的第 j 列。由式(6.9)易知，因变量对各个自变量的导数（即 A_2 对 P_j 导数）的符号只与 $W_{1j}W_2$ 相关。

$W_{1j}W_2=[0.7527\quad 0.9612\quad 5.4400\quad -7.9265\quad -6.3918\quad 4.3964\quad 0.8654\quad 2.7466\quad 1.4152\quad -2.3222]$

由以上结果可以看出，网络位置对传统行业创新战略程度的影响。

（1）点度中心度与创新战略程度的关系。对传统企业样本公司而言，点度中心度对其创新战略程度产生正向影响，与假设 1 相符。这说明当传统企业能够与其

他企业拥有直接关系越多,即能够与较多的企业直接交流,而不是通过中间途径时,其能够获得较多有价值的创新资源,能够提高企业创新战略程度。

(2)中间中心度与创新战略程度的关系。研究结果显示,传统企业样本公司的中间中心度对创新战略程度与假设 2 相符。这说明当某一传统企业占有越多的桥梁位置时,其对信息的控制能力越强,越能掌握关键创新信息,有利于企业创新战略程度的提升。

(3)接近中心度与创新战略程度的关系。经实证研究,传统企业样本公司的接近中心度对创新战略程度产生负向影响,与假设 3 相反。这说明对某接近中心度较高的传统企业来说,与其亲近的企业虽然很多,但并不利于创新战略程度的提升。这可能因为无效联结较多,企业不但很难获得对企业创新战略有益的资源,而且可能加大企业的信息交流成本,不利于创新战略的制定与实施。

2)高新技术企业

(1)仿真结果。首先要从筛选后的非高新技术企业中选取训练样本和检验样本。本章利用 Matlab 软件从 422 个样本中随机抽取 390 个样本作为训练样本,构建 BP 神经网络模型,并利用剩余 32 个样本对模型进行检验。检验样本的预测结果 A 与实际反映创新战略程度的变量值比较得出仿真结果如图 6.12 所示。

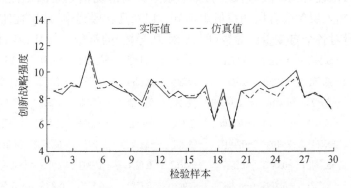

图 6.12　高新技术企业创新战略实际值与仿真值

从图 6.12 中可以看出,该 BP 神经网络模型较好地实现了高新技术企业创新战略及其影响因素之间的关系模型预测的功能,曲线拟合度较高。

通过 Matlab 编写相应程序可以得到检验样本的仿真值,选取部分结果如表 6.4 所示。

表 6.4　高新技术企业创新战略检验样本仿真值与实际值比较

编号	实际值	仿真值	相对误差/%
1	9.0964	9.0507	0.5025
2	8.9111	9.2613	3.9299

编号	实际值	仿真值	相对误差/%
3	9.5928	9.8220	2.3895
4	9.2383	8.4009	9.0642
5	12.4200	12.2302	1.5282
6	9.6541	9.3099	3.5658
7	9.0964	9.0507	0.5025
⋮	⋮	⋮	⋮
30	8.9227	8.9032	0.2185
31	8.4630	8.6390	2.0798
32	7.5448	7.5474	0.0348

从所得结果可以看出,仿真值与期望输出值即实际值非常接近。比较相对误差的绝对值,最大为 9.06%,最小为 0.03%,这说明预测较精确、模型是比较合适的。

(2)网络位置对创新战略程度的影响倾向。同传统企业类似,通过 Matlab 编程可以得出输入层到隐含层的权值矩阵 W_1,以及隐含层到输出层的权值矩阵 W_2。另外,因变量对各个自变量的导数(即 A_2 对 P_j 导数)的符号只与 W_1,W_2 相关。

$$W_1 = \begin{bmatrix} -0.0528 & -0.1976 & 0.1447 & 0.2741 & 0.7274 & 0.1812 & -0.0648 & 0.3237 & -0.1272 & -0.6327 \\ -0.4163 & -13.2014 & -0.0305 & 0.3427 & -0.9206 & 0.0376 & -0.0714 & -0.0624 & 0.0091 & 3.2461 \\ -20.6333 & -6.5025 & 6.3780 & -80.0469 & -798.3434 & 96.3426 & -0.9636 & 3.2754 & 67.8525 & -13.6331 \\ -0.9141 & -10.9029 & -1.3864 & -0.0507 & -2.3233 & -0.6136 & -0.8663 & -1.2673 & 0.8785 & -51.0097 \\ 55.6294 & 5.5061 & 2.4002 & -13.9117 & -26.4547 & -63.3013 & 0.3548 & -62.2736 & 26.3159 & 34.0862 \\ -0.4200 & -5.5642 & -0.0993 & 0.2885 & -1.1662 & 0.0874 & -0.3398 & 0.0133 & -0.0436 & -1.4242 \\ -0.8290 & -8.2371 & -0.8695 & -0.1837 & -0.9331 & 0.4180 & -0.8745 & 0.2708 & -0.4495 & -4.3380 \\ -0.6961 & 0.6120 & 0.2377 & 2.1691 & 5.1983 & 0.2286 & 46.8771 & -1.0658 & 0.4444 & 10.0793 \\ 0.7865 & -17.4989 & 0.8468 & 0.1943 & 0.9841 & -0.4088 & 0.2517 & -0.2889 & 0.4612 & -16.3817 \end{bmatrix}$$

$$W_2 = \begin{bmatrix} -5.1856 & -20.1537 & -0.1317 & -0.9060 & -0.3524 & 20.6729 & 43.2864 & 0.4182 & 45.2145 \end{bmatrix}$$

$$W_1 W_2 = \begin{bmatrix} 0.2739 & 1.0248 & -0.7503 & -1.4213 & -3.7721 & -0.9396 & 0.3361 & -1.6788 & 0.6599 & 3.2811 \end{bmatrix}$$

由结果可以看出,对高新技术企业来说,中间中心度和接近中心度对创新战略程度产生正向影响,分别与假设 2 和假设 3 相符。而点度中心度则对创新战略程度产生负向影响,与假设 1 相反。这可能是因为点度中心度大(表明企业中的某个或某些连锁董事在较多企业任职或者企业拥有较多的连锁董事),会降低企业战略决策实施的效率。当连锁董事在多个企业任职时,会增加代理冲突,不能有效地监督管理层。根据声誉假说,董事拥有的关系越多,在网络关系中的位置也相对安全,也不愿付出更多努力来监督管理层。当企业中的连锁董事数目超过一定数量时,董事会因为忙碌而降低决策效率。根据 Ferris 等"忙碌董事"假说,董事的时间以及精力不是无限的,同时任职多个公司时,会因此不能很好地担当起其职责,因而会弱化董事会治理作用,降低公司价值[185]。以上这些原因都会使得创新战略决策不能有效进行,继而使得创新战略程度降低。

3)高新技术企业与非高新技术企业对比分析

高新技术企业和传统企业在企业性质方面具有明显的差异。由于高新技术企业高投入、高产出、高风险和高渗透性的特点,其企业环境与传统企业相比具有更高的复杂性和动态性。通过分别分析连锁董事网络位置对传统企业和高新技术企业的影响,可以得出以下结论。

第一,点度中心度对传统企业具有正向影响,但对高新技术企业却具有消极影响。这可能是由企业性质决定的。点度中心度越高,表明通过连锁董事直接相连的企业越多,获得的资源信息也越多。对传统企业而言,其产品性质较固定单一,流程及生产方式有较高的机械化程度,企业的发展具有稳定性,不容易受到纷杂信息的干扰,可以从众多信息中识别对自己有利的信息,继而提高创新战略程度。而高新技术企业属于知识、技术密集型企业,由于创新的风险性和不确定性,在信息较多时,很难识别真正对自己有利的信息资源,继而可能花大成本在企业的决策信息识别上,不利于创新战略程度的提高。

第二,中间中心度对传统企业和高新技术企业均具有正向影响。中间中心度越高,表明企业越处于知识资源等交流的桥梁位置。这种桥梁位置可以增强企业对群体的影响力。例如,企业 O 位于企业 A 和企业 B 的桥梁位置,即企业 A 要想和企业 B 联结,在考虑到距离因素的情况下,企业 O 是最佳选择,那么企业 O 就可以控制企业 A 和企业 B 之间的信息交流。无论是对传统企业还是高新技术企业,越多地占据资源和信息流通的关键位置,越有利于企业创新战略程度的提升。

第三,接近中心度对传统企业具有消极影响,但对高新技术企业具有正向影响。这可能是因为对传统企业来说,虽然接近中心度越高,企业企业与企业通过连锁董事相联结的距离越近,但是这种联结可能是一种无效联结,不但不能给企业带来可用资源,反而会导致企业的精力过于分散;而高新技术企业是朝阳企业,具有良好的发展预期,其董事会成员乐意与企业共同成长,在资源信息交流方面也具有较高的积极性,当企业在连锁董事网络中的接近中心度越高时,与其他企业的距离也越近,获得与创新战略有关的资源越容易,越有利于提升企业的创新战略程度。

6.8 结　论

由于竞争日益全球化且环境更加多变,创新能力越来越成为决定组织能否取得成功的关键因素之一。资源的获得是企业实施创新战略的基础,而连锁董事可以为企业引进外来资源。所以,有必要探究连锁董事对企业创新战略的影响。本书对连锁董事网络的一些理论主要包括共谋理论、资源依赖理论和监督控制理论等进行了回顾与综述,并在此基础上,选取部分上市公司为样本,运用空间自相关方法对连锁董事关系与创新战略的关系进行了实证分析;选取传统企业和高新技术企业中的代表性企业运用 BP 神经网络方法分别对企业在连锁董事网络中的位置与创新战略的关系进行了实证分析。

首先,通过空间自回归方法考察企业之间存在连锁董事关系对创新战略决策是否具有相似性。实证结果表明,存在连锁董事的企业之间在制定创新战略决策方面具有很弱的相似性,但这种相似性在统计学上并不显著。这表明,在企业董事会制定不确定性的创新战略时,虽然模仿或借鉴拥有连锁董事关系企业的创新战略决策信息可以更好地制定有利于企业的创新战略决策,但是这种趋势并不显著。这可能是因为创新战略事关企业的核心竞争力,与创新战略相关的关键资源如专利信息等大都具有保密性。

其次,通过 BP 神经网络考察传统企业和高新技术企业网络位置对创新战略的影响。无论对传统企业还是高新技术企业来说,中间中心度对创新战略有正向影响,这说明企业对连锁董事网络群体的影响力与控制力越大,越能够获得并掌握与创新战略有关的关键信息资源,就越有利于制定有益于创新战略的决策。而点度中心度和接近中心度对传统企业和高新技术企业的创新战略表现出相反的影响。其中,点度中心度对传统企业的创新战略有正向影响,而对高新技术企业的创新战略则有负向影响。这可能是因为,相较于高新技术企业,传统企业对创新资源的需求不确定性相对较低。当拥有较高的点度中心度,即可能获得信息资源较多时,传统企业不易受纷杂性的干扰,能够汲取资源中的精华,较好地做出判断与决策。而高新技术企业,由于其创新拥有更高的风险性,可能在面临众多信息资源时,难以做出准确的判断与决策。接近中心度对传统企业的创新战略有负向影响,而对高新技术企业的创新战略有积极影响。这说明对传统企业来说,与其他企业的距离越近,口头交际能力越强,反而对其创新战略不利,而高新技术企业相反。这可能是因为,高新技术企业的使命感更强,能够把握住有效资源获取的机会,而传统企业格局较为固定,某些连锁联结变得无效。

第 7 章　连锁董事网络对纵向一体化战略的影响研究

7.1　引　　言

　　战略管理学者运用不同的理论来阐述企业的纵向一体化成长问题。在以往研究中,资源基础观是比较有代表性的观点。资源基础观认为企业的资源状况决定企业的核心能力,从而决定企业的成长方式、速度和范围。企业通过获取、吸收、整合、运用资源这一过程选择战略。组织资源越丰富,可供选择的战略范围就越大。现有关于企业资源和纵向一体化战略的研究,主要集中在考察企业资产专用性等内部异质性资源。尽管这一理论在某种程度上已被广泛接受,但资源基础观仅强调单个企业拥有和控制的异质性资源与差异化能力,从而将其研究视野局限于企业内部,忽视了可能影响资源选择的社会环境,因此是一种静态的观点。中国企业的纵向一体化决策,不仅受其内部资源的影响,还受企业高管社会网络资源的影响。企业内部资源和社会网络资源,共同决定了企业纵向一体化战略。

　　社会网络理论提供了一个极具价值的视角和方法,企业为了避免获取资源的不确定性和限制,常与其他企业结成连锁董事关系。植根于西方发达国家的连锁董事研究已近一个世纪,在中国,连锁董事这一现象目前已非常普及。通过连锁董事,企业之间可以互相利用资源、协调关系。董事作为企业制定和监督企业战略的商业精英是企业与社会环境进行资源交换的关键"节点",通过公务关系或私人关系等非市场机制,时刻不停地为企业获取所需的各种资源。连锁董事通过社会网络获取的资源将最终影响企业纵向一体化战略。因此,需要从理论层面探讨和研究连锁董事将如何影响整个企业价值的创造,他们对企业的纵向一体化战略选择和制定是否具有不可忽视的影响。如今,国有企业兼并重组是基于产业价值链的改造与整合,是全球资本资源配置在中国的延伸,需要我们因势利导构造本土产业价值链与骨干企业核心竞争力,关注企业"纵向一体化"现象。近期基于社会关系的研究为探讨纵向一体化战略的动因开辟了一个新的理论视角。董事会成员通过联结嵌入连锁董事网络对企业的生存和发展产生重要影响。在所有的社会关系中,连锁董事通过获取信息资源融入社会、文化、政治平台,不断提高企业竞争力,成为公司战略决策的重要影响因素。然而,现有研究主要集中于连锁董事对企业绩效的影响,不能解释连锁董事的行为绩效表现,即连锁董事如何影响企业战略。本章在这些研究的基础上,以上海证券交易所上市企业为样本,研究了连锁董事网络嵌入对纵向一体化战略的影响并论证了上述作用过程受到政府管制的调节作用。

　　针对纵向一体化战略管理需要,本章以交易费用理论、资源基础观和社会网络理论为基础,集中探讨三个问题:第一,连锁董事网络具有何种特征;第二,公司连锁董事网络嵌入如何影响企业纵向一体化战略;第三,政府管制如何作用于公司连锁董事网络和纵向一体化战略之间的关系。研究首先对相关概念进行界定,在阐述连锁董事理论、纵向一体化理论和社会网络分析理论的基础上,从关系嵌入及结构嵌入两个角度,深入地分析公司连锁董事网络影响纵向一体化战略的机理,并引入政府管制变量,提出研究假设;接着运用社会网络分析方法,分析公司连锁董事网络特征;同时,选用 BP 神经网络仿真研究连锁董事网络对纵向一体化战略的影响作用,在此基础上运用 BP 神经网络模型的关系矩阵分析政府管制的调节作用。

7.2　研究对象的界定与研究内容

7.2.1　连锁董事与连锁董事网络的界定

　　同一董事同时在两家或多家企业的董事会中任职,便形成了连锁董事。例如,如果甲是 A 公司的董事成员,同时还担任 B 公司的董事职务,甲即为连锁董事。这些连锁董事受多家公司的委托并参与到公司生产经营活动中,使得这些公司因连锁董事的联系而形成一个企业连锁董事网络。企业连锁董事网络作为企业所嵌入的一个重要的生态环境,影响着企业经济行为和企业间的关系。

7.2.2　纵向一体化战略的界定

　　纵向一体化又称垂直一体化或纵向整合,是企业产品生产在产品销售和原料供应两个可能的方向上结合以扩展现有经营业务的一种战略体系,该战略是将公司的经营活动向前扩展到产品销售终端或者向后扩展到原材料供应商的一种发展战略。按照一体化方向,纵向一体化可分为整合产业链下游销售服务活动的前向整合和整合产业链上游生产活动的后向整合。按照整合的紧密程度,纵向一体化又可划分为包括收购、新建、兼并等的完全纵向整合,与包括通过签长期合同来建立契约关系等的有限纵向整合。纵向一体化是在企业范围内把技术上不同的生产、分销和其他经济过程结合起来,它表示企业决定用内部的或行政管理上的交易来代替市场交易去实现其经济目的。垂直整合能够加强核心企业从原材料供应、产品的制造到分销和销售整个过程的控制,以增加每个业务活动阶段的利润,使企业把握市场竞争的主动权。

7.2.3　网络嵌入的界定

网络"嵌入性"的概念最早是由 Polanyi 提出[186]，Granovetter 进一步运用社会分析方法揭示市场过程中社会结构和经济行为的互动关系，他综合管理学、经济学、社会学领域理论，辩证分析了公司社会学的"过分社会化"及经济学的"社会化不足"行为，完善了社会嵌入理论[187]。

在社会关系网络以及嵌入研究中，常将社会关系网络视为社会资本的载体，参照 Granovetter 对网络嵌入性的划分，可以将网络嵌入区分为关系嵌入和结构嵌入两方面[187]。关系嵌入是基于互惠发生的双向直接网络关系，用以共享网络中优质信息。结构嵌入是从宏观角度强调结合企业直接关系与网络位置信息价值的关系结构。我们常运用关系的内容及强度指标测度关系嵌入，采用关系连接密度及网络中的位置测度结构嵌入。

通过分析董事嵌入在社会关系中的经济行为可知，连锁董事形成的社会关系网络会通过其关系结构影响企业的战略选择，构成本章的连锁董事网络嵌入。借鉴社会网络分析领域及管理学领域研究，本章从关系嵌入及结构嵌入两方面分析关联事物间存在的网络嵌入性。

7.2.4　研究内容

本章以改革并购浪潮下的上海证券交易所上市公司董事会与公司战略为对象，深入研究企业变革过程中连锁董事网络嵌入对纵向一体化战略的影响，分别细化研究连锁董事网络特征及其对纵向一体化战略的影响，以及在政府管制下连锁董事网络与纵向一体化战略的关系，具体需要研究以下三个内容。

(1)连锁董事网络特征。高阶管理理论认为连锁董事作为公司战略决策高层，其性别、年龄、知识结构等异质性特征会对公司业务经营活动产生影响，公司连锁董事网络联结紧密程度及位置结构塑造着企业信息资源获取渠道。本章通过手工收集上市公司连锁董事异质性数据及关系网络数据，统计分析连锁董事网络行为特征。

(2)连锁董事网络嵌入对纵向一体化战略影响的研究。根据资源依赖理论，连锁董事所具备的专业技能及人脉资源等都会影响组织的竞争行为，最终作用到组织的战略抉择上。针对纵向一体化战略管理的需要，本章结合社会网络分析方法，运用 BP 神经网络模型实证分析连锁董事网络嵌入对纵向一体化战略的影响。

(3)政府管制行为对连锁董事网络嵌入与纵向一体化战略关系影响的研究。政府为了维护社会公众利益并促进经济发展，会对公司网络关系进行干预，影响公司的投资行为。这种制度背景作为公司间网络的形成规范约束着企业战略选择。所以，实施不同程度纵向一体化的企业要想取得良好的绩效，就需要与不同环境特征下的连锁董事关系网络进行匹配。因此,本章研究了政府管制对连锁董事网络嵌入特征与纵向一体化战略关系的调节效应。

本章的技术路线如图 7.1 所示。

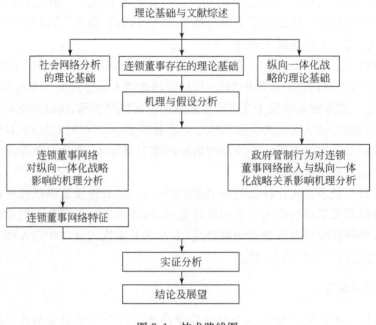

图 7.1　技术路线图

7.3　理论基础与文献综述

7.3.1　连锁董事存在的理论基础

在探讨连锁董事存在的理论问题上,学者从组织视角将连锁董事看成一种企业间的关系,并形成了几种典型的理论解释,主要包括共谋理论、监督控制理论、互惠理论、资源依赖理论[188]。另一种是从董事个人视角,将连锁董事看成个人之间的关系,相应的理论解释有管理控制理论、职业生涯推进理论和社会聚集理论。

1. 组织关系层面的连锁董事理论

共谋理论认为连锁董事主要体现在企业对市场的控制作用方面。在激烈的市场竞争中,企业间通过建立连锁董事关系共谋商品价格和生产数量,抑制同业竞争,以达到共同谋取超额利润的目的。监督控制理论认为连锁董事联结可以加强相关公司间的决策联系。企业间会因各种原因存在监督控制关系,在连锁董事网络中占据主导地位的企业会派驻董事到与其有业务关联而需要监督控制的企业。互惠理论认为公司通过连锁董事联结是公司理性决策的结果,它能协调公司间活动,给相互联系的双方或多方企业带来利益。而根据资源依赖理论,资源是约束企业发展的重要因素,连锁董事作为企业联系外部资源的重要渠道,通过连锁董事联结,企业可以互相利用外部资源从而提高经营效率与绩效。

2. 个人行为层面的连锁董事理论

在个体层面上,连锁董事作为一个独立的人格主体,其个人背景、能力、报酬与声誉等因素将会约束其行为,进而影响连锁董事作用的发挥。在中国,有学者发现相对于有利于企业的资源依赖理论,有利于董事个人的阶层领导理论更能解释我国连锁董事的产生原因和作用影响[188]。

管理控制理论认为董事无力影响运营,因此对企业是不重要的部分。由于股份持有者分散且对企业运营不关心,高层管理人员会通过随意任命替换董事来达到对董事会的控制。董事成员被看成被动消极且缺乏专业知识的,其目的是避免任何形式的管理成员冲突而导致的“不稳定性”;董事会不经常召开,董事成员也不会精心准备,他们的出席率极低。该理论的学者把董事会看成管理层“橡皮图章”,由董事会形成的企业间联结也是不重要的。该理论将连锁董事形成归因于董事私人特征,如个体特征等,而不是连锁企业的特征。职业生涯推进理论认为连锁董事之所以担任多家企业的董事,其目的是获得社会地位、个人声誉和物质报酬,以便于在未来的职业发展中有更多被雇用的机会。该理论认为连锁董事出现并非有意为之,而是无意的决策结果。社会聚集理论认为,连锁董事代表着上流社会成员之间的社会联结。连锁董事是商界生活的一个固有特征,是社区利益、观点和政策统一的社会根基,这在有财产的阶层是极其普遍的,所以该理论将连锁董事看成上流社会阶层凝聚的黏结剂。

以上不同的理论流派各自从不同的角度分析连锁董事出现的原因,并形成了各自较为严密的理论体系。

7.3.2　纵向一体化战略的理论基础

纵向一体化问题源于亚当·斯密的分工理论。分工带来的效率提升,是非常显著的。但在实践中,大量的非专业化的生产形态依然存在,分工受到各种条件的限制,并非可以无限地细分下去。这引出了纵向一体化的概念,从而开创了纵向一体化研究的范式。以此为基点,衍生了交易成本理论、资源基础理论和实物期权理论等流派。

1. 交易成本理论

如果在市场上的交易成本大于公司内部的协调成本,那么公司会选择将该流程置于公司内部完成,即纵向一体化。交易成本的存在使得纵向一体化方式显示出其优越性。威廉姆森进一步指出,交易成本的形成主要是因为由资产专用性、交易的不确定性和交易频率所引起的机会主义行为。专用资产一旦投资便不能随意转移,而合作企业会因为自身利益期望差异对投资方采取机会主义行为。交易环境中产权不明、信息的不对称会导致市场无效运行,引起机会主义行为发生,反复发生的大额交易需要用一种科层组织结构——企业来进行管制以节约交易费用。按照交易成本理论,企业一定会扩张到内部组织成本和外部市场成本相等的规模上。

机会主义行为威胁的一个重要含义是,与对交易专用性投资水平要求较低的交易相比,对于交易专用性投资水平较高的交易更可能采用较为精致的交易治理机制,包括纵向一体化的层级治理。当交易中的不确定性和复杂性程度较高时,机会主义的威胁也会较高,此时成本较高但精心设计的治理机制比较适用,包括纵向一体化。纵向一体化可以用于管理交易发展过程中的不确定性和复杂性问题。

2. 资源基础理论

资源基础理论特别关注两种企业条件——企业资源和能力;资源基础理论支持者认为企业是无形和有形资源集合体,异质性资源构造了企业的竞争优势,同时该资源不可模仿的性质导致企业竞争优势的持续存在。企业为了保护其独有的竞争力,在选择治理结构时会倾向于内部化经营方式,虽然现有条件下企业的业务活动通过外包行为更有灵活性,但是通过纵向一体化行为,企业能够将自己的核心竞争力拓展到相邻的领域。

3. 实物期权理论

与传统观点不同的是,期权理论将不确定性视为收益的来源,强调应对不确定性的灵活性。实物期权理论将纵向一体化视为获取未来机会的一种行为,组织与外部市场间是相互独立的,组织根据未来期望做出投资决策。

在市场环境剧烈波动的行业,这些企业更加倾向于采取纵向一体化组织结构,纵向一体化带来的业务多样性可以规避风险并带来收益,这对资源基础观是一种补充,它解释了在相同的资源条件下企业纵向一体化程度不同的原因。

买卖双方会因为信息不对称及政府管制等行为产生对实物投资的不确定性,为了避免产生不可撤回的资产投资以制定最有价值的决策,实物投资应该在组织的竞争力与经营的柔性间保持一定灵活性。相较于纵向一体化,外包更具一定灵活性,投资者外包生产活动拥有的灵活性较高,其投资价值更为明显。

实物期权理论认为,当企业制造链中存在一个可靠的、具备持续生产力和价值的期权产品时,企业倾向于将这种潜在价值整合至其生产环节,这对于知识溢出效应与投资顺序学习明显的产业价值链至关重要。在朝阳行业中,纵向一体化提供了生产与股权销售优势,内部制造成为企业首选途径。

7.3.3　社会网络分析的理论基础

1. 社会网络分析概述

社会网络分析(social network analysis,SNS)是一种专门考察社会关系或社会结构的方法。它从"关系"的角度出发研究社会现象和社会结构,研究互动单位之间的关系及其构成的网络。Wellman 指出社会网络分析的基本原理:①关系纽带经常不对称的交互作用,其内容与强度都存在差别;②需要在更大的网络背景结构中分析通过关系纽带连接的直接或间接的网络成员关系;③社会关系结构产生了随机网络,从而形成交叉关联、网络界限和网络群体;④交叉关系将个体及网络群体连接起来;⑤不对称关系纽带及复杂网络使稀缺资源在个体间不平等地分配;⑥网络结构中主体既合作又竞争以获取稀缺资源[189]。

社会网络分析方法研究的内容,根据不同的标准,分为两大类。

第一类,根据"关系的性质"进行分类,社会网络研究的内容包括以下方面。

(1)作为"系统"的关系。即个体之间的关系"模型"或"结构"是如何影响个体行为或者系统的性质的,个体又是如何反过来影响结构的。

(2)作为社会情境的关系。关注网络"环境"如何影响董事的行为,包含拥有许多弱关系的人是否更容易找到工作、连锁董事和政治参与等。

(3)信息、资源传播的渠道,如资金、风险的传递,以及创新的扩散等。

第二类,根据"网络的类型"进行分类,社会网络研究的内容包括个体网、局域网和整体网。人们可以在以上三个层次上研究社会网络。个体网是指一个个体与之有关的多个个体构成的网络;局域网则是个体网加上某些数量的与个体网络的成员有关联的其他点;整体网是一个群体内部所有成员之间的关系构成的网络。

2. 社会网络分析描述方法

目前社会网络分析已经形成了多种描述网络的方法,其中以图论为基础的方法能够最直观地表现网络结构。社会网络分析方法用来描述网络特征的指标通常分为两类,一类是衡量整体网络特征的指标,如网络密度、网络中心势、网络对等性等;另一类是衡量网络中个体位置的指标,如中心度、结构洞。

网络密度(network density,ND)是衡量网络中各个公司之间连接紧密程度的指标,密度等于实际存在的关系总数/理论上最多可能存在的关系总数。网络密度的值为0~1,越接近1,固定规模的点之间的联系越多,网络密度越大,网络对其中公司的态度、行为等产生的影响越大;通过统计研究发现,联系紧密的网络不仅为其中的个体提供各种社会资源,同时也成为限制个体发展的重要力量;网络之间的节点交流越稀疏,联系越松散,网络密度越小。在社会网络分析中,密度已经成为最常用的一种测度。密度计算公式为

$$D = \frac{2m}{N(N-1)} \tag{7.1}$$

式中,m代表网络中实际包含的关系数目;N代表网络中节点总数。

中心度分析是社会网络理论中非常重要的一个分析方法,用来研究网络中个体的行为和影响。用网络中心度指标来衡量董事在上市公司董事网络中的不同位置,并选取独立董事的网络中心度指标进行研究。衡量网络中心度的标准指标有4个:中间中心度、点度中心度、接近中心度和特征向量中心度。具体衡量方法如下。

(1)标准化中间中心度。

$$C_B(n_i) = \frac{\sum\limits_{j<k}(g_{jk(n_i)}/g_{jk})}{(N-1)(N-2)} \tag{7.2}$$

式中,g_{jk}为公司j与公司k联结所需经过的捷径数;$g_{jk(n_i)}$为公司j与公司k的捷径路径中有公司i的数量;N为上市公司连锁董事网络中的公司数,这里用$(N-1)(N-2)$消除上市公司董事网络的规模差异。

中间中心度表示一个公司在多大程度上位于连锁董事网络中其他公司的"中间",因此是一个控制能力指标,它衡量网络中某个公司控制其他公司联系路径的程度。较高的中间中心度说明该公司在网络中传播的媒介作用较为明显。

(2)标准化点度中心度。

$$C_D(n_i) = \frac{\sum\limits_{j} X_{ji}}{N-1} \tag{7.3}$$

点度中心度衡量与某公司直接联结的其他公司的数量之和,描述的是公司的活跃程度。其中,i为某个公司,j为当年除了i之外的其他公司,X_{ji}为一个网络连接,公司i与公司j共享连锁董事的个数即其取值。本章用$(N-1)$来消除公司数量不同带来的规模差异。

点度中心度衡量的是公司直接与其他公司联结的活跃程度。

(3)标准化接近中心度。

$$C_C(n_i) = \frac{N-1}{\sum\limits_{j=1}^{N} d(i,j)} \tag{7.4}$$

接近中心度衡量某公司与公司网络中的其他公司的距离,其中 $d(i,j)$ 为公司 i 到公司 j 的距离,即两个节点之间捷径的长度,指标等于公司与其他所有公司之间的距离之和的倒数。不同年份的上市公司数量不同,因此用 $(N-1)$ 来消除规模差异。接近中心度越大说明公司之间的距离越近影响越大。

(4)研究特征向量中心度是为了在网络总体结构基础上找到居于核心的公司。该方法运用因子分析,找出各公司之间距离的维度。每个公司相应于每个维度上的位置就是一个特征值。一个公司的地位是与之相关的其他公司地位的线性函数,即一个人的权利是与此人相关的其他人权利的函数。特征向量越大,说明该公司的影响力越大。

①中心势(centralization):人们有时关注的不是点,而是整个图,研究不同的图是否有不同的中心势。中心势指的是在网络中围绕一个或几个中心节点建立联系的紧密程度,其塑造的网络环境将影响整个网络中每个节点的行为特征。当中心势为 0 时,网络中每个节点处于平等的位置,不存在核心点;当中心势较高时,所有的信息都会通过一个或几个核心节点流动,从而缩短网络中任意两个节点之间的距离。图的中心势也有 4 种,与点的中心度对应。Freeman 采用了以下群体中心度公式计算中心势:

$$\text{Centralization}_{jt} = 100 \left\{ \sum_{i=1}^{g} \left[C'_B(n^*) - C'_B(n_i) \right] / (N-1) \right\} \tag{7.5}$$

式中, $C'_B(n^*)$ 为第 t 年网络 j 标准化后所有点中最大的中间中心度; $C'_B(n_i)$ 为公司 i 标准化后的中间中心度; N 为网络中公司的数目。

②结构洞:又称为局部效率,指企业与其合作伙伴之间的非冗余关系。对于至少三个行动者 A、B、C,如果 A 和 B 有关联,B 和 C 有关联,而 A 和 C 无关系,那么 A 和 C 存在一种结构洞,使得 B 处在中间人的位置,B 可以控制资源的传递。本章采用测量控制效率的方法来衡量企业局部网络结构对其成员企业的影响。占据结构洞位置的企业可以接近彼此之间不相连的合作伙伴,由此,可以接近许多不同的信息流,获得更多更新的非重复信息,并具有保持和控制信息的优势,结构洞的计算公式为

$$\frac{\text{SH}_{it} \left\{ \sum_j \left[1 - \sum_q (p_{iq} m_{jq}) \right] \right\}}{N_i}, \quad j \neq q \tag{7.6}$$

式中, p_{iq} 为点 i 投资在 q 关系上的比例; m_{jq} 代表了点 j 和点 q 之间关系的边际力量,它是一个二进制数据,当点 j 和点 q 之间有关系时,为 1,否则为 0; N_i 为与点 i 连接的点数。

7.3.4　文献综述

1. 连锁董事网络研究现状

企业及其连锁董事在国民经济生活中发挥着重要的积极作用。国外很多学者

从不同的研究视角、应用不同的研究方法对企业连锁董事进行深层探讨。关于连锁董事产生的影响,本书选择三个维度对连锁董事文献进行梳理,从公司治理、企业绩效以及企业战略(如并购与战略联盟等)三个角度对已有文献进行划分。

1)连锁董事网络与公司治理

连锁董事已经嵌入中国大企业集团的组织结构中。根据资源依赖理论,连锁董事已超越了企业集团的边界,成为大企业间的一种重要组织形式,即在彼此间不具有企业集团关联的上市公司之间的连锁董事也发挥了资源依赖的机能。段海燕等的研究发现,上市公司的连锁董事数量与公司规模呈正相关关系[188]。董事会成员数量越多,因董事个人同时在多家董事会任职而形成的企业间连锁董事数量也会越多,从而证实了企业间连锁董事更大程度上是董事个人理性决策的结果这一假说,同时也为阶层领导理论提供了实证支持。董事与首席执行官之间的较强的社会联系能给董事带来较高的薪酬水平及较低的薪酬业绩敏感度,使董事层保持较低的流动性灵敏度。Fich 等研究了首席执行官之间的连锁董事行为影响,当董事会有更多的外部董事,首席执行官连锁比较频繁;而当公司的董事会活跃且频繁召开会议,首席执行官倾向于以股票期权的形式支付年度总薪酬时,首席执行官连锁行为没有那么频繁[190]。Hallock 研究了首席执行官和董事之间的连锁行为对首席执行官的薪酬的影响,拥有企业连锁行为的首席执行官获得更高的工资,同时连锁的首席执行官倾向于领导更大的公司[191]。连锁董事网络与股权联系网络之间还存在着高度的关联,即所有权和控制权之间存在高度关联。Khanna 等从公司间关系、银行和公司间关系出发,分析了连锁董事网络和所有权联系来评估他们对股价同步及贷款利率的影响[192]。连锁董事不仅促进董事会结构特征的传播,还能促进股票期权回溯行为。

2)连锁董事网络与企业绩效

连锁董事对董事治理绩效具有显著影响,但目前并没有一个统一的结论。一个集团内部,企业集团成员、集团总公司以及财务公司之间通过连锁董事来加强协调、控制和沟通。连锁董事在集团内部的存在促进了集团成员的财务绩效,连锁董事正向影响企业绩效。连锁董事的网络中心度、网络规模和连锁董事兼任公司数目正向影响公司绩效,但连锁董事的持股数与公司绩效之间没有相关关系。

但同时,部分学者通过研究发现连锁董事和企业绩效呈现负相关性。Fligstein 等发现连锁董事联结对企业治理绩效存在消极影响[193]。任兵的研究支持管理者社会聚集理论,连锁董事通过自身所处的阶层地位获取利益而影响公司的治理机制与结构,对企业的绩效产生了消极的作用[194]。同样,段海燕的发现支持连锁董事社会聚集理论,企业管理者因为关注于自身利益对企业绩效产生了消极影响[188],从而进一步验证了连锁董事与绩效之间是负相关关系。

3)连锁董事网络与企业战略

在连锁董事网络中处于中心位置的企业能够更充分地利用网络所承载的各种

资源,因为他们能更容易地找到最优和最多的资源供给方。只有全面分析企业所处的网络结构,才能全面分析与理解企业战略。连锁董事网络对企业绩效或竞争优势的影响得到了部分学者的广泛认可。连锁董事网络能够聚集企业发展需要的多样化信息、协调企业资源配置状态、利用机遇应对环境风险能力,提高企业战略决策的合理性。

Capenter 等发现存在直接连锁董事关系企业战略决策有相似倾向,并且间接联系的企业之间经常模仿彼此战略决策[195]。企业间的连锁董事与企业建立战略联盟决策存在密切联系,当连锁董事与管理层之间能够积极协调保持融洽关系并且董事会对公司决策参与较少时,连锁企业间具有更多建立战略联盟的倾向。Lindsey 评估了董事网络和股权战略联盟网络的作用[196]。战略联盟可以看成模糊企业边界的关系合同,该研究提供的证据表明,由于连锁董事提供信息和利用公司资源的优势,共享一个董事的公司间联盟更频繁[196]。

并购是企业经常采取获取企业发展战略资源以及创造性资产的战略行为。连锁董事网络有助于企业的并购活动。尽管市场对收购公告的反应消极,但与董事会建立了强连接网络的公司首席执行官更倾向于进行并购交易。Cai 等发现连锁董事能够解释收购的正面效果[197]。Haunschild 对美国 300 余家企业 10 年的收购行为进行研究发现,核心企业过去的收购行为会对目前的收购决策产生显著的积极影响,这种正相关关系在横向并购、纵向并购以及全面并购中都普遍存在[198]。其研究结果还发现,模仿收购行为不仅发生在相关企业间,还发生在非相关企业间,在连锁董事网络中,处于核心地位的企业其并购行为更为频繁。

连锁董事与资本市场政府代理机构有着紧密的联系,他们还是所在行业协会的重要成员,通过连锁董事关系建立的企业网络,可以优化企业商业环境管理战略决策过程,减少研发、生产和销售过程中的不确定性。Ortiz 等研究发现,连锁董事对企业采纳环境战略具有显著的正向影响;企业所在地区的制度环境越差,连锁董事对企业环境战略的积极效果越为显著[199]。该研究结论为资源基础观提供了实证依据,连锁董事在其他企业董事会所获得的经验将影响企业的环境战略,企业通过连锁董事获取资源降低了市场交易中的不确定性,约束了企业所采取的战略。当企业与交易对象进行双边交易或者处在交易网络中时,企业的关系交易行为会影响纵向关系,企业与交易企业的关系越弱,企业纵向一体化动机越高。

综上所述,现有关于连锁董事与组织绩效研究结论的不统一,在一定程度上是由缺乏有效的中介变量作为传导机制引起的。企业在连锁董事网络位置会改变企业在行业中的地位,迫使企业调节战略定位以适应新的网络位置上的资源特点。因此,本章将企业高管社会网络(资本)与企业战略之间的关系纳入视野,针对企业生产过程中的企业核心能力在价值链上延伸拓展,选择过程产出变量——纵向一体化战略作为中介变量。以此为分析单位,了解企业高层管理者对企业战略选择影响的深层次原因。

2. 纵向一体化研究现状

纵向一体化作为企业战略的一种重要形态,不仅是经济学家关注的问题,更是管理学家和企业家关注的问题。国内外对纵向一体化的研究已经有了不少成果,根据研究需要,本章将纵向一体化相关文献从动因、政府管制和企业绩效三个角度进行划分。

1)纵向一体化动因

对于纵向一体化的影响动因,主要可以分为产业组织学派和制度经济学派两大流派。产业组织学派的代表人物有克拉克、斯蒂格勒和阿罗,他们认为产业的集中度、技术依存度、环境的不确定性和生命周期影响着企业的纵向一体化行为。根据生命周期学派观点,公司产品发展的不同阶段,公司执行的战略应该不同。在产品生命周期早期,实施纵向一体化战略一般能够给公司带来竞争优势,而随着产品的不断成熟,纵向一体化战略反而会成为公司的一个劣势,专业化战略将成为公司的必然选择。制度经济学派的主要代表人物有科斯、威廉姆森,他们运用交易成本、机会主义、资产专用性和剩余控制权来分析企业的纵向一体化行为。

基于威廉姆森的交易成本理论,Perry 和 Maskin 等分别从需求不确定性和资产专用性角度对纵向一体化动机进行分析,研究发现环境不确定性越大、资产专用性越强,纵向一体化程度越高[200,201]。市场不完善会导致企业有更多动机通过纵向一体化行为以规避由市场化进程落后及法律保护不完善而导致的交易费用的增加。Acemoglu 等研究发现,市场契约实施强度高时资本密集程度高,金融体系发展完善,企业更倾向于纵向一体化[202]。Huang 等以中国电力行业企业为研究样本,发现公司利润率、成长性和风险性是影响公司纵向一体化选择的重要因素[203]。

2)纵向一体化与政府管制

政府管制是指政府为实现某些社会经济目标、维护和达到特定的公共利益而对经济中的经济主体施加的各种具有法律约束力的限制及约束并由此引出的符合这些限制规范的行为措施。政府管制可以区分为社会性管制和经济性管制。社会性管制是以保护国民生命健康安全、防止公共危害为目的;经济性管制则是针对自然垄断以及信息不对称的产业,通过约束产品价格、市场进入和退出规制、投资规制等手段对企业行为进行限制约束。

随着对反垄断理论以及政府管制研究的深入,许多研究将焦点转向对纵向一体化问题的关注。政府对原材料供应行业的价格管制政策将导致契约实施强度减弱,增强企业纵向一体化动机。Joskow 以煤炭行业为研究对象发现,相较于纵向一体化,政府的限制导致企业更倾向于与合作伙伴签订长期合同以提高运作效率[204]。基于管理俘虏理论,程钟鸣等发现因绩效考核以及寻租空间的存在,政府会常通过行政手段干预企业经营行为,导致投资过度,加快国有企业纵向一体化进程[206];从企业层面而言,为了从政府的关系中争夺核心资源、获取高额收益,企业会进入自己不熟悉的行业经营,提高纵向一体化程度。

尽管人们无法定论政府对不同行业采取的政策所导致具体企业行为差异,但可假定不同市场背景下的企业会具有不同的纵向一体化水平变动特征。政府通过宏观微观手段塑造市场环境,对于关系国家安全及能源资源的产业,所采取政策会有所差别。除了契约完备性和资产专用性会影响纵向一体化外,于立宏等发现我国煤电产业链市场尚不规范成熟、改革措施不到位,政府对价格的管制是影响纵向安排的重要因素[206]。政府管制水平会降低企业纵向一体化的技术效应。王冬等分样本测算不同交易环境对企业纵向一体化水平的关键维度系数大小和方向影响,发现不同管制类型企业及行业的纵向一体化水平变动特征不同,纵向一体化水平的关键维度也存在差异[207]。

3)纵向一体化与企业绩效

纵向整合与企业绩效的关系一直以来都是学术界研究和争论的焦点。从1995年Barrera对美国石油行业的研究开始[208],中外学术界便开始了对这一问题的探索,当然,这在很大程度上归功于纵向整合程度测量方法的完善以及上市公司数据披露透明度的提高。近些年,纵向整合与企业绩效的关系从未间断,但研究结果各不相同。

现有的研究大多集中于特定行业,研究行业不同,纵向整合与企业绩效的关系也不同,有的是正向影响,有的是负向影响,甚至有的是没有影响。

潘啸松对32家汽车上市公司的数据进行实证研究,发现汽车产业的绩效与纵向整合程度显著负相关,零部件企业和整车企业的合并降低了企业的经济效率与技术效率,不利于发挥规模经济[209]。

Buzzell等收集了450家公司数据,发现纵向整合与企业绩效呈现出V形关系[210]。贺文哲也从中国上市公司的纵向并购案例中发现,在并购当年和并购后1年,纵向财务绩效是下降的,但从并购后第二年起有大幅度的提升[211]。吴利华等选取27家中国钢铁上市公司为研究样本,发现企业的纵向整合与企业绩效显著正相关[212]。

但同时,部分学者通过研究发现纵向整合和企业绩效呈现不相关性。Peyrefitte等以美国50家计算机硬件制造商为样本,发现阶段内的纵向整合与绩效显著负相关,跨阶段的纵向整合与绩效不相关,纵向一体化程度与企业绩效不相关是因为缺乏对纵向一体化程度潜在内生性的研究[213]。

对已有研究的梳理可以发现,纵向一体化的影响因子研究结论不统一,缺乏对董事会资源整合的考虑,董事会作为公司战略制定者,对纵向一体化的选择至关重要。同时从以上研究可以发现,不同行业中的不同企业所实施的纵向整合方式大同小异,基本上是新建、兼并和收购,都是对上游或下游的资产进行投资,不同的是,不同政府管制下的不同行业所获得的资源不同,因此纵向整合和企业绩效的关系是不同的。政府对不同行业采取的政策与措施会影响纵向一体化水平,因此有必要将政府行为纳入分析范畴。

7.4　连锁董事网络对纵向一体化战略影响的机理分析

在组织社会学领域,有许多学者将经济社会学领域的社会网络理论运用到企业研究中来,提出了企业所嵌入的社会关系结构将影响企业的战略选择,从而开辟了影响企业战略选择的社会结构视角。Jones 等将社会网络理论和交易费用理论有机结合分析[214],发现企业通过连锁董事关系获取关键信息与资源,保证网络组织成员之间的有效协调整合,同时在企业发展过程中为了谋求利益增长点,董事层会选择纵向一体化战略建立垄断壁垒、提高公司政治影响力,增强企业差异化,通过纵向一体化战略防止企业机会主义行为,实现网络整体价值最大化。而每个企业总是处于特定的外部环境中,企业一体化战略的选择受到所在政治环境的影响,政府政策的差异导致资源及信息不同流动走向,影响连锁董事网络对企业纵向一体化行为资源配置。

因此,本章以交易成本理论和社会网络理论为基础,研究连锁董事网络嵌入对纵向一体化战略的影响,以及不同政府管制条件下连锁董事网络嵌入与纵向一体化战略的关系。

7.4.1　连锁董事网络嵌入影响纵向一体化战略的分析

连锁董事网络的嵌入性包含了关系嵌入及结构嵌入。关系嵌入关注行动者之间的社会性黏着关系,Granovetter 强调弱联结的作用,弱联结有助于搜索和发现有用的知识,但不利于转移复杂信息[187];结构嵌入则关注网络参与者在网络中所处的位置,讨论两个或两个以上的行动者和第三方之间的关系所折射出来的社会结构以及这种结构的形成和演进模式,结构嵌入中包含强联结,强联结可以通过增强信任利于转移和传递任何一种信息。弱联结及强联结都对信息和资源的流动有重要影响。本章将网络嵌入从关系和结构两方面进行不同维度的思考和考察,将有助于了解非正式关系网络和正式关系网络的构建对于企业专有资产投资及战略选择的重要性。

按照科斯的理论,企业的边界取决于市场交易成本与组织管理成本之间的关系。当交易成本高于企业内部管理成本时,企业就会自行组织生产而不是外购。因此,交易成本越高,企业就越会采取纵向一体化战略。

从制度经济学研究视角出发,治理结构的方式与交易的特点是有联系的。交易的特点主要取决于三个要素,即资产专用性、不确定性和交易次数。选择合适的经济交易治理形式依赖于交易中的机会主义威胁。交易中不确定性和复杂性程度高或者是专用性投资水平高,机会主义的威胁也会高,纵向一体化战略比较适用。

1. 连锁董事关系嵌入影响纵向一体化战略的分析

目前中国的经济发展还处于转型时期,缺乏一个成熟和稳定的法律构架与功能要素供给市场,市场交易过程中存在极高的不确定性和复杂性。连锁董事出现主要原因是基于连锁董事的资源获取能力及为企业带来的盈利能力,从资产专用性角度来说,连锁董事在董事会中比例越高,关系嵌入度越高,个人社会网络的“异质性”越大,连锁董事能够为企业带来更为优惠的银行贷款以及更低的投资风险,通过连锁董事关系的弱联结获取社会资源的概率也越高,促进企业对生产制造、销售和研发等环节投资行为,通过纵向一体化节约了企业的交易成本和运行成本,提高企业的效率。

连锁董事比例越高,连锁董事在决策制定和实施中的影响力度越大,由于连锁董事具有复合的行业、专业和企业背景,不同行业连锁董事之间的交流与学习可以激发企业在产品设计与研发环节的创新行为,促进多学科知识在企业制造价值链的延伸,为了保证这些不可复制的、稀缺的关键资源在企业内部的延伸,提高企业的核心竞争力,可通过纵向一体化行为确保资源的专有与垄断。连锁董事还能为企业带来先进的管理知识与理念,在企业战略的设计和实施环节提供更为具体的观点,能很好地避免巨额资产投资的战略性损失,从而保证专用性资产投资,减少上下游企业的机会主义行为。

因此,提出以下假设。

$H_{7.1}$:公司连锁董事网络关系嵌入性对纵向一体化战略有正的影响。

2. 连锁董事结构嵌入影响纵向一体化战略的分析

连锁董事产生于组织间互相依赖关系,企业为了克服对彼此的依赖而互派董事,克服企业在交易过程中不确定性,提高交易的适应性、协调性,保障企业间的沟通合作,提高经济运行的效率。Jones 等指出结构性嵌入通过宏观文化接受及集体认可方式防范机会主义[214]。因此,通过连锁董事结构嵌入机制,网络组织成员企业间通过共同的价值观念、行为规范准则和期望系统,对违背共同规范的成员予以集体制裁,增加合作企业违约成本、减少企业间的监督成本、提供识别和监督伙伴的激励来防范机会主义行为,从而在企业之间形成关系网络协调企业间的关系或行为。因此,结构嵌入程度越高,企业之间纵向一体化程度越低。而且,通过结构嵌入构建了企业之间的强关系,强关系包含某种信任、合作与稳定,强关系企业较易获得,并传递高质量的、复杂的或隐性的知识,他们能更容易地找到最优和最多的资源供给方,同时能控制与上下游企业的谈判交往发言权。从资产专用性的角度来看,该企业可选择的合作伙伴比较多,从而减少了事后合同讨价还价的问题,企业经营活动外包的成本降低。企业间通过连锁董事关系减少了企业签订契约的关系成本,使得市场的作用效率高于企业内部运作的效率,市场交易成本降低。

因此,提出以下假设。

$H_{7.2}$:公司连锁董事网络结构嵌入性对纵向一体化战略有负的影响。

进一步地,如果把网络结构嵌入性操作化为三个维度,即公司在连锁董事网络中的点度中心度、中间中心度和特征向量中心度,那么有以下三个子假设。

$H_{7.2a}$:公司连锁董事网络点度中心度对纵向一体化战略有负的影响。

$H_{7.2b}$:公司连锁董事网络中间中心度对纵向一体化战略有负的影响。

$H_{7.2c}$:公司连锁董事网络特征向量中心度对纵向一体化战略有负的影响。

7.4.2　政府管制对连锁董事网络与纵向一体化战略关系的调节效应

在不同行业中,企业的纵向一体化水平具有不同特征,有些行业中的企业以分包方式组织生产,而有些行业中的企业则倾向于以纵向一体化方式组织生产主营产品,如电力、煤气、水的生产和供应等所在的公用事业领域一直被认为是大范围纵向一体化的组织结构,显现了政府限制行业具有更为明显的纵向一体化趋势,国家通过介入限制行业企业的连锁董事网来影响整个经济体系,因此限制行业通过相关制度所构建的连锁董事网络对企业战略的选择较非限制行业在网络嵌入性方面是存在区别的。政府管制政策是影响企业纵向一体化选择的一个重要因素。市场交易受到国家干预或管制的程度越深,企业越愿意与相关部门建立联系,以获得稀缺资源、消除限制的影响。因此,相较于非限制行业,限制行业的连锁董事网络嵌入性越高,纵向一体化程度也就会越高。

1. 政府限制对连锁董事关系嵌入与纵向一体化战略关系的调节效应

Nee 等把市场转型过程中政治与经济、国家与市场相互渗透、缠绕的体制称为"政治化的资本主义体制"[215]。当涉及企业的兼并、股东结构的变化、股份的转移等问题时,相关部门以所有者或出资人身份干预受管制公司的战略决策。国家权利作用下的企业身份差别导致市场上出现了一种不平等的市场地位结构,即市场地位的差序格局。首先,与非限制企业相比,由国家限制的企业受到了更多偏向性政策的支持,在获得资源与资金方面更有优势,因而其市场地位也比非管制企业要高。其次,受限制企业所在行业关系到国民经济命脉,与政府有密切的政治关联。为了满足国家的公益性需求及掌控关键性领域发展,如对水电煤气、污水处理、公共交通等行业的控制,政府常常委派相关董事到限制企业,通过政府委派连锁董事,企业能获得组织生存与发展需要的物质资源和技术支撑,推动自主创新计划实施、获得充足的资金储备。同时在价值方面,便于组织在一个由社会建构的规范、价值、信念和限定体系中得到公众的普遍承认与许可,提高了企业自身存在的合法性。再次,限制企业在公共及社会资本部署能力和制度影响能力方面也相当具有优势。尽管随着改革的深入,限制企业在转型中失去了许多特权,但相对普通企业而言,还是更容易接触政府官员。此外,限制企业相对于非限制企业具有更强大的制度影响能力。因此,与非限制行业相比,限制行业关系嵌入性所带来的优势有助于企业纵向一体化的发展。

因此,提出以下假设。

$H_{7.3}$:与非政府管制的公司相比,政府管制的公司连锁董事关系嵌入性越高,纵向一体化程度越高。

2. 政府限制对连锁董事结构嵌入与纵向一体化战略关系的调节效应

企业性质的不同将导致限制企业在获取资源方面相对于非限制企业具有巨大优势。在管制行业,相关部门干预导致上市公司的过度投资行为,进而诱发企业非理性的过度一体化行为。依据限制俘虏理论,企业的过度投资行为实则是一种有效的寻租投资,限制行业关系到国民经济命脉和国家安全,这些行业位于重要基础设施和重要资源等领域,其自身的经营状况影响到相关部门的绩效评价。

这一发现说明,管制企业在整个连锁董事网中具有较高的中间中心度。限制行业更容易成为国家政策的受益者。企业通过连锁董事网络结构嵌入性的强关系所转移的资源与其他的企业建立合同契约关系以规避风险的需求并不强烈,即使在投资项目失败时企业仍可获得一定的财政补贴,企业更倾向于对专有资产进行投资以拓展企业的资产规模,这使限制行业受到政府干预时更容易出现过度一体化现象,从而导致管制行业连锁董事网络结构嵌入性对纵向一体化负向调节功能减弱。非限制行业处于充分竞争状态,运作模式灵活多样以实现企业利益的最大化,相关部门对其投资决策行为干预程度较小,即使存在相关部门干预行为,企业在理性的角度上也不会采取过度投资行为。

因此,提出以下假设。

$H_{7.4}$:与政府管制的公司相比,非政府管制的公司连锁董事结构嵌入性越高,纵向一体化程度越低。

进一步地,如果把网络结构嵌入性操作化为三个维度,即公司在连锁董事网络中的点度中心度、中间中心度和特征向量中心度,那么有以下三个子假设。

$H_{7.4a}$:与政府管制的公司相比,非政府管制的公司连锁董事点度中心度越高,纵向一体化程度越低。

$H_{7.4b}$:与政府管制的公司相比,非政府管制的公司连锁董事中间中心度越高,纵向一体化程度越低。

　　$H_{7.4c}$:与政府管制的公司相比,非政府管制的公司连锁董事特征向量中心度越高,纵向一体化程度越低。

7.4.3　理论模型构建

　　通过对相关文献及理论回顾,以及对连锁董事网络对纵向一体化战略影响的机理分析,连锁董事关系嵌入正向影响纵向一体化战略,连锁董事结构嵌入负向影响纵向一体化战略,政府管制强化了关系嵌入与纵向一体化战略的关系,削弱了结构嵌入与纵向一体化战略的关系,因此本章的研究概念性模型如图 7.2 所示。

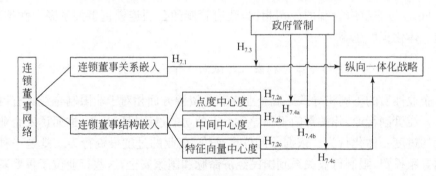

图 7.2　研究概念性模型

7.5　连锁董事网络影响纵向一体化战略的实证研究

7.5.1　样本选取与研究方法

　　1. 样本选取及数据来源

　　本章需要的数据有两种。一种是社会网络指标,由于公司董事任期为 3 年,本书采取 3 年时间窗口,同时相关研究发现战略具有滞后性,可获得的纵向一体化程度最新数据更新至 2014 年,因此从 CSMAR 中分别提取 2009～2011 年、2010～2012 年的数据构建了两段时间公司连锁董事网络,从而对比研究连锁董事网络特征,同时运用该网络的关系属性计算出各社会网络分析指标;另一种数据是运用相关公式计算的纵向一体化程度指标,由于董事会对战略的影响具有滞后效应,本书计算了 2013 年和 2014 年增加值指数值。

　　上海证券交易所上市公司涵盖了各个行业的样本,具有完整的业务体系和直接面向市场独立经营的能力,公司市值大、发展稳健并具备并购、纵向一体化能力,倾向于在生产价值链上拓展企业资产。本章选择上海证券交易所主板上市公司2009～2014 年数据为研究样本,并按照以下标准对原始数据进行筛选:①国家政策对金融业及房地产业严格管控不利于我们探究建立在资金融通下的连锁董事关系一般规律,因此本书剔除证监会老行业分类中全部金融业、房地产业上市公司;②剔除 3 年中出现 ST、*ST 状态的企业;③对于计算增加值指数值时,由于某些公司财务数据造假或者没有遵守会计准则规定,导致净资产为负,为保证研究质量,删除公司净资产为负的全部样本;④根据 VAS 计算方法,纵向一体化程度是介于0 与 1 之间的一个数值,因此研究将数据中纵向一体化程度偏离合理值域[0,1]的公司的样本全部删除。

研究实证所需要的数据来源于 CSMAR,连锁董事数据部分是从国泰安的中国上市公司治理结构研究数据库手工筛选搜集,同时由于数据的遗漏与缺失,本章通过新浪财经、凤凰财经补足缺失数据。本书采用了 Excel、SPSS、Ucinet6.0 及Matlab 对数据进行整理和分析。

2. 变量设计

1)纵向一体化战略的度量

自 20 世纪 50 年代中期纵向一体化测度理论发表首篇文献后,目前这一领域仅有三种主要的方法,即主辅分类法、投入产出表法、增加值指数法。

主辅分类法用辅助生产中雇佣人数与总雇佣人数的比值或者辅助产品的销售额与总销售额的比值来表示纵向整合程度。该比值越高则说明公司业务覆盖整个产业链面越广,纵向一体化程度越高。该分类法的主要缺陷是不能清晰地区分产业内和产业外的整合。早期主辅分类法的应用领域主要集中在技术依赖性极强的石油、化工和公用事业部门等特定产业,在 Davies-Morries 指数提出之后,有学者将其运用到国家或地区间的分工及产业的前后一体化程度进行分析。

最近,投入产出表法进行的研究富有进展。Maddigan 通过投入产出表,运用技术相关程度构造了给定厂商纵向一体化指数,投入产出表通过分析某个产业中厂商在每个用户产业中生产的数量来测量企业前向一体化程度,类似地,也可以分析产业的后向一体化程度。但是技术的变动导致投入产出表法很难反映技术相关系数的变化,影响了纵向一体化程度的准确性。

纵向一体化被广泛运用且具有代表性的测度方法是增加值指数法。该方法认为公司前向一体化时形成对下游厂商的需求,而后向一体化时形成对上游厂商的需求。若把厂商内部的交易放置在厂商之间,则增加值指数值就会增加。增加值指数存在一定局限性,主要是对厂商生产的纵向产业链中各个阶段的敏感性不强。因此,美国战略计划协会在建立 PIMS 数据库时,运用对增加值和销售额进行净利润扣除,并加上正常利润的方法对该指标进行修正。

考虑到指标的有效性与数据的可获得性,本章选取修正的增加值指数值来衡量纵向一体化战略的程度。增加值指数值的计算如下:

$$增加值指数值=\frac{增加值-税后净利润+正常利润}{销售额-税后净利润+正常利润}$$

$$=\frac{销售额-采购额-税后净利润+净资产\times平均净资产收益率}{销售额-税后净利润+净资产\times平均净资产收益率}$$

$$(7.7)$$

式中,销售额、税后净利润、平均净资产收益率都可以从上市公司历年的财务报表中直接获得,销售额是采用年度财务报表中公布的本期营业收入来表示的。净资产是由股东权益合计来表示的。而采购额不能直接获得,其计算公式如下:

$$采购额=期末存货余额+营业成本-期初存货余额$$

2)网络嵌入性的度量

参照 Granovette 的研究,本章将网络嵌入性分为关系嵌入性和结构嵌入性[187],从连锁企业自身和企业网络两个层面提炼指标,关系嵌入关注行动者之间的社会性黏着关系,通过社会联结的密度、强度等来说明特定的行为和过程。结构嵌入则关注网络参与者在网络中所处的位置,讨论两个或两个以上的行动者和第三方之间的关系所折射出来的社会结构以及这种结构的形成和演进模式。因此,本章采用连锁董事比率来描述关系嵌入程度,采用点度中心度、中间中心度和特征向量中心度来描述结构嵌入程度。

对于连锁董事比例,采用企业连锁董事人数与董事会总人数之比来衡量董事会层面连锁董事构成,这样能够评估连锁董事在董事会中的相对影响。

中心度分析是社会网络理论中非常重要的一个分析方法,用来研究网络中个体的行为和影响。用网络中心度指标来衡量董事在上市公司董事网络中的不同位置。衡量网络中心度的标准指标有四种:中间中心度、点度中心度、接近中心度和特征向量中心度。连锁董事构成网络是不完全连接的,因此不采用接近中心度来衡量企业的中心性。点度中心度衡量的是公司直接与其他公司联结的活跃程度。中间中心度衡量网络中某个公司控制其他公司联系路径的程度。特征向量中心度衡量了网络中公司所处的地位。借鉴社会网络分析和图论理论,采用标准化的点度中心度、中间中心度和特征向量中心度测度结构嵌入程度。

3)政府管制的度量

不同行业中政府对资源的配置存在区别。参考李延喜等的研究,将"涉及提供重要公共产品和服务的行业、国家安全的行业、自然垄断的行业和支柱型高新技术产业"界定为管制型行业[216],根据证监会于 2001 年公布的《上市公司行业分类指引》中的行业代码具体包括以下行业:(B)采掘业,(C4)石油、化学、塑胶、塑料,(C6)金属、非金属,(D)电力、煤气及水的生产和供应业,(F)交通运输、仓储业,(G)信息技术业。政府管制为哑变量,代表公司所属行业的管制特征,当公司属于管制性行业时,该变量取值为 1,否则为 0。该变量用以考察国有企业改革的"战略调整"策略对治理结构的影响。

4)控制变量的度量

选取行业经济规模、企业可用资源、企业规模、企业风险和企业以往绩效作为控制变量。

(1)行业经济规模。根据以往的研究,不同的行业对资源配置的偏好与差别将导致公司纵向一体化程度有所不同,本章用行业主营业务收入衡量行业经济规模。

(2)企业可用资源。企业可用资源对企业的战略选择来说也是非常重要的,企业可用资源越多企业的发展能力和抗风险能力越强,对企业业务拓展可能性越大。参照雷辉等的研究,运用式(7.8)计算企业可用资源[217],即

企业可用资源=标准化流动比率+标准化(所有者权益/长期负债)　(7.8)

(3)企业规模。企业规模通常反映了企业经济实力、市场开发能力等资源属性。在实证研究中,企业规模通常都是非常重要的控制变量。一般来说,规模大的企业机构庞杂,业务繁多,对企业发展行为有积极促进影响。本章采用企业总资产的自然对数表示企业规模的大小。

(4)企业风险。现代企业财务学认为,企业资本结构会对纵向整合决策产生重要影响,本章采用资产负债率衡量企业的风险。

(5)企业以往绩效。企业进行纵向一体化的根本出发点就是纵向一体化能够提高企业的绩效。从绩效的角度来看,产业的专用性越强,产业中的企业进行纵向一体化的绩效也应该越高。考虑到本章是衡量纵向一体化战略对企业整体的影响,而不仅是对于股东利益的影响,这里选取总资产收益率作为盈利性的指标。

3. 研究方法

影响纵向一体化程度因素的内部机制复杂,本章采用行业经济规模、企业可用资源、企业规模、企业风险、企业以往绩效、连锁董事比例、点度中心度、中间中心度及特征向量中心度衡量各方面对其影响,但是这些指标之间并不独立,而是交互作用,需要我们对其进行并行协同处理,处理其复杂的非线性映射关系。神经网络模型有很多优点,它除了具备良好的模式识别能力以外,最可贵的是具有学习能力,可随时根据新输入的资料进行自我学习,训练、调整内部参数来处理新的数据。根据强大数定理,三层神经网络可以实现任意连续函数或映射,BP 神经网络具有极强的模式识别能力,在任意精度内能够逼近所有的连续多元连续函数。同时,本章自变量是通过手工收集的二手数据,数据的精度不高,而神经网络可以通过调整非线性连续函数多层前馈神经网络权重克服传统统计模型的很多限制,具有容错能力,对数据分布的要求不高,能有效处理数据由于手工收集引起的误差,并具有处理遗漏资料的能力,因此本章选择神经网络建立模型。

　　神经网络是单个并行处理元素的集合,是从生物学神经系统得到启发,神经网络模型就是模仿大脑做决定的过程,并通过计算机实现这个过程。BP算法作为人工神经网络的一种比较典型的学习算法,主要结构是由一个输入层、一个或多个隐含层和一个输出层组成,各层由若干个神经元(节点)构成,每一个节点的输出值由输入值、作用函数和阈值决定。

　　设 $X_1, X_2, \cdots, X_n$ 为自变量及控制变量的 N 个输入,在 Matlab 中其可以表示为矢量:$X_1 = (x_1, x_2, \cdots, x_m)^T$,将这些输入信号经输入层进入神经网络,每一个数据 x_i 都会乘以权值 w,并与阈值 b 求和得到 u,网络权值 w 是表示输入和神经元之间的连接强度,通过上面线性变化达到能处理非线性的目的,之后再通过神经元的传递函数或激发函数 $f(x)$ 对 u 进行函数运算,得到神经元的输出,输出的结果误差反向传播,不断循环调整神经网络内部的权值及阈值,输出值与样本的期望输出误差逐步减小,直到满足符合精度时算法停止。影响网络结构的除了隐含层节点数目及权值阈值外,还有学习率 η 和系统误差 ε。输入层和输出层节点个数一般由所研究对象确定,而隐含层节点个数由使用者操作经验决定,隐藏层个数过少将降低网络的有效性,过多将大幅度增加网络训练的时间。学习率通常为 $0.01 \sim 0.9$,学习率 η 越小,训练的次数会越多,学习率过大则会影响网络结构的稳定性。系统设定误差 ε 需要根据输出要求来定,ε 越低,精度要求越高。

　　本章将运用 Matlab 建立、训练和仿真 BP 神经网络,并运用该网络分析连锁董事与纵向一体化战略间关系。

7.5.2　连锁董事网络统计分析

　　1. 连锁董事特征统计分析

　　通过对所搜集的连锁董事个人资料数据进行整理,本书通过选取 2009~2011 年度及 2010~2012 年度的连锁董事作为统计分析样本,对连锁董事的年龄及性别、独立董事及任职背景进行了统计分析,便于更直观地理解连锁董事特征。

　　1)年龄及性别

　　根据收集得到的信息,获得连锁董事年龄分布状况如表 7.1 所示。

表 7.1　连锁董事年龄分布

年龄分布	30~40 岁	40~50 岁	50~60 岁	60~70 岁	70 岁及以上	总计
2011 年	28	197	169	79	15	488
2012 年	20	191	161	73	23	468

　　年龄介于 40~60 岁的连锁董事占比最高,他们通过以往工作学习积累了足够的公司治理知识与社会经验,他们具有公认的专业技能及社会影响力,同时处于该

年龄段的董事处于壮年期,具备足够的精力兼任两家及以上公司的董事。

根据统计结果,2009～2011 年连锁董事网络中男性 434 人,女性 54 人;2010～2012 年连锁董事网络中男性 413 人,女性 55 人,男性人数显著高于女性人数。根据相关研究表明,男性管理者与女性管理者在战略决策过程中有不同的风险倾向,男性高管表现出更强的风险偏好。提高企业董事会中女性比例,能增加成员性格互补性优势,从而为企业的治理和发展提供新视角,带来新思路。同时,对这两年度网络进行对比可以发现,女性董事在连锁董事网络的比例有所提高,这说明了企业董事会的治理结构更加完善,企业的民主沟通能力有所加强。

2)独立董事

独立董事绝大多数都具有较高的学历及公司治理经验,在促进公司整体发展及治理和保护中小投资者利益方面有积极的作用,根据统计分析,2009～2011 年连锁董事网络中独立董事共 334 人,非独立董事共 154 人,2010～2012 年连锁董事网络中独立董事共 335 人,非独立董事共 133 人,独立董事在连锁董事网络中占比超过 70%,同时还有增加的趋势,这说明独立董事更倾向于在多家公司任职,独立董事之间的联系更为普遍。

3)任职背景

连锁董事中具有会计背景的 136 人,占比 29.1%;具有律师、法学法律背景的 48 人,占比 10.3%;具有经济学、商学背景的 71 人,占比 15.2%;具有工程相关背景的 64 人,占比 13.7%;其他 149 人。大多数的连锁董事具有财会及管理专业技能,具有财会背景的连锁董事能够保障财务信息的真实性,具有商学背景的连锁董事能够影响董事会监督效率、企业战略决策以及高管结构,进而影响企业财务报告质量。以上数据表明,企业在成长过程中存在提高会计信息质量、解决企业代理问题需求。

知识型连锁是指该董事在高校、研究院等担任教师的情况,共 233 人,占比 50%;行政型连锁是指该董事具有政府背景经验,曾在政府单位任职的连锁董事,有政府背景的高管能够凭借自己曾在政府单位的身份、地位以及曾建立的人脉关系以获得稀缺资源及政策支持,包括资金信贷、补贴和债务豁免等权利,经统计共 65 人,占比 13.9%。上述数据说明,政府背景连锁董事在公司中占比比较低,知识型的连锁董事在公司中占比很高,企业倾向于提高公司的专业技能及完善公司知识结构以完善公司治理,提升企业的绩效。

2. 公司连锁董事网络特征统计分析

为了分析公司网络的特征,研究提取 2010～2012 年度所有董事数据,获得了约 1.9 万条董事数据,再使用 Excel 进行数据的初步加工整理,提取连锁董事数据;在剔除了重名的情况下,通过数据透视方法可获得矩阵规模为 504×468

的 2010～2012 年度公司-董事矩阵,在该矩阵中每个格值用二进制数来表示每个董事是否出现在每个公司中,通过对矩阵进行转化便可得到表达公司之间的连锁董事情况的公司-公司矩阵,此时格值表达了每对公司之间共享董事的个数。

点度中心度表示与公司直接联系的公司数目,能刻画出公司网络的核心-边缘情况。中间中心度是用以衡量企业充当其他企业之间信息资源交换桥梁作用情况,表示该企业对资源的控制程度。由于不同产权性质及政府管制行为都会对董事会结构产生影响,因此对 2010～2012 年度 504 家公司点度中心度和中间中心度进行分析,并从产权性质及政府管制角度分析各公司在网络中发布信息、传播信息和获取资源的地位情况,如表 7.2 所示。

表 7.2　依照产权性质及政府管制划分的点度中心度

点度中心度	产权性质			政府管制		
	国有	非国有	合计	管制	非管制	合计
1～2	160	119	279	58	221	279
3～4	103	41	144	36	108	144
5～6	43	14	57	24	33	57
7 及以上	23	1	24	10	14	24
合计	329	175	504	128	376	504

公司网络点度中心度在 1～9 变化,均值与标准差分别为 2.89、2.26,点度中心度为 1～2 的公司占比 55.4%,处于 3～4 的公司占比 28.6%,且随着点度中心度的提高,公司数目在减少,绝大部分公司会选择与少量的具有特定资源的公司建立连锁董事关系,公司连锁董事网络分布较均匀、整体密度较低。新百联股份、百联股份、天利高新、冠农股份为点度中心度最高的公司,处在网络社群图的核心地位。

从表 7.2 可以看出,依据产权性质对不同点度中心度的公司进行分析,国有企业在公司连锁董事网络中占比 65.3%,国有企业倾向于通过连锁董事共享公司间的信息资源,并对相关企业进行监督、控制。点度中心度为 1～2、3～4、5～6 和 7及以上时,国有企业占比分别为 57.3%、71.5%、75.4% 和 95.8%,随着点度中心度的提高,国有企业所占的比例越来越大,这说明在公司连锁董事网络中,国有企业充当着核心地位作用,他们对资源具有核心控制权。

接着本章根据政府管制对不同点度中心度的公司进行了分析,非管制行业公司在公司连锁董事网络中占比 74.6%,非管制行业倾向于通过建立连锁董事网络获取企业发展所需资源,尤其是受政府管控的领域,如能源、土地等。点度中心度为 1～2、3～4、5～6 和 7 及以上时,非管制行业公司占比分别为 79.2%、75.0%、

57.9%和 58.3%。从以上数据可以看出,非管制行业公司在连锁董事网络中占比较多,但是大部分拥有较低的点度中心度,而管制行业中点度中心度高的企业比例较多,非管制行业公司在市场交易时亟须通过建立连锁董事网络减少不确定性所带来的成本与威胁。

公司网络中间中心度在 0~10341 变化,均值与标准差分别为 877、1656,网络中不同的企业对资源的控制能力存在极大差别,将中间中心度均分为 0~2675、2676~5350、5351~8025、8026~10341 四段区间,分布于各区间的企业数分别为444、41、15、4,公司数目呈现出依次递减趋势,少数企业控制了大量资源的流动,洪都航空、江西铜业、新百联股份、中化国际为中间中心度最高的公司,处在网络社群图的桥接关键位置。

网络整体嵌入性是通过点度中心度及中间中心度共同来描述的,因此结合以上两个指标,对整体网络特征进行分析,如图 7.3 所示。一般情况下,中间中心度与点度中心度两个指标的度量结果是相关的,如新百联股份、上汽集团、中化国际、洪都航空两指标度量结果一致,这些公司与其他公司的直接联系密切且对与之相连的公司的控制力强,对周边公司的资源控制力亦非常强,中化国际、新百联股份的点度中心度与中间中心度为最高值是整个网络的核心企业。另外一些公司,如飞乐股份、冠农股份、仪电电子、驰宏锌锗、飞乐音响,点度中心度高且中间中心度低,即这些公司与其他公司的关系为绕过许多公司的冗余关系。最后,如凤竹纺织、龙净环保、耀皮玻璃、三元股份等,中间中心度高,但是点度中心度低,则说明它们之间的联系虽少,但是其联系对于整个网络的流动性至关重要。整个网络中公

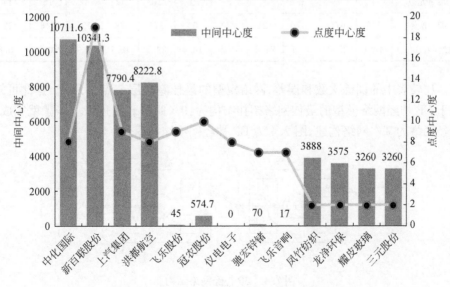

图 7.3　公司点度中心度与中间中心度选例

司围绕着某个中心集合而存在,不存在处于边缘位置却对网络流动性有较大影响的公司。

7.5.3　BP 神经网络实证分析

1. 网络建立

网络建立是通过 newff 函数实现的。首先,将 426 家公司的样本分成两部分,利用 400 家公司的数据作为训练样本,26 家公司数据作为测试样本,检验模型是否达到了要求实现模型的基本功能。其次,选用 3 层 BP 神经网络建立网络模型。其中每层单元接受前一层的输出信息再输出给下一层各单元。根据本章的主题与方向,该 BP 仿真网络输入变量设置为 9,即连锁董事比例、点度中心度、中间中心度、特征向量中心度、行业经济规模、企业可用资源、企业规模、企业风险与企业以往绩效;一个输出变量 y,即最终的纵向一体化程度值增加值指数值;以此确定了输入层与输出层的节点数分别为 9 个和 1 个。

而隐含层节点数的选取可以根据经验公式 $h=\sqrt{n+m}+a$ 选定(h 是隐含层节点数,n 是输入单元数,m 是输出单元数,a 的取值范围是 1～10),通过计算得到隐含层的大致范围是 4～14。表 7.3 是对不同的隐含层训练获得的训练次数和误差。

表 7.3　隐含层单元的收敛比较

隐单元数	4	5	6	7	8	9	10	11	12	13	14
训练次数	127	677	37	121	220	53	174	78	199	246	92
误差($\times 10^{-9}$)	42.4	25.3	50.1	24.9	19.8	18.4	22.5	19.7	24.8	20.5	18.8

比较表中的训练次数和误差,网络模型的最佳隐含层节点数为 9。据此可知,基于 BP 神经网络模型的最佳网络拓扑结构为:$9 \times 9 \times 1$。通过以上步骤就完成了神经网络的基本网络构建,图 7.4 为 BP 神经网络结构图。

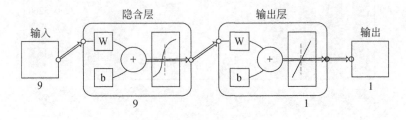

图 7.4　BP 神经网络结构图

在神经网络建立起来以后,利用该网络进行学习之前,需要对学习速率、最大训练次数和目标误差三种参数进行定义。

在选择学习速率时取值范围为 0.01~0.1,通过对不同学习速率的尝试,当学习速率取 0.05 时,训练次数和误差达到合适水平;将最大训练次数设置为 2000,目标误差设置为 0.01,隐含层及输出层神经元传递函数分别为 tansig 函数、purelin 函数,其他参数采用 Matlab 默认数值。

以上完成了 BP 神经网络的建立,接着需要具体确定训练函数。从表 7.4 仿真结果发现,trainlm、traincgf、traingdx 以及 traingd 各训练函数的误差分别为 15.96、95.292、97.845、4357.7(单位为 10^{-9}),Levenberg-Marquardt 法的误差明显优于共轭梯度法、动量及自适应学习速率法、标准 BP 算法,所以选择 Levenberg-Marquardt 算法作为训练函数。

表 7.4　训练函数误差比较

训练函数	trainlm	traincgf	traingdx	traingd
误差($\times 10^{-5}$)	0.001596	0.0095292	0.0097845	0.43577

2. 网络训练

网络训练是通过 trainlm 函数实现的。根据训练样本的输入矢量 P、目标矢量 T 和预先已设置好的训练函数对网络进行训练。公司战略影响存在滞后效应,因此将 2013 年的增加值指数值作为输出,通过 Levenberg-Marquardt 算法训练上面建立的网络,发现其训练误差为 0.27654,不符合要求。

将 2014 年的增加值指数值作为输出对象,重新训练建立的网络,网络的训练结果比较好,训练误差在迭代 7 步时便达到了 0.0077006 误差率,网络达到预先设置的精度,网络训练收敛,符合预设误差目标要求,因此采用 2014 年增加值指数值的 BP 神经网络作为连锁董事对纵向一体化作用的模型。

3. 网络仿真

网络仿真是通过 sim 函数实现的。网络训练完成以后,使用该函数根据已训练好的网络,对测试数据进行仿真计算,表 7.5 展示了网络仿真值、输出值和仿真误差。运用建立的模型对所有样本进行检验,得出该 BP 神经网络的平均误差率为 0.13<1,仿真值与输出值十分接近,该神经网络能一定程度上仿真连锁董事网络对纵向一体化程度的影响。同时,本节对自变量与因变量间的关系进行了回归模拟,在可决系数 $R^2 = 0.5601$ 基础上获得了 output=0.56×target+0.11,其中 output 为因变量,target 自变量模拟变量,样本回归线对样本观测值拟合程度较好,行业经济规模、企业可用资源、企业规模、企业风险、企业以往绩效、连锁董事比

例、点度中心度、中间中心度及特征向量中心度对因变量的解释程度高，所引起的变动占总变动的百分比高。

表7.5　训练样本和测试样本的仿真值与原始值

序号	公司	VAS(2014)	BP仿真值	BP仿真误差
1	上海电力	0.231502	0.247925	0.016423
2	三一重工	0.328374	0.315578	−0.0128
3	啤酒花	0.415835	0.36791	−0.04792
4	禾嘉股份	0.235961	0.201538	−0.03442
5	哈高科	0.692738	0.661267	−0.03147
6	杭萧钢构	0.140236	0.149686	0.00945
7	扬农化工	0.251469	0.252979	0.00151
⋮	⋮	⋮	⋮	⋮
425	联环药业	0.544882	0.58979	0.044909
426	上海电力	0.231502	0.247925	0.016423

4. 连锁董事网络对纵向一体化战略影响的实证分析

上述步骤完成了神经网络的建立与训练，通过检验与分析，验证了模型的正确性与可用性。神经网络的曲线拟合根本功能与普通的函数曲线拟合方法相同，BP神经网络与常规的函数曲线拟合都运用系数来表征自变量变化对输出结果（即因变量）影响的大小，其本质上的不同是：神经网络是运用权值矩阵的形式来替代原有函数的一维系数，但是系数的根本理论依据与实际含义没有改变。基于以上步骤建立的三层神经网络对数据的处理过程，可以获得神经网络的处理函数。

神经网络的处理过程为：$a = \text{tansig}(w_1 b_1)$；$y = \text{purelin}(w_2 a + b_2)$，$w_1$是输入层到隐含层的权值，$w_2$是隐含层到输出层的权值；$b_1$是输入层到隐含层的阀值，$b_2$是隐含层到输出层的阀值，$x$是输入矢量，$y$是输出矢量。输入层到隐含层及隐含层到输出层所采用的传输函数分别是tansig函数、purelin函数，两者表达式为

$$\text{tansig}(x) = \frac{2}{1 + \mathrm{e}^{-2x}} - 1 \qquad (7.9)$$

$$\text{purelin}(x) = x \qquad (7.10)$$

因此，神经网络的处理函数为

$$y = \frac{2w_2}{1+\mathrm{e}^{-2(w_i x + b_i)}} - w_2 + b_2 \tag{7.11}$$

对式(7.11)中 x 求导分析,神经网络的处理函数导函数为

$$y' = \frac{4\ w_2 w_{1,i}\,\mathrm{e}^{-2b_1}}{(1+\mathrm{e}^{-2(w_1 x + b_1)})^2}\,\mathrm{e}^{-2w_1 x} \tag{7.12}$$

因为 $\dfrac{\mathrm{e}^{-2b_1}}{(1+\mathrm{e}^{-2(w_1 x + b_1)})^2}\,\mathrm{e}^{-2w_1 x}$ 恒为正,自变量对因变量作用的影响因子正负号由 $w_2 w_1$(w_2 是隐含层到输出层的 1×9 维矩阵,w_1 是输入层到隐含层的 9×9 维矩阵)决定。对于任意一个样本 $X_1, X_2, \cdots, X_n$,可以根据 $|w_2 w_{1,i}|$ 比较不同自变量之间影响力大小。因此,这里运用系数 $w_2 w_1$ 表征自变量对输出结果的影响系数,并进行复杂问题的分析。

基于 Matlab 实现的神经网络模型的权值矩阵之积 $w_2 w_1$ 为

Result=$[0.1505 \quad -0.0094 \quad 0.2472 \quad 0.0647 \quad 0.3846 \quad 0.0362 \quad -0.3539 \quad -0.3380 \quad -0.8051]^*$

1.5286	−0.5195	0.3948	0.1088	0.2223	1.6422	−1.3784	−0.4645	0.7311	连锁董事比例
0.6818	−0.3525	1.1860	−0.2206	0.1469	−0.5130	−0.1989	1.5343	0.2110	点度中心度
−0.2570	1.3104	0.0251	−1.6373	−0.4368	−0.8866	−0.0761	−0.9774	0.0204	中间中心度
−1.3902	0.6367	−0.4543	0.3173	0.2359	0.7676	−0.1763	0.2013	0.8168	特征向量中心度
0.2753	0.6889	0.4834	−0.3366	−1.3906	0.0502	−0.8549	1.3805	0.6709	行业经济规模
0.3849	0.7137	−0.1579	−0.5072	−0.4233	−0.2547	0.7637	−0.3319	−0.5670	企业可用资源
0.3090	1.4383	−0.7150	0.4383	0.0319	−0.3203	−1.3071	0.4650	−0.8666	企业规模
−1.4538	1.4925	−0.4061	0.4888	−0.9552	0.2856	−1.2140	0.5612	−0.1023	企业风险
0.1562	−0.4604	0.8377	−0.2115	−0.9206	−0.4329	0.07989	−0.3961	−0.5362	企业以往绩效

其最终的"影响系数"为

连锁董事比例	点度中心度	中间中心度	特征向量中心度	行业经济规模	企业规模	企业风险	企业可用资源	企业以往绩效
0.4462	−0.0617	−0.0807	−0.6637	0.4420	0.4581	0.2717	0.1705	1.1766

根据计算结果可知,连锁董事比例的"影响系数"为 0.4462,假设 $H_{7.1}$:连锁董事关系嵌入正向影响企业纵向一体化程度得到证实。连锁董事数量越多,内部资源越丰富,在没有专用性投资且交易次数不多时,交易双方维持长期关系意义不大,市场治理为有效的方式。公司在纵向一体化战略获得成功,存在专用性资产和多次交易。交易失败导致专用资产所有者的损失越大,他对机会主义行为的承受能力就越弱,此时关系网络的维持是有价值的。双方有形成持久关系的必要,从而减少不确定性,所以企业自然有意识增加连锁董事的数量,提高企业的关系嵌入性程度,此时关系性交易合约比市场交易行为更有效率,纵向一体化程度得到提高。

点度中心度、中间中心度和特征向量中心度的"影响系数"分别为－0.0617、－0.0807、－0.6637,假设 $H_{7.2}$:公司连锁董事网络结构嵌入性对纵向一体化战略有负的影响,假设 $H_{7.2a}$:公司连锁董事网络点度中心度对纵向一体化战略有负的影响,假设 $H_{7.2b}$:公司连锁董事网络中间中心度对纵向一体化战略有负的影响,假设 $H_{7.2c}$:公司连锁董事网络特征向量中心度对纵向一体化战略有负的影响均得到证实。在结构嵌入程度方面,公司连锁董事网络点度中心度、中间中心度和特征向量中心度越高,公司直接与其他公司联结的活跃程度越高,在网络中传播的媒介作用越大,公司在网络中的地位越重要,拥有的权利与声誉资源丰富,其他公司愿意与该核心企业建立合作关系,减少机会主义行为,降低企业纵向一体化需求程度。

同时,从以上分析易知,行业经济规模的"影响系数"为 0.4420,行业经济规模正向影响企业纵向一体化程度。经济规模大的行业,如钢铁、汽车制造行业,普遍采用纵向整合战略把价值链上的生产、分销等经济过程都置于企业内部,以实现企业核心能力在价值链上的拓展。企业规模的"影响系数"为 0.4581,企业规模正向影响企业纵向一体化程度。企业的规模越大,其可用的无形资产及有形资产越多,企业更倾向于通过内部机制解决市场问题,提高企业绩效。企业风险的"影响系数"为 0.2717,企业风险正向影响企业纵向一体化程度。对于风险水平高的企业,管理层属于风险偏好者,在专有资产投资及并购活动方面更加积极,企业决策者通过纵向一体化扩大企业的市场份额。企业可用资源的"影响系数"为 0.1705,企业可用资源正向影响企业纵向一体化程度。企业资源比较充足时,企业就有更多的机会和更高的风险承受能力来拓展业务。企业以往绩效的"影响系数"为 1.1766,企业以往绩效正向影响企业纵向一体化程度。根据组织学习理论,企业所采取的战略获得高绩效,这种较高绩效的状态会正向反馈给公司决策者从而继续维持企业战略形态。

5. 政府管制对连锁董事网络与纵向一体化战略关系调节的实证分析

根据政府管制行业的分类,获得了 160 家管制公司及 266 家非管制公司样本数据,因此在上一步建立的网络基础上,采用 BP 神经网络分别对两组数据进行仿真,从而对比分析政府管制对关系嵌入及结构嵌入的调节作用。

通过对第一组数据仿真,对自变量与因变量间的关系进行回归模拟,在第 461 步时达到了误差 0.00461,此时的管制行业神经网络模型能一定程度上仿真管制行业内连锁董事网络对纵向一体化程度的影响,如图 7.5 所示。由图 7.6 可知,在可决系数 $R^2 = 0.929$ 基础上获得了 output$=0.93$target$+0.0069$,其中 output 为因变量,target 自变量模拟变量。

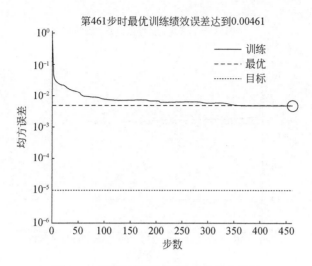

图 7.5　管制行业训练误差及步数曲线图

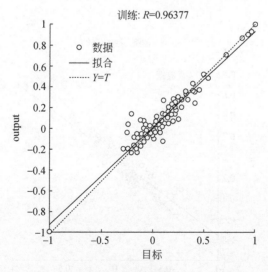

图 7.6　管制行业神经网络拟合回归结果

通过对第二组数据仿真,对自变量与因变量间的关系进行回归模拟,在第 532 步时达到了误差 0.00736,图 7.7 建立的非管制行业神经网络模型能一定程度上仿真非管制行业内连锁董事网络对纵向一体化程度的影响。从图 7.8 易知,可决系数 $R^2 = 0.750$,拟合效果较好,同时拟合结果 output $= 0.75$target$+ 0.025$,其中 output 是因变量,target 自变量模拟变量。对比以上两组回归拟合系数,管制行业拟合系数为 0.93,非管制行业为 0.75,发现较非管制行业企业而言,管制行业企业更倾向于采取纵向一体化战略。

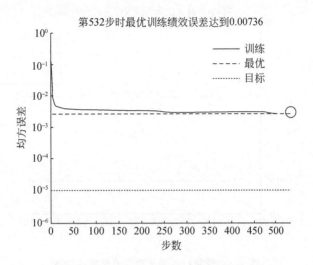

图 7.7　非管制行业训练误差及步数曲线图

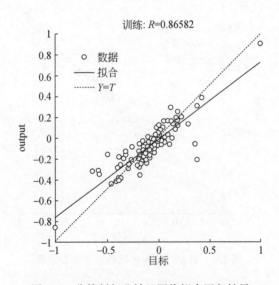

图 7.8　非管制行业神经网络拟合回归结果

　　为了进一步分析不同管制背景下关系嵌入与结构嵌入对纵向一体化战略的作用结果,通过以上步骤运用 Matlab 建立的两个神经网络模型各自的权值矩阵之积分别为w_3w_4、w_6w_5,其结果分别如下:

$w_3 w_4 = \begin{bmatrix} 0.2883 & 0.2279 & 0.2575 & -0.1783 & 0.4174 & 0.0126 & 0.2778 & -0.1027 & -0.3587 \end{bmatrix}$

$$\begin{bmatrix} 1.5286 & -0.5195 & 0.3948 & 0.1088 & 0.2223 & 1.6422 & -1.3784 & -0.4645 & 0.7311 \\ 0.6818 & -0.3525 & 1.1860 & -0.2206 & 0.1469 & -0.5130 & -0.1989 & 1.5343 & 0.2110 \\ -0.2570 & 1.3104 & 0.0251 & -1.6373 & -0.4368 & -0.8866 & -0.0761 & -0.9774 & 0.0204 \\ -1.3902 & 0.6367 & -0.4843 & 0.3173 & 0.2359 & 0.7676 & -0.1763 & 0.2013 & 0.8168 \\ 0.2753 & 0.6889 & 0.4834 & 0.3366 & -1.3906 & 0.0502 & -0.8549 & 1.3805 & 0.6709 \\ 0.3849 & 0.7137 & -0.1579 & -0.5072 & -0.4233 & -0.2547 & 0.7637 & -0.3319 & -0.5670 \\ 0.3090 & 1.4383 & -0.7150 & 0.4383 & 0.0319 & -0.3203 & -1.3071 & 0.4650 & -0.8666 \\ -1.4538 & 1.4925 & 0.4061 & 0.4888 & -0.9552 & 0.2856 & -1.2140 & 0.5612 & -0.1023 \\ 0.1562 & -0.4604 & 0.8377 & -0.2115 & 0.9206 & -0.4329 & 0.0798 & -0.3961 & -0.5362 \end{bmatrix}\begin{matrix} 连锁董事比例 \\ 点度中心度 \\ 中间中心度 \\ 特征向量中心度 \\ 行业经济规模 \\ 企业可用资源 \\ 企业规模 \\ 企业风险 \\ 企业以往绩效 \end{matrix}$$

$w_6 w_5 = \begin{bmatrix} -0.0306 & 0.3460 & 0.3242 & -0.0650 & 0.0430 & 0.1242 & 0.0189 & 0.0406 & 0.3369 \end{bmatrix}$

$$\begin{bmatrix} -1.0100 & 3.0425 & -1.6253 & 1.6015 & -1.2006 & -1.7192 & 2.4451 & -1.1541 & -1.0093 \\ 0.0408 & -1.5076 & -2.0338 & -1.0818 & -0.1012 & 1.1320 & 0.1451 & 2.1228 & 1.8425 \\ 1.2858 & -2.0506 & 1.8527 & -4.5132 & 2.7849 & -0.5181 & 0.4281 & -1.5305 & 0.4699 \\ 0.3393 & 0.4869 & -0.5270 & -0.0994 & 1.9916 & 2.1607 & 0.8795 & 2.0115 & -8.0450 \\ 0.0446 & 0.3641 & -1.0847 & -3.1041 & -2.7662 & -3.3091 & -1.9132 & 4.0159 & -2.1225 \\ 0.3422 & -0.6743 & 1.9200 & -0.9178 & -1.0734 & 0.3053 & -0.0727 & 2.2960 & 3.2544 \\ 0.7960 & 0.6623 & -2.3528 & -2.4080 & -0.4265 & 1.2081 & -3.0265 & -0.0558 & -2.2069 \\ -0.3091 & 1.6212 & 0.0262 & 2.0087 & 0.6480 & 0.6479 & 3.1448 & -4.1404 & -0.1884 \\ 2.5138 & -2.2314 & -0.6869 & 0.7556 & 0.7925 & 0.4389 & -1.5161 & 0.1731 & -0.6002 \end{bmatrix}\begin{matrix} 连锁董事比例 \\ 点度中心度 \\ 中间中心度 \\ 特征向量中心度 \\ 行业经济规模 \\ 企业可用资源 \\ 企业规模 \\ 企业风险 \\ 企业以往绩效 \end{matrix}$$

$w_3 w_4$ 最终的"影响系数"如下所示：

连锁董事比例	点度中心度	中间中心度	特征向量中心度	行业经济规模	企业规模	企业风险	企业可用资源	企业以往绩效
0.4790	-0.6219	-0.0402	-0.6537	1.2698	0.4114	0.7013	0.5792	1.3688

$w_6 w_5$ 最终的"影响系数"如下所示：

连锁董事比例	点度中心度	中间中心度	特征向量中心度	行业经济规模	企业规模	企业风险	企业可用资源	企业以往绩效
0.3577	-2.0532	-0.1021	-1.8373	0.8081	1.3340	-0.3606	0.4902	1.4050

综合比较以上两个网络模型影响系数 $w_3 w_4$ 和 $w_6 w_5$ 每个对应的指标，在控制了"政府管制"的情况下，管制行业公司与非管制行业公司连锁董事比例对纵向一体化程度的影响系数分别为 0.4790、0.3577，高出 12.13%，这支持了假设 $H_{7.3}$：与非政府管制的公司相比，政府管制的公司连锁董事关系嵌入性越高，纵向一体化程度越高。管制行业董事与管制者之间的弱联系可以获得更广层面的知识和政策的解读降低企业风险，提高专用资产投资效率。

同时管制行业的点度中心度、中间中心度和特征向量中心度分别为 -0.6219、-0.0402、-0.6537，非管制行业对应指标值为 -2.0532、-0.1021、-1.8373，非管制行业的点度中心度、中间中心度和特征向量中心度对纵向一体化的负向影响高于管制行业,这支持了假设 $H_{7.4}$:与政府管制的公司相比,非政府管制的公司连锁董事结构嵌入性越高,纵向一体化程度越低。管制行业公司管理层与管制者存在隐性契约,纵向一体化程度的提高有助于企业从更多可控制的资源中谋私利,非管制行业企业为了实现价值最大化与相关企业通过连锁董事加强联系、控制资源流动占据了交易核心地位,降低了专用资产投资需求,盘活企业资源。

再来分析其他控制变量的检验情况,无论是管制行业还是非管制行业,行业经济规模的影响系数皆为正数,即为 1.2698 及 0.8081,这说明了较大的行业规模企业倾向于将企业的核心价值内化于企业生产流程,采取纵向一体化战略。通过观察企业规模指标发现,企业规模正向影响纵向一体化程度,验证了对该控制变量的实证分析。对于企业可用资源,在管制行业及非管制行业其影响系数分别为0.5792 及 0.4902,验证了企业可用资源正向影响企业纵向一体化程度。企业以往绩效在企业管制与非管制网络模型中的影响系数分别为 1.3688 及 1.4050,两指标值均较大,说明企业以往绩效是影响企业纵向一体化程度的重要因素且企业以往绩效越高,纵向一体化程度越高。在管制行业企业风险对纵向一体化的影响系数为 0.7013,而在非管制行业的影响系数为 −0.3606,管制行业中高资产负债率的公司倾向于采取纵向一体化战略而在非管制行业中高资产负债率将会导致企业采取纵向专业化战略。这可能是因为管制行业中企业为国家政策受益者,即使资产负债率较高,实际投资决策时所承受的潜在风险小,纵向一体化的潜在收益使该战略具有可操作性。非管制行业一般可视为充分竞争行业,企业的投资决策均以利润最大化为目标,当企业资产负债率过高时,企业纵向一体化投资风险较大,转而采取纵向专业化战略。

7.5.4　管理建议

本章立足于纵向一体化的企业边界和企业合并两个范畴,旨在通过更具操作性的方式从董事会及产业层面分析,提出我国企业实施纵向一体化决策之前应着重考虑的主要维度框架。根据获得的结论,拟对企业实践提出以下几点建议。

首先,基于所得的研究结果是否有助于企业根据自身建设连锁董事的实际情况,选择性采取纵向一体化战略。企业也可以根据自身纵向一体化的程度,有目的性地构建连锁董事结构。当纵向一体化战略有助于企业价值的提高时,企业可以尝试通过增加企业内部连锁董事数量来提高自身社会资本,实现外来资源内部化融合。在市场机制健全情况下,降低一体化程度更有利于企业后续发展,企业可以通过增加与来自于不同企业连锁董事的合作机会,通过在连锁董事关系网络中多维度、多方面的学习和交流,获取更全面的管理经验和知识,带来企业发展所需的各种资源,降低纵向一体化程度;同时,企业还可以有选择性地聘请具有特定资源、技能及在多家企业任职的连锁董事,从而在网络中介位置获取对信息的控制能力;

选择声誉高、效益好的企业为对象来构建合作关系,减少经营风险,降低纵向一体化水平。

其次,知识、社会资源对企业的作用是一个循序渐进、不断深化的过程,连锁董事与其他企业或其他企业高管层建立的联系是一种社会资本。根据研究发现,这种联结的滞后性特征会潜移默化地影响企业战略行为,公司在保持董事人员流动性的同时,应注重维持连锁董事网络结构的稳定性。

最后,因为政策的倾斜以及管制权利外溢现象存在,受政府管制企业依赖政策支持的纵向一体化行为常造成投资过度,以及部分生产环节产能低效。如果继续过度实施纵向一体化行为,企业的资源将得不到高效合理配置,不利于经济社会可持续发展。因此,政府需要减少对相关行业的管制,加大法律监管与金融支持,完善公司治理结构,充分发挥连锁董事的监督与建议作用,更多地依赖市场纵向分离无效率的生产中间环节,引导企业在可行的备选方案里选择能使交易成本最小化的组织安排,推动企业纵一体化行为向有利于产业资源合理配置方向发展。

7.6　结　　论

本章以社会网络理论和交易成本理论为基础,将公司连锁董事网络嵌入与纵向一体化战略作为研究对象,分析了公司连锁董事网络异质性特征、公司连锁董事网络嵌入性对纵向一体化战略的影响以及政府管制所塑造的政治经济环境下连锁董事网络对纵向一体化战略的影响,最终得出如下结论。

(1)连锁董事网络特征。对连锁董事异质性特征研究结果发现,年龄为 40～60 岁的连锁董事占比最高;连锁董事中男性人数显著高于女性人数,但女性董事在连锁董事中占比有所提高;连锁董事中大部分是独立董事;知识型的连锁董事在公司中占比很高,大多数的连锁董事具有财会及管理专业技能,而政府背景连锁董事在公司中占比较低。对公司连锁董事网络特征分析结果表明,绝大部分公司会选择与少量的具有特定资源的公司建立连锁董事关系。国有企业倾向于通过连锁董事共享公司间的信息资源,在公司连锁董事网络中,国有企业占据核心地位,他们对资源掌握着控制权。非管制行业倾向于通过建立连锁董事网络获取企业发展所需资源,管制行业在连锁董事网络中地位较高。根据中间中心度指标可以发现,少数企业控制了大量资源的流动。通过对点度中心度及中间中心度的综合分析可知,整个网络中公司围绕着某个中心集合而存在,不存在处于边缘位置却对网络流动性有较大影响的公司。

(2)连锁董事网络嵌入对纵向一体化战略影响。研究结果表明,公司连锁董事网络关系嵌入性对纵向一体化战略有正的影响,公司连锁董事网络结构嵌入性对纵向一体化战略有负的影响。这是因为连锁董事的异质性资源能够帮助企业获取战略决策信息、规避专有资产投资风险,促进企业纵向一体化战略选择;在连锁董事网络中的企业与其他企业联系密切、控制资源流动且占据核心地位,因此能够获得企业战略决策所需资源,减少交易过程中机会主义行为,降低了企业纵向一体化程度。连锁董事是影响企业战略的重要因素,BP 神经网络训练结果显示纵向一体化程度滞后两年的网络模型比纵向一体化程度滞后一年的模型误差小,连锁董事所具有的知识和社会资源对纵向一体化战略的外溢效应是滞后的。

(3)政府管制行为对连锁董事网络嵌入与纵向一体化战略关系影响。研究发现,政府管制的行业企业更倾向于采取纵向一体化战略,政府管制的公司连锁董事关系嵌入性越高,纵向一体化程度越高,非政府管制的公司连锁董事结构嵌入性越高,纵向一体化程度越低。这证明了行业规章及政府政策法规对企业战略选择具有重要影响。在市场环境中,企业通过政府关系获得大量的商业机会及政策支持,企业常因政治关联地位获得大量特权,收购兼并行为活跃,纵向一体化程度较高。

(4)控制变量对纵向一体化战略影响。具体而言,行业经济规模、企业规模、企业可用资源正向影响企业纵向一体化程度。企业以往绩效是影响企业纵向一体化程度的重要因素。企业以往绩效越高,纵向一体化程度越高。另外,在两种不同类型的行业中,控制变量对战略选择产生一定影响。管制行业中高风险公司倾向于采取纵向一体化战略,而在非管制行业中高风险公司将会采取纵向专业化战略。

参 考 文 献

[1] Cool K,Schendel D. Performance differences among strategic group members. Strategic Management Journal,1988,9(3):207—223.

[2] Barney J. Firm resources and sustained competitive advantage. Journal of Management,1991,17(1):99—120.

[3] Peteraf M A. The cornerstones of competitive advantage:A resource-based view. Strategic Management Journal,1993,14(3):179—191.

[4] 焦豪,魏江,崔瑜. 企业动态能力构建路径分析:基于创业导向和组织学习的视角. 管理世界,2008,(4):91—106.

[5] 董保宝,葛宝山,王侃. 资源整合过程、动态能力与竞争优势:机理与路径. 管理世界,2011,(3):92—101.

[6] 刘力钢,李军岩,邹德新,等. 基于动态能力观的企业柔性战略透视. 软科学,2009,23(6):98—101.

[7] 徐国华,杨东涛. 制造企业的支持性人力资源实践、柔性战略与公司绩效. 管理世界,2005,(5):111—116.

[8] 雷辉,李辉. 基于不同发展战略实施模式下的创业板上市公司成长性研究. 财经理论与实践,2013,34(6):40—44.

[9] 尼尔·胡德,斯蒂芬·扬. 跨国企业的全球化经营与经济发展. 沈进建,译. 北京:中国社会科学出版社,2006.

[10] Pawar K S,Driva H. Performance measurement for product design and development in a manufacturing environment. International Journal of Production Economics,1999,60(3):61—68.

[11] Marshall J. The strategy-focused organization:How balanced scorecard companies thrive in the new business environment. Financial Executive,2000,16(6):17—21.

[12] 吴正杰,宋献中. 企业绩效测评标准选择——困惑、对策与启示. 会计研究,2011,(4):75—81.

[13] 李子叶,冯根福. 组织内部知识转移机制、组织结构与创新绩效的关系. 经济管理,2013,35(1):130—141.

[14] 李霞. 基于 ANP 模糊综合评判法进行物流企业绩效评价. 数学的实践与认识,2014,(24):39—48.

[15] 王冰,郭东强. 基于 BP 神经网络的企业内部知识转移绩效综合评价研究. 情报科学,2016,34(1):141—145.

[16] Amitay M,Popper M,Lipshitz R. Leadership styles and organizational learning in community clinics. The Learning Organization,2005,12(1):57—70.

[17] Lamont B T, Anderson C R. Mode of corporate diversification and economic perform-ance. Academy of Management Journal,1985,28(4):926—934.

[18] Venkatraman N, Camillus J C. Exploring the concept of 'fit' in strategic management. Academy of Management Review,1984,9(3):513—525.

[19] James G M. Exploration and exploitation in organizational learning. Organization Science, 1991,2(1):71—87.

[20] 郑兵云,李邃. 竞争战略、创新选择与企业绩效. 科研管理,2011,32(4):59—68.

[21] Kansal S, Chandani A. Effective management of change during merger and acquisition. Procedia Economics and Finance,2014,11(3):208—217.

[22] 姜宏. 基于顾客策略性购买和退货行为的缺货保障策略价值研究. 中国管理科学,2015, 23(4):96—104.

[23] Dess G G, Davis P S. Porter's generic strategies as determinants of strategic group membership and organizational performance. Academy of Management Journal, 1984, 27(3):467—488.

[24] Yasuda H. Formation of strategic alliances in high-technology industries:Comparative study of the resource-based theory and the transaction-cost theory. Technovation, 2005, 25(7): 763—770.

[25] Powell W. Neither market nor hierarchy. The Sociology of Organizations: Classic, Contemporary and Critical Readings,2003,315:104—117.

[26] Peteraf M A. The cornerstones of competitive advantage:A resource-based view. Strategic Management Journal,1993,14(3):179—191.

[27] Mowery D C, Oxley J E, Silverman B S. Technological overlap and interfirm cooperation: Implications for the resource-based view of the firm. Research Policy, 1998, 27 (5): 507—523.

[28] Kogut B, Zander U. Knowledge of the firm, combinative capabilities, and the replication of technology. Organization Science,1992,3(3):383—397.

[29] Dyer J H, Singh H. The relational view: Cooperative strategy and sources of inter organizational competitive advantage. Academy of Management Review, 1998, 23 (4): 660—679.

[30] 方兴,林元增. 企业联盟中关系资本的形成机制及维护. 华东经济管理,2006,20(3): 123—126.

[31] Gulati R. Alliances and networks. Strategic Management Journal,1998,19(4):293—317.

[32] Hoffmann W H. How to manage a portfolio of alliances. Long Range Planning,2005,38(2): 121—143.

[33] George G, Zahra S A, Wheatley K K, et al. The effects of alliance portfolio characteristics and absorptive capacity on performance:A study of biotechnology firms. The Journal of High Technology Management Research,2001,12(2):205—226.

[34] Heimeriks K H, Duysters G. Alliance capability as a mediator between experience and alliance performance:An empirical investigation into the alliance capability development

process. Journal of Management Studies,2007,44(1):25—49.

[35] Vasudeva G,Anand J. Unpacking absorptive capacity:A study of knowledge utilization from alliance portfolios. Academy of Management Journal,2011,54(3):611—623.

[36] 彭伟,符正平. 社会网络视角下的联盟组合研究述评及展望. 中国科技论坛,2011,(8):93—98.

[37] 江积海,刘风. 国外联盟组合研究述评及展望. 外国经济与管理,2013,5(3):12—21.

[38] 刘雪梅. 联盟组合:价值创造与治理机制. 中国工业经济,2012,(6):70—82.

[39] Sambasivan M,Siew-Phaik L,Mohamed Z A,et al. Factors influencing strategic alliance outcomes in a manufacturing supply chain:Role of alliance motives,interdependence,asset specificity and relational capital. International Journal of Production Economics, 2013, 141(1):339—351.

[40] Rowley T,Behrens D,Krackhardt D. Redundant governance structures:An analysis of structural and relational embeddedness in the steel and semiconductor industries. Strategic Management Journal,2000,21(3):369—386.

[41] Capaldo A. Network structure and innovation:The leveraging of a dual network as a distinctive relational capability. Strategic Management Journal,2007,28(6):585—608.

[42] Sarkar M B,Aulakh P S,Madhok A. Process capabilities and value generation in alliance portfolios. Organization Science,2009,20(3):583—600.

[43] Stuart T E. Inter organizational alliances and the performance of firms:A study of growth and innovation rates in a high-technology industry. Strategic Management Journal, 2000, 21(8):791—811.

[44] Jiang R J,Tao Q T,Santoro M D. Alliance portfolio diversity and firm performance. Strategic Management Journal,2010,31(10):1136—1144.

[45] Terjesen S,Patel P C,Covin J G. Alliance diversity,environmental context and the value of manufacturing capabilities among new high technology ventures. Journal of Operations Management,2011,29(1):105—115.

[46] Mouri N,Sarkar M B,Frye M. Alliance portfolios and shareholder value in post-IPO firms: The moderating roles of portfolio structure and firm-level uncertainty. Journal of Business Venturing,2012,27(3):355—371.

[47] Phelps C C. A longitudinal study of the influence of alliance network structure and composition on firm exploratory innovation. Academy of Management Journal,2010,53(4): 890—913.

[48] Lavie D, Miller S R. Alliance portfolio internationalization and firm performance. Organization Science,2008,19(4):623—646.

[49] Parise S,Casher A. Alliance portfolios:Designing and managing your network of business-partner relationships. The Academy of Management Executive,2003,17(4):25—39.

[50] Hoang H,Rothaermel F T. The effect of general and partner-specific alliance experience on joint R&D project performance. Academy of Management Journal,2005,48(2):332—345.

[51] Gulati R,Lavie D,Singh H. The nature of partnering experience and the gains from alli-

ances. Strategic Management Journal,2009,30(11):1213—1233.

[52] Hoffmann W H. Strategies for managing a portfolio of alliances. Strategic Management Journal,2007,28(8):827—856.

[53] Dittrich K,Duysters G,de Man A P. Strategic repositioning by means of alliance networks: The case of IBM. Research Policy,2007,36(10):1496—1511.

[54] March J G. Exploration and exploitation in organizational learning. Organization Science, 1991,2(1):71—87.

[55] Katila R,Ahuja G. Something old,something new:A longitudinal study of search behavior and new product introduction. Academy of Management Journal,2002,45(6):1183—1194.

[56] Gilsing V, Nooteboom B, Vanhaverbeke W, et al. Network embeddedness and the exploration of novel technologies:Technological distance,betweenness centrality and density. Research Policy,2008,37(10):1717—1731.

[57] Uotila J, Maula M, Keil T, et al. Exploration, exploitation, and financial performance: Analysis of S&P 500 corporations. Strategic Management Journal,2009,30(2):221—231.

[58] Benner M J, Tushman M L. Exploitation, exploration, and process management: The productivity dilemma revisited. Academy of Management Review,2003,28(2):238—256.

[59] 张建宇,蔡双立. 探索性创新与开发性创新的协调路径及其对绩效的影响. 科学学与科学技术管理,2012,33(5):64—70.

[60] 杨学儒,李新春,梁强,等. 平衡开发式创新和探索式创新一定有利于提升企业绩效吗?. 管理工程学报,2012,25(4):17—25.

[61] 张钰,李瑶,刘益. 社会资本对企业创新行为的影响——基于利用式创新和探索式创新的实证研究. 预测,2013,(2):7—11.

[62] 王凤彬,陈建勋. 动态环境下变革型领导行为对探索式技术创新和组织绩效的影响. 南开管理评论,2011,(1):4—16.

[63] Beckman J. Productivity shortfall puts deepwater exploration gains in perspective. Offshore, 2001,61(4):84.

[64] Kim S C, Boren D, Solem S L. The Kim alliance scale:Development and preliminary testing. Clinical Nursing Research,2001,10(3):314—331.

[65] Hamel G,Prahalad C K. To revitalize corporate performance,we need a whole new model of strategy. Harvard Business Review,1989,67(3):63—76.

[66] Das T K, Teng B S. Trust, control, and risk in strategic alliances:An integrated framework. Organization Studies,2001,22(2):251—283.

[67] Ortega M J R. Competitive strategies and firm performance:Technological capabilities' moderating roles. Journal of Business Research,2010,63(12):1273—1281.

[68] Douma M U,Bilderbeek J,Idenburg P J,et al. Strategic alliances:Managing the dynamics off it. Long Range Planning,2000,33(4):579—598.

[69] Koza M,Lewin A. Managing partnerships and strategic alliances:Raising the odds of success. European Management Journal,2000,18(2):146—151.

[70] Lowry P B, Vance A, Moody G, et al. Explaining and predicting the impact of branding

alliances and web site quality on initial consumer trust of e-commerce web sites. Journal of Management Information Systems,2008,24(4):199—224.

[71] Hill C W L, Rothaermel F T. The performance of incumbent firms in the face of radical technological innovation. Academy of Management Review,2003,28(2):257—274.

[72] Cox T H, Lobel S A, McLeod P L. Effects of ethnic group cultural differences on cooperative and competitive behavior on a group task. Academy of Management Journal,1991,34(4): 827—847.

[73] Carpenter M A, Fredrickson J W. Top management teams, global strategic posture, and the moderating role of uncertainty. Academy of Management Journal,2001,44(3):533—545.

[74] 张平. 我国上市公司高层管理团队异质性与企业绩效的关系研究[博士学位论文]. 广州：华南理工大学,2005.

[75] 杨林. 高管团队异质性、企业所有制与创业战略导向——基于中国中小企业版上市公司的经验证据. 科学学与科学技术管理,2013,34(9):159—171.

[76] Van K D, Schippers M C. Work group diversity. Annual Review of Psychology,2007,58(3): 515—541.

[77] Pelled L H. Demographic diversity, conflict, and work group outcomes: An intervening process theory. Organization Science,1996,7(6):615—631.

[78] Jehn K A, Northcraft G B, Neale M A. Why differences make a difference: A field study of diversity, conflict and performance in work groups. Administrative Science Quarterly,1999, 44(4):741—763.

[79] Simons T, Pelled L H, Smith K A. Making use of difference: Diversity, debate, and decision comprehensiveness in top management teams. Academy of Management Journal, 1999, 42(6):662—673.

[80] Certo S T, Lester R H, Dalton C M, et al. Top management teams, strategy and financial performance: A meta-analytic examination. Management Studies,2006,43(4):813—839.

[81] Carpenter M A, Geletkanycz M A, Sanders W G. Upper echelons research revisited: Antecedents, elements, and consequences of top management team composition. Journal of Management,2004,30(6):749—778.

[82] 王国才,刘栋,王希凤. 营销渠道中双边专用性投资对合作创新绩效影响的实证研究. 南开管理评论,2011,7(6):85—94.

[83] Mocnik D. Asset specificity and a firm's borrowing ability: An empirical analysis of manufacturing firms. Journal of Economic Behavior & Organization, 2001, 10 (45): 1243—1261.

[84] Collis D J, Montgomery C A. Corporate strategy resources and the scope of the firm. Procedia Environmental Sciences,1997,29(3):270—271.

[85] Vilasuso J, Minkler A. Agency costs, asset specificity, and the capital structure of the firm. Journal of Economic Behavior & Organization,2001,44(1):55—69.

[86] 王永海,范明. 资产专用性视角下的资本结构动态分析. 中国工业经济,2004,(1): 93—98.

[87] 刘钰辰,罗华伟,张黎. 专用性资产投资对农业上市公司盈利能力的影响研究. 农村经济,
　　　2007,(9):57—59.

[88] 章细贞. 外部环境、资产专用性与资本结构决策——基于联立方程系统的实证分析. 财贸
　　　研究,2010,21(1):139—147.

[89] Hunt M S. Competition in the major home appliance industry [Ph D Thesis]. Cambridge:
　　　Harvard University,1972.

[90] Porter M E. Competitive strategy:Techniques for analyzing industries and competitors. New
　　　York:Free Press,1980.

[91] Cool K, Schendel D. Performance differences among strategic group members. Strategic
　　　Management Journal,1988,9(3):207—223.

[92] Oster S M. Modern Competitive Analysis. New York:Oxford University Press,1990.

[93] Caves R E,Porter M E. From entry barriers to mobility barriers:Conjectural decisions and
　　　contrived deterrence to new competition. Quarterly Journal of Economics, 1977, 91 (2):
　　　241—261.

[94] Cool K O,Dan S. Strategic group formation and performance:The case of the U. S. pharma-
　　　ceutical industry,1963-1982. Management Science,1987,33(9):1102—1124.

[95] Kim Y,Lee B. Patterns of technological learning among the strategic groups in the Korean
　　　electronic parts industry. Research Policy,2002,31(4):543—567.

[96] Mascarenhas B. Strategic group dynamics. Academy of Management Journal,1989,32(2):
　　　333—352.

[97] Wiggins R R, Ruefli T W. Necessary conditions for the predictive validity of strategic
　　　groups:Analysis without reliance on clustering techniques. Academy of Management
　　　Journal,1995,38(6):1635—1656.

[98] O'Regan N,Kluth C,Parnell J. The demise of strategic groups as an influence on firm per-
　　　formance:Lessons from the UK plastics industry. Strategic Change, 2011, 20 (3-4):
　　　111—126.

[99] Mcnamara G, Deephouse D L, Luce R A. Competitive positioning within and across a
　　　strategic group structure:The performance of core,secondary,and solitary firms. Strategic
　　　Management Journal,2003,24(2):161—181.

[100] 徐光华. 基于共生理论的企业战略绩效评价研究[博士学位论文]. 南京:南京农业大
　　　学,2007.

[101] Fox I,Srinivasan S,Vaaler P M. A descriptive alternative to cluster analysis:Understanding
　　　strategic group performance with simulated annealing. Statistical Models for Strategic
　　　Management,1997,(4):91—111.

[102] Mas-Ruiz F,Ruiz-Moreno F. Rivalry within strategic groups and consequences for performance:
　　　The firm-size effects. Strategic Management Journal,2011,32(12):1286—1308.

[103] 段霄,金占明. 战略群组视角下的企业战略定位研究——战略距离、定位方向和战略改变
　　　对绩效的影响. 科学学与科学技术管理,2010,35(3):108—116.

[104] Desarbo W S, Wang Q, Hwang H, et al. The simultaneous identification of strategic

performance groups and underlying dimensions for assessing an industry's competitive structure. Journal of Modelling in Management, 2008, 3(3):220—248.

[105] Wernerfelt B. A resource-based view of the firm. Strategic Management Journal, 1984, 8(5):171—180.

[106] Prahalad C K, Hamel G. The core competence of the corporation. Harvard Business Review, 1990, 82(3):110—132.

[107] Pelham A M. The influence of environment, strategy and market orientation on performance in small manufacturing firms. Journal of Food Distribution Research, 1999, 18(2):33—46.

[108] Mcnamara G M, Luce R A, Tompson G H. Examining the effect of complexity in strategic group knowledge structures on firm performance. Strategic Management Journal, 2002, 23(2):153—170.

[109] 鲍新中, 孙晔, 陶秋燕, 等. 竞争战略、创新研发与企业绩效的关系研究. 中国科技论坛, 2014, (6):63—69.

[110] 张露, 黄京华, 黎波. ERP 实施对企业绩效影响的实证研究——基于倾向的分匹配法. 清华大学学报, 2013, 53(1):117—121.

[111] 刘世全. 企业绩效影响因素分析——以深市上市公司 2011 年数据为例. 财会通讯, 2013, (36):80—83.

[112] 封铁英. 资本结构选择偏好与企业绩效的关系研究——基于上市公司"过度负债"与"财务保守"行为的实证分析. 科研管理, 2006, 27(6):54—61.

[113] 董黎明. 上市公司债务融资结构性差异对绩效的影响. 中南财经政法大学学报, 2007, 165(6):105—109.

[114] Zeitun R, Tian G G. Capital structure and corporate performance: Evidence from Jordan. The Australasian Accounting Business & Finance Journal, 2007, 37(1):40—61.

[115] Koo C M, Koh C E, Nam K. An examination of Porter's competitive strategies in electronic virtual markets: A comparison of two on-line business models. International Journal of Electric Cmmerce, 2004, 23(9):163—180.

[116] Acquaah M. International joint venture partner origin, strategic choice, and performance: A comparative analysis in an emerging economy in Africa. Journal of International Management, 2009, 15(1):46—60.

[117] Spanos Y E, Lioukas S. An examination into the causal logic of rent generation: Contrasting Porter's competitive strategy framework and the resource-based perspective. Strategic Management Journal, 2001, 22(10):907—934.

[118] 杨鑫, 金占明. 战略群组的存在性及其对企业绩效的影响——基于中国上市公司的研究. 中国软科学, 2010, 25(7):112—124.

[119] Hambrick D C. Some tests of the effectiveness and functional attributes of Miles and Snow's strategic types. Academy of Management Journal Academy of Management, 1983, 26(1):5—26.

[120] Dess G G, Newport S, Rasheed A M A. Configuration research in strategic management:

Key issues and suggestions. Journal of Management,1993,19(4):775—795.

[121] Kim E,Nam D,Stimpert J L. Testing the applicability of Porter's generic strategies in the digital age: A study of Korean cyber malls. Journal Business Strategy, 2004, 21 (1): 19—45.

[122] Kumar K, Subramanian R, Yauger C. Pure versus hybrid: Performance implications of Porter's generic strategies. Health Care Management Review,1997,22(4):47—60.

[123] Acquaah M, Yasai-Ardekani M. Does the implementation of a combination competitive strategy yield incremental performance benefits? A new perspective from a transition economy in Sub-Saharan Africa. Journal of Business Research,2008,61(4):346—354.

[124] 迈克尔·波特. 竞争战略. 陈小悦,译. 北京:华夏出版社,1997.

[125] John A P,Lewis H. The Strategy-performancerelationship revisited:The blessing and curse of the combination strategy. Bingley:Emerald Group Publishing Limited,2005.

[126] 韵江. 竞争战略新突破:来自低成本与差异化的融合. 中国工业经济,2003,20(2): 90—96.

[127] 孙敬水. 计量经济学教程. 北京:北京大学出版社,2005.

[128] Kester C W. Today's options for tomorrow's growth. Harvard Business Review, 1984, 62(2):15—24.

[129] 徐冬林,郭云南. R&D投入对中国经济增长的动态时滞效应分析. 中南财经政法大学学报,2007,50(6):36—43.

[130] 雷辉,欧阳丽萍. 基于CFA-GRA的竞争战略绩效综合指数构建及分析. 中国科技论坛, 2013,29(1):29—36.

[131] 陈收,潘志强. 环境不确定性对竞争战略与企业绩效关系的调节效应. 中国科技论坛, 2014,30(2):57—64.

[132] 张萍,吴宏. 我国吸纳金融创新的时滞效应及其制度因素分析. 财经论丛,2007, 23(5): 48—54.

[133] 张亚莉,杨志春. 具有时滞效应的连续动态多商品蛛网模型及其稳定性分析. 西南大学学报,2010,32(11):69—73.

[134] 李博. 河北省固定资产投资效果及滞后效应分析. 河北师范大学学报(哲学社会科学版),2006,29(3):48—51.

[135] 邱冬阳,熊维勤,皮星. IPO抑价的滞后效应:来自中国市场的实证研究. 预测,2012, 31(5):58—63.

[136] 杨华贵. 人民币汇率变动对我国就业影响的滞后效应分析. 经济体制改革,2014,32(3): 157—160.

[137] 齐志博,张晨曦,杨丽. 竞争战略与绩效关系研究评述. 中国流通经济,2010,24(4): 61—64.

[138] 王铁男. 竞争优势:低成本领先战略的理性思考——沃尔·马特与邯钢保持竞争优势的比较分析. 管理世界,2000,(2):189—196.

[139] 陈耀. 波特产业结构理论的修正与企业发展战略新选择. 管理世界,2002,(12): 148—149.

[140] Penrose E. The theory of the growth of the firm. New York:John Wiley & Sons,1959.

[141] Lippman S A, Rumelt R P. Uncertainimitability:An analysis of interfirm differences in efficiency under competition. Bell Journal of Economics,1982,13(2):418—438.

[142] Wernerfelt B. A resource-based view of the firm. Strategic Management Journal, 1984, 5(2):171—180.

[143] Mintzberg H, Lampel J. Reflecting on the strategy process. Social Science Electronic Publishing,1999,40(3):21—30.

[144] Peteraf M A. The cornerstones of competitive advantage:A resource-based view. Strategic Management Journal,1993:179—191.

[145] 迈克尔·波特. 竞争战略. 郭武军,刘亮,译. 北京:华夏出版社,2012.

[146] Hambrick D C,Mac Millan I C. Asset parsimony managing assets to manage profits. Sloan Management Review,1984,25(2):67—74.

[147] Camejo R R,Mcgrath C,Herings R. A dynamic perspective on pharmaceutical competition,drug development and cost effectiveness. Health Policy,2011,100(1):18—24.

[148] David J S,Hwang Y,Reneau J H. The performance effects of congruence between product competitive strategies and purchasing management design. Management Science, 2002, 48(7):866—885.

[149] 黄中伟,王宇露. 位置嵌入、社会资本与海外子公司的东道国网络学习——基于 123 家跨国公司在华子公司的实证. 中国工业经济,2008,12:144—154.

[150] Olson B J, Parayitam S, Twigg N W. Mediating role of strategic choice between top management team diversity and firm performance:Upper echelons theory revisited. Journal of Business and Management,2006,12(2):111—126.

[151] Adler P S, Kwon S W. Social capital:Prospects for a new concept. Academy of Management Review,2002,27(1):17—40.

[152] Barney J B. Firm resources and sustained competitive advantage. Advances in Strategic Management,2000,17(1):203—227.

[153] Martin G, Gözübüyük R, Becerra M. Interlocks and firm performance:The role of uncertainty in the directorate interlock-performance relationship. Strategic Management Journal,2015,36(2):235—253.

[154] Caswell J A. An institutional perspective on corporate control and the network of interlocking directorates. Journal of Economic Issues,1984,18(2):619—626.

[155] Shropshire C. The role of the interlocking director and board receptivity in the diffusion of practices. Academy of Management Review,2010,35(2):246—264.

[156] Useem M. TheInner Circle. New York:Oxford University Press,1984.

[157] Freeman L C,Roeder D,Mulholland R R. Centrality in social networks:II. Experimental results. Social Networks,1979,2(2):119—141.

[158] 陈运森. 社会网络与企业效率:基于结构洞位置的证据. 会计研究,2015,(1):48—55.

[159] Kaczmarek S,Kimino S,Pye A. Interlocking directorship and firm performance in highly regulated sectors:The moderating impact of board diversity. Journal of Management &

Governance,2014,18(2):347—372.

[160] Han J,Bose I,Hu N,et al. Does director interlock impact corporate R&D investment? Decision Support Systems,2015,71:28—36.

[161] Bellenzier L,Grassi R. Interlocking directorates in Italy:Persistent links in network dynamics. Journal of Economic Interaction and Coordination,2014,9(2):183—202.

[162] 陈仕华,马超. 连锁董事联结与会计师事务所选择. 审计研究,2012,(1):75—81.

[163] Wincent J,Anokhin S,Örtqvist D. Does network board capital matter? A study of innovative performance in strategic SME networks. Journal of Business Research,2010,63 (3):265—275.

[164] 吴俊杰,盛亚,姜文杰. 企业家社会网络、双元性创新与技术创新绩效研究. 科研管理, 2014,35(2):43—53.

[165] Fligstein N,Brantley P. Bank control,owner control,or organizational dynamics:Who controls the large modern corporation? American Journal of Sociology, 1992, 92 (2): 280—307.

[166] Fich E M,Shivdasani A. Are busy boards effective monitors? The Journal of Finance, 2006,61(2):689—724.

[167] Rosenstein S,Wyatt J G. Shareholder wealth effects when an officer of one corporation joins the board of directors of another. Managerial & Decision Economics,1994,15(4): 317—327.

[168] Cohen W M,Levinthal D A. Absorptive capacity:A new perspective on learning and innovation. Administrative Science Quarterly,1990,35(1):128—152.

[169] Amakawa Y,Yang H,Lin Z J. Exploration versus exploitation in alliance portfolio: Performance implications of organizational, strategic, and environmental fit. Research Policy,2011,40(2):287—296.

[170] Mazzola E,Perrone G,Kamuriwo D S. The interaction between inter-firm and interlocking directorate networks on firm's new product development outcomes. Journal of Business Research,2016,69(2):672—682.

[171] Koka B R,Prescott J E. Strategic alliances as social capital:A multidimensional view. Strategic Management Journal,2002,23(9):795—816.

[172] Mazzola E,Perrone G,Kamuriwo D S. Network embeddedness and new product development in the biopharmaceutical industry:The moderating role of open innovation flow. International Journal of Production Economics,2015,160:106—119.

[173] Tsai W. Knowledge transfer in intraorganizational networks:Effects of network position and absorptive capacity on business unit innovation and performance. Academy of Management Journal,2001,44(5):996—1004.

[174] Hackbarth D,Mauer D C. Optimal priority structure, capital structure, and investment. Review of Financial Studies,2011,25(3):747—796.

[175] Paruchuri S. Intraorganizational networks,interorganizational networks,and the impact of central inventors:A longitudinal study of pharmaceutical firms. Organization Science,

2010,21(1):63—80.

[176] Ellison G,Fudenberg D. Word-of-mouth communication and social learning. The Quarterly Journal of Economics,1995,110(1):93—125.

[177] 陈仕华,马超. 企业间高管联结与慈善行为一致性——基于汶川地震后中国上市公司捐款的实证研究. 管理世界,2011,12(3):87—95.

[178] Fracassi C. Corporate Finance Policies and Social Networks. New York:Social Science Electronic Publishing,2008.

[179] Laursen K,Salter A. Open for innovation:The role of openness in explaining innovation performance among UK manufacturing firms. Strategic Management Journal,2006,27(2): 131—150.

[180] Pavitt K,Townsend J. The size distribution of innovating firms in the UK:1945-1983. Journal of Industrial Economics,1987,35(3):297—316.

[181] Acs Z J,Preston L. Small and medium-sized enterprises,technology,and globalization:Introduction to a special issue on small and medium-sized enterprises in the global economy. Small Business Economics,1997,9(1):1—6.

[182] Dalziel T,Gentry R J,Bowerman M. An integrated agency-resource dependence view of the influence of directors' human and relational capital on firms' R&D spending. Journal of Management Studies,2011,48(6):1217—1242.

[183] Andriopoulos C,Lewis M W. Exploitation-exploration tensions and organizational ambidexterity: Managing paradoxes of innovation. Organization Science,2009,20(4):696—717.

[184] Ke B,Petroni K,Safieddine A. Ownership concentration and sensitivity of executive pay to accounting performance measures:Evidence from publicly and privately-held insurance-companies. Journal of Accounting & Economics,1999,28(2):185—209.

[185] Ferris S P,Jagannathan M,Pritchard A C. Too busy to mind the business? Monitoring by directors with multiple board appointments. Journal of Finance,2003,58(3):1087—1112.

[186] Polanyi K. The great transformation:The political and economic origins of our time. Boston:Beacon Press,2001.

[187] Granovetter M. Economic action and social structure:The problem of embeddedness. American Journal of Sociology,1985,91(3):481—510.

[188] 段海燕,仲伟周. 企业连锁董事影响因素的实证研究——基于我国上海地区上市公司的经验分析. 科学学与科学技术管理,2008,29(8):156—161.

[189] Wellman B. Network analysis:Some basic principles. Sociological Theory,1983,1(1):155—200.

[190] Fich E M,White L J. Why do CEOs reciprocally sit on each other's boards? Journal of Corporate Finance,2005,11(1):175—195.

[191] Hallock K F. Reciprocally interlocking boards of directors and executive compensation. Journal of Financial and Quantitative Analysis,1997,32(3):331—344.

[192] Khanna T,Thomas C. Synchronicity and firm interlocks in an emerging market. Journal of Financial Economics,2009,92(2):182—204.

[193] Fligstein N, Brantley P. Bank control, owner control, or organizational dynamics: Who controls the large modern corporation? American Journal of Sociology, 1992, (98): 280—307.

[194] 任兵. 连锁董事的企业间网络与公司治理. 首都经济贸易大学学报, 2005, 7(1): 38—42.

[195] Capenter M A, Westphal J D. The strategic context of external network ties: Examining the impact of director appointments on board involvement in strategic decision making. Academy of Management Journal, 2001, 44(4): 639—660.

[196] Lindsey L. Blurring firm boundaries: The role of venture capital in strategic alliances. The Journal of Finance, 2008, 63(3): 1137—1168.

[197] Cai Y, Sevilir M. Board connections and M&A transactions. Journal of Financial Economics, 2012, 103(2): 327—349.

[198] Haunschild P R. Interorganizational imitation: The impact of interlocks on corporate acquisition activity. Administrative Science Quarterly, 1993, 38(4): 564—592.

[199] Ortiz D M N, Aragón C J A, Delgado C J, et al. The effect of director interlocks on firms' adoption of proactive environmental strategies. Corporate Governance: An International Review, 2012, 20(2): 164—178.

[200] Perry M K. Vertical integration: Determinants and effects. Handbook of Industrial Organization, 1989, 1(89): 183—255.

[201] Maskin E, Tirole J. Two remarks on the property-rights literature. Review of Economic Studies, 1999, 66(1): 139—149.

[202] Acemoglu D, Simon Johnson, Mitton T. Determinants of vertical integration: Financial development and contracting costs. Journal of Finance, 2009, 64(3): 1251—1290.

[203] Huang D, Liu L. Micro-determinants of vertical integration: Evidence from China. Asia Pacific Journal of Management, 2014, 31(2): 377—396.

[204] Joskow P L. The performance of long-term contracts: Further evidence from coal markets. Rand Journal of Economics, 1990, 21(2): 251—274.

[205] 程仲鸣, 夏新平, 余明桂. 政府干预、金字塔结构与地方国有上市公司投资. 管理世界, 2008, (9): 37—47.

[206] 于立宏, 郁义鸿. 需求波动下的煤电纵向关系安排与政府规制. 管理世界, 2006, (4): 73—86.

[207] 王冬, 吕延方. 交易环境属性、主体特征与纵向一体化. 中国工业经济, 2012, (1): 79—89.

[208] Barrera R F. The effects of vertical integration on oil company performance. London: Oxford Institute for Energy Studies, 1995.

[209] 潘啸松. 中国汽车业"整零"纵向关系和治理模式研究[博士学位论文]. 济南: 山东大学, 2010.

[210] Buzzell R D, Gale B T. The PIMS principles: Linking strategy to performance. Journal of Marketing, 1987, 51(3): 126—134.

[211] 贺文哲. 中国上市公司纵向并购的动因及绩效研究[博士学位论文]. 武汉: 华中科技大

学,2006.

[212] 吴利华,周勤,杨家兵.钢铁行业上市公司纵向整合与企业绩效关系实证研究——中国钢铁行业集中度下降的一个分析视角.中国工业经济,2008,26(5):57—66.

[213] Peyrefitte J,Golden P A. Vertical integration and the performance:A managerial capability framework. Management Decision,2002,40(3):217—226.

[214] Jones C,Hesterly W S. A general theory of network governance:Exchange conditions and social mechanisms. Academy of Management Review,1997,22(4):911—945.

[215] Nee V,Opper S,Wong S. Developmental state and corporate governance in China. Management & Organization Review,2007,3(1):19—53.

[216] 李延喜,陈克兢,刘伶,等.外部治理环境、行业管制与过度投资.管理科学,2013,27(1):14—25.

[217] 雷辉,杨丹.企业以往绩效对企业纵向一体化程度的影响.系统工程,2012,30(7):15—21.

附录 A 战略指标相关性检验(部分)

1. 农副食品加工业

指标	FCI	NAT	ADV	INV	SIZE	CAP
FCI	1	−0.476 **	0.510 **	−0.302	0.019	0.002
NAT	−0.527 **	1	−0.241	0.440 **	0.187	−0.162
ADV	0.229	−0.294	1	0.020	−0.305	0.079
INV	−0.471 **	0.427 **	−0.034	1	−0.260	−0.017
SIZE	−0.107	0.114	−0.286	−0.066	1	−0.258
CAP	−0.132	−0.003	0.199	0.261	−0.291	1

注:①表的右上部为 Pearson 相关系数检验结果,左下部分为 Spearman 检验结果;

②∗表示在置信度(双测)为 5%时,相关性是显著的;∗∗表示在置信度为 1%时相关性的显著的。

2. 食品制造业

指标	FCI	NAT	ADV	INV	SIZE	CAP
FCI	1	−0.437 **	−0.303	0.068	0.224	0.010
NAT	−0.309 *	1	0.195	−0.041	−0.184	−0.151
ADV	−0.189	0.258	1	−0.062	0.189	−0.070
INV	0.029	−0.117	0.004	1	0.042	0.136
SIZE	0.154	−0.092	0.180	0.029	1	−0.332
CAP	0.092	−0.165	−0.045	0.176	−0.407	1

注:①表的右上部为 Pearson 相关系数检验结果,左下部分为 Spearman 检验结果;

②∗表示在置信度(双测)为 0.05 时,相关性是显著的;∗∗表示在置信度为 1%时相关性的显著的。

3. 酒、饮料和精制茶制造业

指标	FCI	NAT	ADV	INV	SIZE	CAP
FCI	1	−0.253	0.188	−0.077	0.043	−0.166
NAT	−0.401 *	1	−0.136	0.149	0.341 *	0.014
ADV	0.076	−0.148	1	0.151	−0.180	0.034
INV	−0.003	0.247	0.199	1	0.205	0.184

续表

指标	FCI	NAT	ADV	INV	SIZE	CAP
SIZE	0.005	0.346*	−0.046	0.369*	1	−0.168
CAP	−0.282	0.248	0.077	0.029	−0.075	1

注:①表的右上部为 Pearson 相关系数检验结果,左下部为 Spearman 检验结果;
　②＊表示在置信度(双测)为 0.05 时,相关性是显著的;＊＊表示在置信度为1%时相关性的显著的。

4. 纺织业

指标	FCI	NAT	ADV	INV	SIZE	CAP
FCI	1	−0.562**	−0.254	−0.104	0.260	−0.271
NAT	−0.531**	1	0.097	−0.015	0.034	0.076
ADV	−0.237	0.069	1	0.067	−0.100	0.306
INV	−0.093	0.173	0.136	1	0.240	0.085
SIZE	0.226	0.120	−0.045	0.482**	1	−0.160
CAP	−0.373*	0.137	0.399*	0.076	−0.176	1

注:①表的右上部为 Pearson 相关系数检验结果,左下部为 Spearman 检验结果;
　②＊表示在置信度(双测)为 0.05 时,相关性是显著的;＊＊表示在置信度为1%时相关性的显著的。

5. 纺织服装、服饰业

指标	FCI	NAT	ADV	INV	SIZE	CAP
FCI	1	−0.417**	−0.196	0.303	−0.182	−0.296
NAT	−0.496**	1	−0.214	0.058	−0.064	0.323
ADV	−0.180	−0.105	1	−0.096	0.103	0.023
INV	0.216	0.082	−0.182	1	−0.385*	0.051
SIZE	−0.146	0.011	0.296	−0.403*	1	−0.183
CAP	−0.289	0.340	0.014	0.080	−0.186	1

注:①表的右上部为 Pearson 相关系数检验结果,左下部为 Spearman 检验结果;
　②＊表示在置信度(双测)为 0.05 时,相关性是显著的;＊＊表示在置信度为1%时相关性的显著的。

6. 造纸及纸制品业

指标	FCI	NAT	ADV	INV	SIZE	CAP
FCI	1	−0.417**	−0.161	−0.500*	0.123	−0.520**
NAT	−0.493**	1	−0.012	0.365	−0.448*	0.481**

指标	FCI	NAT	ADV	INV	SIZE	CAP
ADV	−0.067	−0.202	1	0.424*	0.070	0.147
INV	−0.533**	0.410	−0.049	1	−0.077	0.489*
SIZE	0.479*	−0.513*	−0.010	−0.066	1	−0.388
CAP	−0.531**	0.574**	0.263	0.468*	−0.521*	1

注:①表的右上部为 Pearson 相关系数检验结果,左下部分为 Spearman 检验结果;

②＊表示在置信度(双测)为 0.05 时,相关性是显著的;＊＊表示在置信度为 1％时相关性的显著的。

7. 橡胶和塑料制品业

指标	FCI	NAT	ADV	INV	SIZE	CAP
FCI	1	−0.531**	−0.024	−0.075	0.028	0.049
NAT	−0.451**	1	−0.255	0.326*	−0.227	−0.040
ADV	0.005	−0.212	1	−0.173	−0.178	0.042
INV	−0.110*	0.093	−0.134	1	−0.142	0.176
SIZE	−0.013	−0.082	−0.058	−0.142	1	−0.383**
CAP	−0.076	0.055	−0.072	0.254	−0.485**	1

注:①表的右上部为 Pearson 相关系数检验结果,左下部分为 Spearman 检验结果;

②＊表示在置信度(双测)为 0.05 时,相关性是显著的;＊＊表示在置信度为 1％时相关性的显著的。

8. 汽车制造业

指标	FCI	NAT	ADV	INV	SIZE	CAP
FCI	1	−0.465**	−0.214	0.198	−0.418**	0.138
NAT	−0.501**	1	−0.189	−0.005	0.418**	−0.135
ADV	−0.178	−0.250*	1	−0.058	0.155	−0.075
INV	−0.277*	−0.141	−0.077	1	−0.055	0.085
SIZE	−0.453**	−0.275	0.150	−0.036	1	−0.292*
CAP	0.200	−0.163	−0.235*	0.241*	−0.325**	1

注:①表的右上部为 Pearson 相关系数检验结果,左下部分为 Spearman 检验结果;

②＊表示在置信度(双测)为 0.05 时,相关性是显著的;＊＊表示在置信度为 1％时相关性的显著的。

附录 B 各行业战略群组分组详情

行业名称	上市公司股票代码	上市公司简称	所在群组
	000048	1：康达尔	1
	000529	2：广弘控股	1
	000639	3：西王食品	1
	000702	4：正虹科技	1
	000860	5：顺鑫农业	1
	000876	6：新希望	1
	000893	7：东凌粮油	1
	000895	8：双汇发展	1
	000911	9：南宁糖业	1
	002100	10：天康生物	1
	002124	11：天邦股份	1
	002143	12：高金食品	1
	002157	13：正邦科技	1
	002220	14：天宝股份	1
13 农副食品加工业	002286	15：保龄宝	1
	002311	16：海大集团	1
	002330	17：得利斯	2
	002385	18：大北农	2
	002515	19：金字火腿	3
	002548	20：金新农	2
	002557	21：洽洽食品	2
	002567	22：唐人神	1
	002582	23：好想你	2
	002604	24：龙力生物	2
	002695	25：煌上煌	1
	002702	26：腾新食品	1
	300138	27：晨光生物	2
	300175	28：朗源股份	3
	300268	29：万福生科	1

行业名称	上市公司股票代码	上市公司简称	所在群组
13 农副食品加工业	600095	30:哈高科	1
	600127	31:金健米业	1
	600191	32:华资实业	3
	600251	33:冠农股份	1
	600438	34:通威股份	1
	600695	35:大江股份	1
	600737	36:中粮屯河	1
14 食品制造业	000716	1:南方食品	1
	002216	2:三全食品	1
	002329	3:皇氏乳业	1
	002481	4:双塔食品	1
	002495	5:佳隆股份	3
	002507	6:涪陵榨菜	2
	002570	7:贝因美	1
	002626	8:金达威	2
	002650	9:加加食品	1
	002661	10:克明面业	2
	300146	11:汤臣倍健	3
	300149	12:量子高科	3
	600073	13:上海梅林	4
	600186	14:莲花味精	4
	600298	15:安琪酵母	4
	600305	16:恒顺醋业	4
	600429	17:三元股份	4
	600597	18:光明乳业	4
	600866	19:星湖科技	2
	600872	20:中炬高新	1
	600873	21:梅花集团	4
	600887	22:伊利股份	4
15 酒、饮料和精制茶制造业	000019	深深宝	1
	000568	泸州老窖	2
	000596	古井贡酒	3
	000729	燕京啤酒	3

续表

行业名称	上市公司股票代码	上市公司简称	所在群组
15 酒、饮料和精制茶制造业	000752	西藏发展	1
	000799	酒鬼酒	3
	000848	承德露露	3
	000858	五粮液	2
	000869	张裕酒业	3
	000929	兰州黄河	1
	000995	皇台酒业	1
	002304	洋河股份	2
	002387	黑牛食品	3
	002461	珠江啤酒	3
	002646	青青稞酒	1
	600059	古越龙山	1
	600084	中葡股份	3
	600090	啤酒花	3
	600132	重庆啤酒	1
	600197	伊力特	3
	600199	金种子酒	3
	600238	海南椰岛	1
	600300	维维股份	3
	600365	通葡股份	1
	600519	贵州茅台	2
	600543	莫高股份	1
	600559	老白干酒	1
	600573	惠泉啤酒	1
	600600	青岛啤酒	3
	600616	金枫酒业	1
	600702	沱牌舍得	1
	600779	水井坊	3
	600809	山西汾酒	3
	600962	国投中鲁	1
17 纺织业	000158	1：常山股份	1
	000611	2：四海股份	1
	000726	3：鲁泰纺织	2

行业名称	上市公司股票代码	上市公司简称	所在群组
	000779	4:三毛派神	1
	000803	5:金宇车城	1
	000810	6:华润锦华	2
	000813	7:天山纺织	1
	000850	8:华茂股份	2
	000982	9:中银绒业	1
	002015	10:霞客环保	1
	002034	11:美欣达	1
	002042	12:华孚色纺	1
	002070	13:众和股份	1
	002083	14:孚日股份	2
	002087	15:新野纺织	2
	002144	16:宏达高科	1
	002193	17:山东如意	2
	002293	18:罗莱家纺	3
	002327	19:富安娜	3
17 纺织业	002394	20:联发股份	1
	002397	21:梦洁家纺	1
	002516	22:江苏旷达	3
	600061	23:中纺投资	1
	600070	24:浙江富润	1
	600152	25:维科精华	1
	600156	26:华升股份	1
	600220	27:江苏阳光	2
	600232	28:金鹰股份	1
	600273	29:华芳纺织	2
	600370	30:三房巷	3
	600448	31:华纺股份	1
	600483	32:福建南纺	1
	600493	33:凤竹纺织	2
	600630	34:龙头股份	1
	600689	35:上海三毛	1
	600851	36:海欣股份	2

续表

行业名称	上市公司股票代码	上市公司简称	所在群组
17 纺织业	600987	37:航民股份	1
	601339	38:百隆东方	3
	601599	39:鹿港科技	1
18 纺织服装、服饰业	002003	1:伟星股份	1
	002029	2:七匹狼	2
	002036	3:宜科科技	1
	002044	4:江苏三友	1
	002154	5:报喜鸟	1
	002239	6:金飞达	3
	002269	7:美邦服饰	2
	002291	8:星期六	1
	002404	9:嘉欣丝绸	3
	002425	10:凯撒股份	4
	002485	11:希努尔	3
	002486	12:嘉麟杰	1
	002503	13:搜于特	4
	002563	14:森马服饰	4
	002569	15:步森股份	1
	002612	16:朗姿股份	4
	002634	17:棒杰股份	1
	002656	18:卡奴迪路	3
	002687	19:乔治白	3
	300005	20:探路者	1
	600107	21:美尔雅	2
	600137	22:浪莎股份	1
	600177	23:雅戈尔	2
	600233	24:大杨创世	4
	600398	25:凯诺科技	1
	600400	26:红豆股份	2
	601566	27:九牧王	4
	601718	28:际华集团	2
22 造纸及纸制品业	000488	1:晨鸣纸业	1
	000833	2:贵糖股份	2

续表

行业名称	上市公司股票代码	上市公司简称	所在群组
22 造纸及纸制品业	002012	3:凯恩股份	2
	002067	4:景兴纸业	3
	002078	5:太阳纸业	3
	002228	6:合兴包装	2
	002235	7:安妮股份	2
	002303	8:美盈森	2
	002511	9:中顺洁柔	2
	002521	10:齐峰股份	2
	002565	11:上海绿新	2
	200986	12:粤华包 B	1
	600069	13:银鸽投资	3
	600103	14:青山纸业	1
	600163	15:福建南纸	1
	600235	16:民丰特纸	3
	600308	17:华泰股份	1
	600356	18:恒丰纸业	3
	600419	19:新疆天宏	1
	600433	20:冠豪高新	2
	600567	21:山鹰纸业	3
	600963	22:岳阳林纸	1
	600966	23:博汇纸业	3
29 橡胶和塑料制品业	000589	1:黔轮胎	1
	000599	2:青岛双星	1
	000619	3:海螺型材	2
	000659	4:珠海中富	1
	000859	5:国风塑业	3
	000887	6:中鼎股份	1
	000973	7:佛塑科技	1
	002014	8:永新股份	3
	002224	9:三力士	3
	002243	10:通产丽星	3
	002263	11:大东南	2
	002324	12:普利特	2

　　　　　　　　　　　　　　　　　　　　　　　　　　　　　　　续表

行业名称	上市公司股票代码	上市公司简称	所在群组
	002343	13:禾欣股份	2
	002372	14:伟星新材	2
	002381	15:双箭股份	2
	002382	16:蓝帆股份	3
	002395	17:双象股份	2
	002420	18:毅昌股份	1
	002450	19:康得新	3
	002464	20:金利科技	4
	002522	21:浙江众成	2
	002585	22:双星新材	2
	002641	23:永高股份	3
	002676	24:顺威股份	3
	002694	25:顾地科技	3
	300021	26:大禹节水	3
	300031	27:宝通带业	2
	300169	28:天晟新材	2
29 橡胶和塑料制品业	300180	29:华峰超纤	4
	300198	30:纳川股份	4
	300218	31:安利股份	3
	300221	32:银禧科技	3
	300230	33:永利带业	4
	300237	34:美晨科技	3
	300305	35:裕兴股份	4
	300320	36:海达股份	2
	300321	37:同大股份	3
	300325	38:德威新材	3
	600074	39:中达股份	1
	600143	40:金发科技	2
	600210	41:紫江企业	1
	600260	42:凯乐科技	1
	600444	43:国通管业	1
	600458	44:时代新材	1
	600469	45:风神股份	1

行业名称	上市公司股票代码	上市公司简称	所在群组
29 橡胶和塑料制品业	600480	46:凌云股份	1
	600623	47:双钱股份	1
	601058	48:赛轮股份	1
36 汽车制造业	000338	1:潍柴动力	1
	000550	2:江铃汽车	1
	000559	3:万向钱潮	2
	000572	4:海马汽车	2
	000581	5:威孚高科	3
	000625	6:长安汽车	1
	000700	7:模塑科技	2
	000710	8:天兴仪表	2
	000760	9:博盈投资	2
	000800	10:一汽轿车	1
	000868	11:安凯客车	2
	000927	12:一汽夏利	2
	000951	13:中国重汽	1
	000957	14:中通客车	2
	000980	15:金马股份	4
	002013	16:中航精机	2
	002048	17:宁波华翔	2
	002085	18:万丰奥威	2
	002101	19:广东鸿图	2
	002126	20:银轮股份	2
	002213	21:特尔佳	3
	002265	22:西仪股份	4
	002283	23:天润曲轴	4
	002284	24:亚太股份	2
	002355	25:兴民钢圈	2
	002363	26:隆基机械	4
	002406	27:远东传动	5
	002434	28:万里扬	2
	002448	29:中原内配	2
	002454	30:松芝股份	3

续表

行业名称	上市公司股票代码	上市公司简称	所在群组
	002488	31:金固股份	2
	002510	32:天汽模	4
	002536	33:西泵股份	4
	002555	34:顺荣股份	5
	002590	35:万安科技	2
	002592	36:八菱科技	3
	002593	37:日上集团	2
	002594	38:比亚迪	1
	002602	39:世纪华通	5
	002625	40:龙生股份	5
	002662	41:京威股份	5
	002664	42:信质电机	2
	002703	43:浙江世宝	2
	300100	44:双林股份	2
	300258	45:精锻科技	3
	300304	46:云意电气	5
36 汽车制造业	600006	47:东风汽车	1
	600066	48:宇通客车	1
	600081	49:东风科技	2
	600093	50:禾嘉股份	2
	600104	51:上汽集团	1
	600148	52:长春一东	2
	600166	53:福田汽车	1
	600178	54:东安动力	2
	600213	55:亚星客车	2
	600303	56:曙光股份	2
	600375	57:华菱星马	2
	600418	58:江淮汽车	1
	600501	59:航天晨光	2
	600523	60:贵航股份	2
	600565	61:迪马股份	2
	600609	62:金杯汽车	2
	600654	63:飞乐股份	2

行业名称	上市公司股票代码	上市公司简称	所在群组
36 汽车制造业	600686	64：金龙汽车	1
	600699	65：均胜电子	2
	600715	66：松辽汽车	4
	600741	67：华域汽车	1
	600742	68：一汽富维	2
	600760	69：中航黑豹	2
	600960	70：渤海活塞	2
	601238	71：广汽集团	1
	601633	72：长城汽车	1
	601777	73：力帆股份	2
	601799	74：星宇股份	3
	601965	75：中国汽研	3
	900953	76：凯马 B	2
	900956	77：东贝 B 股	2
38 电气机械及器材制造业	000049	1：德赛电池	1
	000070	2：特发信息	1
	000400	3：许继电气	1
	000418	4：小天鹅	1
	000521	5：美菱电器	1
	000533	6：万家乐	1
	000541	7：佛山照明	2
	000651	8：格力电器	1
	000682	9：东方电子	1
	000836	10：鑫茂科技	1
	000967	11：上风高科	1
	002005	12：德豪润达	1
	002028	13：思源电气	2
	002035	14：华帝股份	1
	002056	15：横店东磁	1
	002074	16：东源电器	1
	002076	17：雪莱特	1
	002090	18：金智科技	1
	002112	19：三变科技	1

行业名称	上市公司股票代码	上市公司简称	所在群组
	002123	20:荣信股份	1
	002139	21:拓邦股份	1
	002168	22:深圳惠程	3
	002169	23:智光电气	1
	002176	24:江特电机	1
	002180	25:万力达	3
	002184	26:海得控制	2
	002212	27:南洋股份	3
	002227	28:奥特迅	2
	002242	29:九阳股份	2
	002249	30:大洋电机	2
	002260	31:伊立浦	1
	002276	32:万马电缆	1
	002290	33:禾盛新材	2
	002298	34:鑫龙电器	1
	002300	35:太阳电缆	1
38 电气机械及器材制造业	002309	36:中利科技	1
	002322	37:理工监测	3
	002334	38:英威腾	3
	002335	39:科华恒盛	2
	002339	40:积成电子	2
	002350	41:北京科锐	2
	002358	42:森源电气	1
	002364	43:中恒电气	3
	002380	44:科远股份	3
	002413	45:常发股份	1
	002451	46:摩恩电气	1
	002452	47:长高集团	2
	002471	48:中超电缆	1
	002473	49:圣莱达	3
	002491	50:通鼎光电	1
	002498	51:汉缆股份	2
	002508	52:老板电器	2

行业名称	上市公司股票代码	上市公司简称	所在群组
	002518	53：科士达	2
	002527	54：新时达	3
	002531	55：天顺风能	1
	002533	56：金杯电工	2
	002543	57：万和电气	2
	002546	58：新联电子	3
	002560	59：通达股份	2
	002576	60：通达动力	2
	002580	61：圣阳股份	2
	002606	62：大连电瓷	1
	002614	63：蒙发利	2
	002616	64：长青集团	1
	002617	65：露笑科技	1
	002622	66：永大集团	3
	002638	67：勤上光电	2
	002647	68：宏磊股份	1
38 电气机械及器材制造业	002665	69：首航节能	3
	002668	70：奥马电器	1
	002670	71：华声股份	1
	002677	72：浙江美大	1
	002684	73：猛狮科技	1
	002692	74：远程电缆	1
	200512	75：闽灿坤B	1
	300001	76：特锐德	1
	300014	77：亿纬锂能	2
	300018	78：中元华电	3
	300032	79：金龙机电	3
	300040	80：九洲电气	2
	300048	81：合康变频	2
	300062	82：中能电气	2
	300068	83：南都电源	2
	300069	84：金利华电	1
	300120	85：经纬电材	3

行业名称	上市公司股票代码	上市公司简称	所在群组
	300124	86:汇川技术	3
	300129	87:泰胜风能	2
	300140	88:启源装备	3
	300141	89:和顺电气	2
	300153	90:科泰电源	2
	300207	91:欣旺达	2
	300208	92:恒顺电气	1
	300217	93:东方电热	2
	300222	94:科大智能	3
	300242	95:明家科技	2
	300247	96:桑乐金	3
	300252	97:金信诺	1
	300265	98:通光线缆	2
	300272	99:开能环保	3
	300274	100:阳光电源	2
	300279	101:和晶科技	2
38 电气机械及器材制造业	300283	102:温州宏丰	1
	300317	103:珈伟股份	1
	300341	104:麦迪电气	2
	300342	105:天银机电	2
	300356	106:光一科技	2
	600089	107:特变电工	1
	600105	108:永鼎股份	1
	600110	109:中科英华	1
	600112	110:长征电气	1
	600192	111:长城电工	1
	600202	112:哈空调	1
	600261	113:阳光照明	1
	600268	114:国电南自	1
	600290	115:华仪电气	1
	600312	116:平高电气	1
	600336	117:澳柯玛	1
	600379	118:宝光股份	1

行业名称	上市公司股票代码	上市公司简称	所在群组
	600468	119:百利电气	1
	600478	120:科力远	1
	600482	121:风帆股份	1
	600487	122:亨通光电	1
	600517	123:置信电气	1
	600520	124:中发科技	1
	600522	125:中天科技	1
	600537	126:亿晶光电	1
	600550	127:天威保变	1
	600577	128:精达股份	1
	600580	129:卧龙电气	1
	600590	130:泰豪科技	1
	600629	131:棱光实业	1
	600651	132:飞乐音响	1
38 电气机械及器材制造业	600690	133:青岛海尔	1
	600847	134:万里股份	1
	600854	135:春兰股份	1
	600869	136:三普药业	1
	600884	137:杉杉股份	1
	600973	138:宝胜股份	1
	600983	139:合肥三洋	1
	601126	140:四方股份	2
	601179	141:中国西电	1
	601311	142:骆驼股份	2
	601369	143:陕鼓动力	1
	601616	144:广电电气	2
	601877	145:正泰电器	2
	603333	146:明星电缆	1
	603366	147:日出东方	2
	000607	1:华智控股	1
40 仪器仪表制造业	002058	2:威尔泰	1
	002121	3:科陆电子	1
	002175	4:广陆数测	1

行业名称	上市公司股票代码	上市公司简称	所在群组
40 仪器仪表制造业	002338	5：奥普光电	2
	002356	6：浩宁达	1
	002658	7：雪迪龙	2
	300007	8：汉威电子	1
	300066	9：三川股份	2
	300112	10：万讯自控	2
	300137	11：先河环保	2
	300165	12：天瑞仪器	2
	300203	13：聚光科技	1
	300259	14：新天科技	2
	300286	15：安科瑞	2
	300306	16：远方光电	2
	300338	17：开元仪器	2
	300349	18：金卡股份	1
	300354	19：东华测试	2
	600071	20：凤凰光学	1
	600848	21：自仪股份	1
	601222	22：林洋电子	1
	601567	23：三星电气	1

附录 C 战略指标和绩效指标正态分布检验

行业	指标	偏度	峰度
农副食品加工业	FCI	3.021	9.347
	NAT	1.631	2.813
	ADV	1.248	1.049
	INV	2.360	6.726
	SIZE	0.660	0.224
	CAP	2.265	9.461
	ROA	0.225	6.411
	GRO	−0.135	0.372
	SPE	4.234	9.581
食品制造业	FCI	0.643	−0.550
	NAT	0.818	−0.140
	ADV	1.323	2.467
	INV	−0.018	−0.683
	SIZE	−0.069	0.650
	CAP	2.506	6.298
	ROA	−0.665	1.608
	GRO	−4.025	7.909
	SPE	3.753	8.742
酒、饮料和精制茶制造业	FCI	2.812	8.297
	NAT	0.883	0.549
	ADV	0.925	1.854
	INV	1.484	3.584
	SIZE	0.535	0.055
	CAP	1.960	3.395
	ROA	0.727	−0.181
	GRO	−1.395	3.153
	SPE	0.278	0.351
纺织业	FCI	0.838	1.257
	NAT	3.121	9.790
	ADV	2.798	8.512
	INV	3.427	8.529
	SIZE	−0.150	0.172

续表

行业	指标	偏度	峰度
纺织业	CAP	1.588	2.454
	ROA	−0.348	1.993
	GRO	−2.472	9.188
	SPE	3.552	9.628
纺织服装、服饰业	FCI	1.233	1.202
	NAT	0.482	−0.858
	ADV	0.398	−1.110
	INV	1.443	1.183
	SIZE	1.071	1.213
	CAP	0.838	−0.184
	ROA	−0.781	1.178
	GRO	−1.661	7.131
	SPE	4.500	9.625
造纸及纸制品业	FCI	1.016	1.588
	NAT	0.969	0.831
	ADV	2.073	6.170
	INV	1.311	1.760
	SIZE	0.209	0.471
	CAP	1.383	0.904
	ROA	−3.337	8.015
	GRO	2.204	8.399
	SPE	1.227	1.246
橡胶和塑料制品业	FCI	1.707	3.273
	NAT	2.263	4.837
	ADV	1.372	1.527
	INV	1.452	1.422
	SIZE	0.491	−0.706
	CAP	2.182	5.501
	ROA	−2.714	9.401
	GRO	4.315	4.348
	SPE	5.799	6.971
汽车制造业	FCI	1.973	5.729
	NAT	1.713	3.296
	ADV	1.025	0.984
	INV	1.137	0.544
	SIZE	0.767	0.666
	CAP	2.804	8.220

续表

行业	指标	偏度	峰度
汽车制造业	ROA	−1.162	5.575
	GRO	8.627	4.318
	SPE	8.311	8.123
电气机械及器材制造业	FCI	9.052	9.818
	NAT	3.858	8.321
	ADV	1.209	0.856
	INV	2.030	5.024
	SIZE	0.881	1.489
	CAP	2.300	5.378
	ROA	−4.119	9.097
	GRO	2.722	4.266
	SPE	3.875	7.701
仪器仪表制造业	FCI	1.079	0.702
	NAT	1.439	2.085
	ADV	0.930	0.531
	INV	1.800	2.994
	SIZE	−0.037	−0.609
	CAP	1.065	0.667
	ROA	0.049	−0.622
	GRO	1.031	1.240
	SPE	2.334	6.834

附录 D 战略指标和绩效指标方差齐次检验

1. 农副食品加工业方差齐性检验

指标	Levene 统计	第一自由度	第二自由度	显著值 Sig.
FCI	1.472	2	33	0.256
NAT	1.957	2	33	0.157
ADV	1.526	2	33	0.232
INV	0.507	2	33	0.607
SIZE	1.763	2	33	0.187
CAP	2.913	2	33	0.067
ROA	1.366	2	33	0.269
GRO	2.859	2	33	0.072
SPE	0.528	2	33	0.595

2. 食品制造业方差齐性检验

指标	Levene 统计	第一自由度	第二自由度	显著值 Sig.
FCI	1.701	3	18	0.203
NAT	0.818	3	18	0.501
ADV	1.613	3	18	0.221
INV	1.527	3	18	0.234
SIZE	0.830	3	18	0.495
CAP	2.131	3	18	0.148
ROA	1.085	3	18	0.380
GRO	1.920	3	18	0.162
SPE	1.313	3	18	0.301

3. 酒、饮料和精制茶制造业方差齐性检验

指标	Levene 统计	第一自由度	第二自由度	显著值 Sig.
FCI	2.135	2	31	0.135
NAT	0.334	2	31	0.719

续表

指标	Levene 统计	第一自由度	第二自由度	显著值 Sig.
ADV	0.654	2	31	0.527
INV	2.567	2	31	0.067
SIZE	3.099	2	31	0.059
CAP	1.459	2	31	0.248
ROA	1.288	2	31	0.290
GRO	2.437	2	31	0.123
SPE	0.327	2	31	0.723

4. 纺织业方差齐性检验

指标	Levene 统计	第一自由度	第二自由度	显著值 Sig.
FCI	0.015	2	36	0.985
NAT	2.329	2	36	0.112
ADV	2.648	2	36	0.087
INV	0.187	2	36	0.830
SIZE	0.188	2	36	0.830
CAP	2.913	2	36	0.067
ROA	0.260	2	36	0.773
GRO	0.153	2	36	0.974
SPE	2.381	2	36	0.107

5. 纺织服装、服饰业方差齐性检验

指标	Levene 统计	第一自由度	第二自由度	显著值 Sig.
FCI	1.626	3	24	0.210
NAT	3.001	3	24	0.050
ADV	0.303	3	24	0.823
INV	2.965	3	24	0.059
SIZE	1.399	3	24	0.267
CAP	2.797	3	24	0.062
ROA	2.160	3	24	0.119
GRO	1.696	3	24	0.194
SPE	2.984	3	24	0.060

6. 造纸及纸制品业方差齐性检验

指标	Levene 统计	第一自由度	第二自由度	显著值 Sig.
FCI	3.001	2	20	0.051
NAT	2.190	2	20	0.064
ADV	0.665	2	20	0.525
INV	2.281	2	20	0.071
SIZE	1.290	2	20	0.102
CAP	2.377	2	20	0.062
ROA	3.057	2	20	0.069
GRO	1.444	2	20	0.260
SPE	0.024	2	20	0.976

7. 橡胶和塑料制品业方差齐性检验

指标	Levene 统计	第一自由度	第二自由度	显著值 Sig.
FCI	1.754	3	45	0.170
NAT	1.540	3	45	0.187
ADV	2.841	3	45	0.071
INV	2.676	3	45	0.084
SIZE	2.760	3	45	0.053
CAP	2.907	3	45	0.070
ROA	1.024	3	45	0.391
GRO	1.725	3	45	0.175
SPE	2.547	3	45	0.081

8. 汽车制造业方差齐性检验

指标	Levene 统计	第一自由度	第二自由度	显著值 Sig.
FCI	2.793	4	72	0.052
NAT	1.465	4	72	0.174
ADV	2.037	4	72	0.098
INV	0.848	4	72	0.500

续表

指标	Levene 统计	第一自由度	第二自由度	显著值 Sig.
SIZE	0.334	4	72	0.854
CAP	1.415	4	72	0.231
ROA	0.165	4	72	0.956
GRO	0.693	4	72	0.599
SPE	2.041	4	72	0.087

9. 电气机械及器材制造业方差齐性检验

指标	Levene 统计	第一自由度	第二自由度	显著值 Sig.
FCI	1.572	2	144	0.242
NAT	3.004	2	144	0.053
ADV	0.516	2	144	0.598
INV	0.643	2	144	0.527
SIZE	1.841	2	144	0.168
CAP	1.217	2	144	0.285
ROA	0.570	2	144	0.567
GRO	1.906	2	144	0.152
SPE	2.658	2	144	0.074

10. 仪器仪表制造业方差齐性检验

指标	Levene 统计	第一自由度	第二自由度	显著值 Sig.
FCI	0.098	1	21	0.757
NAT	2.542	1	21	0.126
ADV	0.025	1	21	0.875
INV	2.722	1	21	0.114
SIZE	3.129	1	21	0.091
CAP	2.087	1	21	0.104
ROA	1.091	1	21	0.308
GRO	0.055	1	21	0.816
SPE	3.309	1	21	0.083

附录 E 不同行业企业脉冲响应结果

1. 低成本样本脉冲响应结果

行业类别	企业代码	滞后期	最大值	持续期	行业类别	企业代码	滞后期	最大值	持续期
A	600540	1	3	10	C	600558	1	3	13
A	600975	2	3	4	C	600569	1	3	7
B	600403	1	2	23	C	600782	1	2	30
B	600547	3	6	6	C	600808	1	3	9
B	600348	1	2	7	C	600992	4	5	5
C	600438	2	4	8	C	601003	1	2	6
C	600482	1	2	13	C	600333	2.5	3	7.5
C	600560	1.5	3	7.5	C	600135	1	3	6
C	600577	1.5	3	11.5	C	600229	2.5	3	7.5
C	600183	1	3	7	C	600281	1	2	11
C	600478	2	4	14	C	600315	1	2	5
C	600517	3	4	5	C	600352	1	3	7
C	600580	1	2	6	C	600409	1	3	7
C	600973	1	2	12	C	600636	1	2	4
C	600152	1	3	9	C	600746	2	3	5
C	600273	1	2	9	C	600031	1	3	11
C	600370	2	3	8	C	600169	1	4	20
C	600448	2	3	5	C	600218	2.5	4	22.5
C	600483	1	2	9	C	600320	1.5	2.5	4.5
C	600987	3	4	5	C	600526	1	2	8
C	600005	1	2	7	C	600619	1	2	14
C	600010	1	2	7	C	600761	1	2	6
C	600019	2.5	3	5.5	C	600815	3	4	5
C	600165	1	3	7	C	600841	4	5	11
C	600231	1.5	2	6.5	C	600179	1	2	5
C	600399	1	2	6	C	600408	1	2	2

续表

行业类别	企业代码	滞后期	最大值	持续期	行业类别	企业代码	滞后期	最大值	持续期
C	600725	1	2	18	C	600073	1	20	35
C	600226	1	2	11	C	600597	1	3	32
C	600470	1	8	10	C	600695	1	4	10
C	600486	1	4	9	C	600887	1	2	4
C	600596	1	2	4	C	600500	1	2	9
C	600006	1	3	9	D	600452	1	2	11
C	600066	1	2	7	D	600982	1	2	12
C	600081	1	3	11	E	600496	2	3	4
C	600166	1	4	10	E	600491	1	2	8
C	600303	1	2	8	E	600502	1	3	4
C	600375	1	3	10	E	600528	1	2	5
C	600418	1	3	8	E	600853	1	2	7
C	600469	1	2	5	E	600846	1	3	18
C	600480	1	2	7	F	600029	1	3	10
C	600523	1	4	10	F	600270	1	2	6
C	600609	1	3	9	F	600428	1	3	3
C	600686	1	3	16	F	600787	1	5	12
C	600760	1	2	7	G	600637	2	3	14
C	600216	1	2	7	G	600130	1	2	11
C	600332	4	16	15	G	600288	1	2	4
C	600664	1	2	7	G	600406	3	3.5	9
C	600255	1	3	16	G	600410	1	3	8
C	600390	3	3.5	3	G	600446	1	2	34
C	600456	2.5	3	5.5	G	600601	1	3	33
C	600459	1	4	8	G	600764	2.5	3	15.5
C	600961	3	3.5	2	G	600776	1	2	8
C	600069	1	2	17	G	600797	2	3	7
C	600086	1	3	15	G	600845	1	2	19
C	600233	3	4	8	G	600850	1	2	5
C	600495	1	2	5	H	600313	2.5	5	7.5
C	600835	1	2	11	H	600626	1	2	5
C	600056	1	3	7	H	600546	1	2	10

续表

行业类别	企业代码	滞后期	最大值	持续期	行业类别	企业代码	滞后期	最大值	持续期
H	600653	1	2	8	H	600250	1	3	10
H	600976	1	2	3	H	600278	1	4	39*
H	600677	1	3	4	H	600287	5	13	31
H	600175	1	2	15	H	600605	1	2	21
H	600759	1	2	3	H	600704	1	2	28
H	600122	1	3	10	H	600755	1	2	12
H	600327	3	3.5	4	H	600826	2	3	4
H	600655	1	2	23	H	600981	1	2	17
H	600693	2	3	14	J	600246	1	3	5
H	600694	1	2	18	J	600266	1	2	4
H	600697	1	2	11	J	600510	1	2	6
H	600712	1	2	39*	J	600604	1	2	9
H	600723	1	2	12	J	600638	1	2	10
H	600785	2	3	9	J	600748	2	3	19
H	600814	2	3	13	J	600647	2	5	25
H	600833	1	2	8	J	600730	2	2.5	39*
H	600858	1	3	14	K	600138	2	3	7
H	600058	2	4	12	L	600373	1	3	15
H	600128	1	2	5	L	600633	1	2	10
H	600153	1	3	6	M	600200	1	2	8
H	600241	1	2	12	M	600784	2	10	14

2. 差异化样本脉冲响应结果

行业类别	企业代码	滞后期	最大值	持续期	行业类别	企业代码	滞后期	最大值	持续期
A	600257	2.5	3	4.5	B	600714	3	3.5	3
A	600354	1	3	9	B	600971	1	3	20
A	600097	1	3	5	B	601088	1	2	8
A	600108	2	3	17	B	601101	1	2	13
B	600123	5	6	4	B	601898	2	3	11
B	600188	1	2	6	B	601918	3	3.5	1
B	600652	1	4	22	B	600311	1	2	6

行业类别	企业代码	滞后期	最大值	持续期	行业类别	企业代码	滞后期	最大值	持续期
B	601899	1	2	7	C	600380	2	4	8
B	601958	1	2	4	C	600466	1	3	5
C	600293	3	3.5	4	C	600479	1	3	8
C	600819	1	4	23	C	600513	1	3	13
C	600110	1	2	21	C	600521	1	3	27
C	600112	1	2	15	C	600530	5	6	5
C	600360	2	4	13	C	600557	1	4	9
C	600563	1	3	7	C	600613	1	2	10
C	600584	1.5	3	8.5	C	600671	2.5	3	10.5
C	600703	4	5	5	C	600750	1	2	6
C	600590	1	3	14	C	600781	1	2	11
C	600851	1	3	19	C	600829	1	2	5
C	600117	2	3	8	C	600867	1	2.5	9
C	600078	5	6	5	C	600291	3	3.5	2
C	600249	5	7	10	C	600318	1	3	19
C	600328	1	3	9	C	600425	2	4	5
C	600985	2	3	6	C	600449	1	3	12
C	600114	1	2	33	C	600720	1	2	9
C	600520	1	2	11	C	600801	1	2	30
C	600566	2	4	10	C	600802	4	5	2
C	600765	1	3	7	C	600235	1	2	9
C	600090	1	2	14	C	600330	1	2	16
C	600132	2	3	9	C	600295	1.5	3	8.5
C	600519	2	3	4	C	600398	1	3	10
C	600538	1	3	10	C	600400	3	5	7
C	600731	1	2	3	C	600095	1	2	8
C	600803	1	2	10	C	600298	3	4	4
C	600093	1	3	18	D	600027	1	3	8
C	600161	1	3	8	D	600116	3	4	4
C	600201	3	3.5	7	D	600310	4.5	5	8.5
C	600285	0	1	8	D	600505	1	3	11
C	600329	2	3	27	D	600644	1	3	9
C	600351	1	2	8	D	600726	2	3	18

续表

行业类别	企业代码	滞后期	最大值	持续期	行业类别	企业代码	滞后期	最大值	持续期
D	600795	3	6	15	G	600050	1	3	12
D	600863	2	4	23	G	600570	3	3.5	12
D	600864	2	4	10	G	600571	4	4.5	7
D	600868	1	2	13	G	600588	2	3	7
D	600900	4	5	4	H	600335	1	3	16
D	600969	1	3	7	H	600993	2	4	8
D	600979	4	5	6	H	600515	1	2	4
D	601991	3	5	8	H	600774	2	4	20
D	600167	1.5	3	14.5	H	600838	1	2	10
D	600283	1	3	12	H	600856	1	2	7
D	600758	1	2	8	H	600382	1	3	13
E	600545	3	3.5	4	J	600649	2	2.5	4
F	600269	1	3	10	J	600158	2	3	9
F	600350	4	5	16	J	600239	1	2	6
F	600377	1	3	9	J	600340	4	5	5
F	601107	1	6	9	J	600696	1	2	18
F	600004	1	2	6	J	600890	2	3	5
F	600009	1	2	11	K	600054	4	5	6
F	600018	1	3	9	K	600593	5	5.5	15
F	600026	1	2	16	K	600749	4	5	21
F	600190	3	5	11	K	600754	5	5.5	14
F	600279	3	3	30	K	601007	6	6.5	10
F	600561	1	3	20	K	600415	1	4	39*
F	600650	1	3	8	K	600790	1	3	14
F	600662	1	3	29	K	600832	1	3	11
F	600717	1	3	12	L	601999	3	3.5	6
F	600794	1	3	12	M	600805	3	6	20
F	600897	2	3	11	M	600455	1	2	6
F	601006	1	2	7	M	600620	3	3.5	8
F	601333	1	3	7	M	600624	3	6	16
G	600037	1	3	9	M	600777	3	4	9
G	600831	4	4.5	9					

附录 F 高科技企业脉冲响应结果

1. 低成本战略脉冲响应结果

企业代码	滞后期	最大值	持续期	企业代码	滞后期	最大值	持续期
600183	1	3	7	600446	1	2	34
600478	2	4	14	600522	1	2	10
600667	1	2	8	600601	1	3	33
600135	1	3	6	600764	2.5	3	15.5
600229	2.5	3	7.5	600776	1	2	8
600281	1	2	11	600797	2	3	7
600315	1	2	5	600845	1	2	19
600352	1	3	7	600850	1	2	5
600481	1	3	6	600526	1	2	8
600636	1	2	4	600418	1	3	8
600746	2	3	5	600066	1	2	7
600200	1	2	8	600303	1	2	8
600332	4	16	15	600686	1	3	16
600664	1	2	7	600596	1	2	4
600976	1	2	3	600517	3	4	5
601607	4	10	17	600835	1	2	11
600130	1	2	11	600558	1	3	13
600271	1	3	3	600390	3	3.5	3
600288	1	2	4	600459	1	4	8
600406	3	3.5	9	600540	1	3	10
600605	1	2	21				

2. 差异化战略脉冲响应结果

企业代码	滞后期	最大值	持续期	企业代码	滞后期	最大值	持续期
600237	1	2	13	600521	1	3	27
600360	2	4	13	600530	5	6	5
600584	1.5	3	8.5	600557	1	4	9
600703	4	5	5	600594	1	2	15
600078	5	6	5	600671	2.5	3	10.5
600328	1	3	9	600750	1	2	6
600367	1	2	10	600771	3	5	10
600985	2	3	6	600781	1	2	11
600080	2.5	3	5.5	600829	1	2	5
600161	1	3	8	600867	1	2.5	9
600196	4	5	7	600993	2	4	8
600201	3	3.5	7	600050	1	3	12
600252	1	2	7	600330	1	2	16
600351	1	2	8	600455	1	2	6
600380	2	4	8	600485	1	2	3
600466	1	3	5	600562	1	2	16
600479	1	3	8	600571	4	4.5	7
600518	5	5.5	5	600588	2	3	7
600123	5	6	4	600133	1	3	10
600318	1	3	19	600566	2	4	10
600396	2	3	14	601158	2.5	3	10.5
600425	2	4	5	601991	3	5	8
600795	3	6	15	600354	1	3	9

附录 G 传统企业检验样本仿真值与实际值比较

编号	实际值	仿真值	绝对误差/%
1	7.580604712	7.141108619	5.797638973
2	8.881453212	9.169668828	3.245140284
3	6.484162857	6.726659388	3.739827899
4	11.98621124	11.33799374	5.408026639
5	9.137513947	8.81409	3.539517962
6	8.48877291	7.784468707	8.296890616
7	7.233506788	7.721031307	6.739808685
8	7.784598072	8.230498433	5.727981801
9	9.316257122	9.239527318	0.823611918
10	10.12033758	9.176159597	9.329510759
11	12.06850733	12.17898451	0.915417119
12	10.27164971	10.58888977	3.088501463
13	5.24440837	5.415022118	3.253250619
14	8.43823179	8.021642094	4.936931176
15	6.039054877	6.078646052	0.655585612
16	9.552037862	9.177118974	3.925014679
17	7.622210458	7.35291596	3.533023652
18	9.674137279	8.863109242	8.38346629
19	8.468320227	7.728398832	8.737522618
20	10.4574014	10.10806789	3.340538458
21	6.826340691	6.796270356	0.440504447
22	9.628039739	9.362476286	2.758229716
23	7.016452576	6.852395305	2.338179719
24	12.24481728	11.0276177	9.94052874
25	10.33801116	10.87589033	5.202926988
26	8.646113971	7.916493136	8.438714062
27	9.671674411	8.949752067	7.464295356
28	9.625065403	9.408250907	2.252602834

续表

编号	实际值	仿真值	绝对误差/%
29	8.589699038	8.567777792	0.255203896
30	5.460011381	5.872365498	7.552257469
31	7.617675166	7.756859265	1.827120425
32	8.060645649	8.558681216	6.178606385
33	10.28616333	9.286758286	9.716013733
34	9.018088472	9.710437001	7.677331301
35	9.11759697	9.605572996	5.352024537
36	7.930251271	7.79621752	1.690157686
37	8.059687141	8.220387163	1.993874188
38	9.151903294	9.337289968	2.025662503
39	8.98946564	8.818741168	1.899161524
40	9.911047864	9.801066534	1.109684178
41	8.441885463	8.593542642	1.796484671
42	7.058362545	7.487886489	6.085319935
43	8.902014996	8.684390455	2.444666075
44	8.953250443	9.346338504	4.390450852
45	8.64477165	8.551227854	1.082085216
46	8.671624649	8.084072103	6.775576321
47	8.021383913	8.204452188	2.282253008
48	9.573384471	9.564307409	0.094815596
49	6.838743427	7.461471527	9.105884834
50	9.817500358	9.536988902	2.857259445

附录 H　高新技术企业检验样本仿真值与实际值比较

编号	实际值	仿真值	绝对误差/%
1	9.096415033	9.050703381	0.502523827
2	8.911055244	9.261254	3.929935871
3	9.592806349	9.822028949	2.389525981
4	9.500065407	9.448556639	0.542193825
5	12.41995151	12.23015299	1.528174416
6	9.654104762	9.309861994	3.56576582
7	9.718512307	9.372216649	3.563257905
8	9.459716778	9.861716595	4.249596749
9	9.045937316	9.157713241	1.235647801
10	8.780345915	8.388732072	4.46011862
11	8.079116045	7.681261139	4.924485598
12	10.016523	9.881599535	1.347009014
13	9.389444258	9.820524845	4.5911193
14	8.632118778	8.830613071	2.299485193
15	9.121657203	8.560079249	6.156534299
16	8.591196426	8.709947059	1.382236263
17	8.582545172	8.714592424	1.538555869
18	9.590698425	8.891208314	7.293422021
19	6.551516965	6.684788851	2.034214163
20	9.309294716	8.825919142	5.192397368
21	5.900355575	6.224376286	5.49154551
22	8.944462989	9.032819424	0.987833877
23	9.238289822	8.400912501	9.064202758
24	9.820620568	9.249245358	5.818117155
25	9.231961216	9.039190781	2.088076744
26	9.522044773	8.596462286	9.720417299
27	9.931600525	9.549845319	3.843843757
28	10.81628272	10.26096759	5.134066344

续表

编号	实际值	仿真值	绝对误差/%
29	8.56029291	8.555941106	0.050837088
30	8.922731055	8.903235393	0.218494334
31	8.462973493	8.638982679	2.07975585
32	7.544757263	7.547384728	0.034825051